개념 기반 탐구로
IB 초등 수업하기

정한식 · 류효준 · 이관구 공저

학지사

머리말

IB 월드 스쿨(IB world school)에서 IB 교육을 한 지도 4년이 넘었다. 국내 공립학교로는 처음으로 IB 월드 스쿨에 도전한 이 학교로 전입해 와서 IB 월드 스쿨이 될 때까지 2년간 부단히도 애를 썼다. IB 월드 스쿨이라는 명칭은 학교가 IB 철학에 맞는 교육을 하고 있다는 인정에서 비롯되기에 IB 월드 스쿨을 향한 여정은 IB 철학에 맞는 수업을 하기 위한 노력이기도 했다.

국내 공립학교가 IB 월드 스쿨이 된 선례가 없다는 점은 IB 월드 스쿨로 가는 '힘듦'이라는 여정에 '깜깜함'을 더해 주었다. 누군가 미리 IB 철학과 국가 교육과정 철학을 융합한 IB 수업 사례를 만들고 그 사례가 공유되었다면 최소한 깜깜함은 가시지 않았을까?

IB 수업을 만드는 일은 완전히 새로운 수업을 창조하는 일이다. 새로운 길을 가다 보니 자꾸만 스스로 의심을 던졌다. '이렇게 수업하는 것이 맞을까?' '우리가 제대로 된 길을 가고 있나?' 밖에서도 비슷한 소리가 들렸다. '그런다고 교육이 바뀌겠나?' '서로 힘들게 만들지 마라.' 새로움을 직면하는 데 두려움이 생기는 것은 이런 까닭인가 보다 싶었다.

다행히 우리 학교 선생님들은 새로움을 마주할 용기가 있었다. 2년간 IB 교육과 국가 교육과정의 철학을 융합하여 새로운 방향의 IB 수업을 디자인하고 실천했다. 이를 통해 기존에 없던 'IB스러운' 학교를 만들어 갔다. 그 결과, 우리 학교는 2022년에 IB 월드 스쿨 인증을 받았다.

우리 학교가 IB 월드 스쿨이 된 후 1~2년이 지나자, IB 교육에 대한 관심은 전국으로 퍼져 나갔다. 전국의 많은 학교에서 예전 우리 학교처럼 IB 월드 스쿨을 향한 여정을 시작했다. 아마 앞으로 이 학교들 모두 우리와 똑같은 시행착오를 겪을 것이다. 특히 IB 수업을 만들고 실천하면서 다가오는 깜깜함은 힘듦과는 또 다른 아득함일 것이다.

2023년부터 Zoom으로 '개념 기반 탐구 with IB 수업'이란 온라인 강의를 비롯해 다양한 방법으로 IB 수업을 나누는 활동을 했다. IB 월드 스쿨로의 여정을 떠난 여러 선생님의 깜깜한 길을 밝혀 주기 위함이었다. 하지만 온라인 강의는 한계가 분명했다. 제한된 인원과 시간은 더 많은 선생님을 만나거나 더 많은 내용을 전달하기 어려웠다. 그래서 이 책을 쓰기로 마음먹었다. 책은 강의보다 더 빨리 선생님들을 만나진 못해도, 더 넓게 만나고 더 온전히 전달할 수 있기 때문이다.

책은 함께 쓰기로 했다. IB 수업은 IB 철학과 프레임워크를 따르는 수업이다. 그러다 보니 IB 수업의 구성에 있어 교사의 폭넓은 주도성이 보장된다. 같은 IB 월드 스쿨이라도 학교마다 IB의 방향성이 다르다. 또한 교사마다 IB 수업의 실천 방향이 조금씩 다르기도 하다. 이 책을 혼자 쓴다면 책은 모든 면에서 일관성을 유지했을 것이다. 하지만 자칫 IB 수업의 구성과 실천에 있어 자율성이라는 IB 수업의 진짜 묘미를 놓칠 수 있다. 그래서 IB 월드 스쿨에서 오랫동안 IB 수업을 디자인하고 실천한 세 명의 교사가 모였다. 각자의 IB 수업과 개념 기반 탐구 수업을 이 책에 담았다.

첫 번째 파트인 'IB 교육과 IB 초등 수업'은 'IB 교육이란 도대체 무엇이지?' 'IB 수업은 어떤 수업이지?'라는 질문에 답하는 내용이다. IB 교육 전반에 대해, IB 수업에 대해 밝히는 서론 부분인 셈이다. 두 번째와 세 번째 파트부터는 본격적으로 IB 수업을 담았다. 두 번째 파트인 '6학년 IB 초등 수업'은 6학년 학생들과 함께했던 '우리 자신을 조직하는 방식' '세계가 돌아가는 방식' '우리 자신을 표현하는 방법'이라는 IB 수업을, 세 번째 파트인 '5학년 IB 초등 수업'은 5학년 학생들과 함께했던 '우리는 누구인가' '우리가 속한 공간과 시간' '우리 모두의 지구'를 담았다. 네 번째 파트에서는 2022 개정 교육과정에 담긴 개념 기반 탐구 수업을 IB 수업과 접목한 사례를 담았다.

이 책을 쓰며 독자들이 IB 수업이라는 새로움을 마주할 때 느낄 아득함이 조금이나마 나아지기를 기대했다. 독자들이 'IB 수업, 이렇게 접근하면 되겠구나' 하는 영감을, 'IB 수업, 생각보다 어렵지는 않네'와 같은 위안을, 'IB 수업, 나도 해 볼 수 있겠다'는 용기를 얻었으면 한다.

2024년 11월

정한식, 류효준, 이관구

차례

IB 교육과 IB 초등 수업

IB 교육이란 무엇일까

❚ IB 교육이란 도대체 뭐지?

최근 우리나라 교육에 IB 교육 열풍이 불고 있다. 국제학교에서나 실시하는 교육이거니 했던 IB 교육이 대구와 제주를 중심으로 공교육에 도입되었다. 두 지역에서는 이미 'IB 월드 스쿨(IB world school)' 간판이 붙은 국·공립학교들이 등장했다. 2022년쯤부터는 대구와 제주뿐 아니라 서울, 인천, 경기도 광주, 부산 등에서도 IB 교육에 대해 관심을 가지기 시작했다. 특히 경기도교육청에서는 2024년부터 2026년까지 매년 100개교의 IB 관심 학교와 20개교의 IB 후보 학교를 지정하는 등 IB에 대한 지대한 관심을 보이고 있다. IB 관심 학교와 IB 후보 학교가 이후 인증 절차를 걸쳐 IB 월드 스쿨이 된다는 점을 고려해 볼 때, 앞으로 우리나라 교육에서 IB 교육이 차지하는 영향력은 실로 굉장해질 것이다.

한편, 우리나라 공교육은 2024년부터 매년 저학년, 중학년, 고학년의 순으로 2022 개정 교육과정을 도입한다. 2022 개정 교육과정은 깊이 있는 학습을 추구하고 있다. 깊이 있는 학습은 학생들이 핵심 아이디어를 이해하고 이를 삶의 문제에 전이하는 역량을 갖추기 위한 학습이다. 이는 IB 교육에서도 핵심적인 내용이다. IB 교육 역시 중심 아이디어(central idea)를 통해 학생들이 이해를 지향하는 탐구를 유도하고 있으며 실천(action)이라는 이해에 대한 전이를 명시적으로 담고 있기 때문이다. 즉, 2022 개정 교육과정과 IB 교육은 둘 다 핵심 아이디어와 중심 아이디어라는 이해를 추구하는 교육이란 공통점이 있다.

당장 2024년 공교육에 도입된 저학년(1~2학년) 통합교과를 보면 2022 개정 교육과정과 IB 교육의 유사성은 더욱 와닿는다. 통합교과의 영역이 IB 교육에서 탐구하는 초학문적 주제(transdisciplinary themes)와 바로 연결할 수 있을 정도로 유사성을 띠기 때문이다.

물론 2022 개정 교육과정이 IB 교육을 모방했다거나 참고했다고 말하는 것은 아니다. 이해를 추구하고 통합적인 주제를 탐구 대상으로 삼는 교육은 오늘날 교육의 세계적 흐름이기 때문이다. 다만 2022 개정 교육과정과 IB 교육의 유사성, 그리고 2022 개정 교육과정의 도입이 우리나라 공교육에 IB 교육을 안착시킬 토대가 되어 주리라는 점은 부정하기 어렵다.

여러 지역의 학교가 IB 교육을 받아들이고 있는 지금의 상황이나 2022 개정 교육과정의 공교육 시행을 미루어 볼 때, 앞으로 우리나라 공교육에서 IB 교육은 지속적으로 영향력을 더해 갈 것이다. 이미 많은 공교육 교사가 IB 교육을 공교육 변화의 중심으로 꼽고 있는 듯하다. 교사들이 모이면 한 번쯤은 IB 교육에 대해 이야기를 나누기 때문이다. 저자도 4년간 IB 교육에 몸담아 보면서 여러 동료 교사로부터 IB 교육에 대한 질문을 많이 받았다. 질문을 던진 교사 중에는 IB 교육에 긍정적인 교사도 있었고, 부정적인 교사도 있었다. 그래서인지 그 질문 속에는 긍정적인 호기심이 담기기도 했지만, 의심과 우려가 숨겨져 있기도 했다. 하지만 IB 교육에 대해 어떤 시각을 가졌든 교사들이 꼭 빠지지 않고 묻는 질문이 두 가지 있다.

"IB 교육이란 도대체 무엇이지?"

"IB 수업은 어떤 수업이지?"

첫 번째 질문, 'IB 교육이란 도대체 무엇이지?'는 IB라는 생소한 용어를 들었을 때 느끼는 반응 섞인 질문이다. IB 교육에 대해 더 깊이 알아가려는 탐구적 질문이기도 하다. 두 번째 질문, 'IB 수업은 어떤 수업이지?'는 'IB 교육이란 도대체 무엇이지?'라는 질문 그 너머의 질문이자 지극히 교사스러운 질문이다. 교사는 수업으로 말하는 사람들이라 새로운 것을 마주하면 으레 수업과 연결을 짓기 때문이다. IB 교육이 무엇인지에 대해 들어 본 교사들은 자연스레 '그럼 수업은 어떻게 하지?'라는 질문을 떠올렸을 것이다. 하지만 많은 교사가 이 질문에서 길을 찾지 못하고 있다. IB 수업이 어떤 수업인지에 대한 대답과 그에 대한 사례를 쉽게 접하기 어렵기 때문이다.

이 책은 'IB 수업은 어떤 수업이지?'에서 길 잃은 교사를 위한 책이다. 저자가 생각하는 IB 수업이 무엇인지 밝히고 IB 수업을 다년간 경험한 우리나라 공교육 교사들의 IB 수업 사례를 책에 담았다. 그렇다고 'IB 교육이란 도대체 무엇이지?'라는 질문을 놓치지는 않는다. 'IB 수업은 어떤 수업이지?'는 'IB 교육이란 도대체 무엇이지?'에 대한 대답을 전제로 하기 때문이다.

▮ IB 교육의 목표, 국제적 소양을 갖춘 평생 학습자

IB는 국제 바칼로레아(International Baccalaureate)의 머리말을 딴 용어이다. '국제'란 단어에서 눈치를 챘겠지만 IB 교육은 국제적으로 인증되는 학교 교육 프로그램을 말한다. '국제적으로 인증되는 학교 교육 프로그램'이란 말을 설명하는 데 예를 하나 들면 좋겠다. A라는 학생이 있다. A는 태어나서 초등학교 5학년까지 대한민국 학교에서 공부했던 학생이다. 그런데 A가 가정사로 인해 프랑스로 삶의 터전을 옮기게 되었다. 물론 프랑스에서 학업을 이어 가겠지만 대한민국의 교육과정과 프랑스의 교육과정이 달라 어려움을 겪을 것이다. 이 어려움은 A가 프랑스 교육과정의 몇 학년으로 편입해야 하는가와 같은 행정적 어려움만을 말하지는 않는다. 두 나라의 수업 철학, 수업 성격, 수업 접근 방법, 평가의 차이는 A를 한동안 혼란스럽게 만들 것이다. 그런데 A가 대한민국에서도, 프랑스에서도 IB 학교에 다녔다면 큰 문제가 되지 않는다. 대한민국이나 프랑스나 IB 학교끼리는 공통된 수업 철학, 수업 성격, 수업 접근 방법, 평가를 공유하고 있기 때문이다. 그러니까 '국제적으로 인증되는 학교 교육 프로그램'이란 국가의 테두리를 넘어 어느 곳에나 적용되는 공통적인 교육 프로그램을 의미한다.

IB 교육을 개발하고 운영하는 곳은 1968년 설립된 비영리 교육재단, 국제 바칼로레아 기구(International Baccalaureate Organization, 이하 IBO)이다. IBO는 IB 월드 스쿨이라 불리는 IB 학교를 인증하고 관리하는 역할도 맡고 있다. IBO의 추산에 따르면 2023년 8월 현재 전 세계 159개국의 5,765개나 되는 학교가 IB 월드 스쿨이라는 타이틀을 달고 IB 철학을 충실히 반영한 IB 교육을 실천하고 있다.

그렇다면 IB 교육의 철학, 그중에서도 IB 교육의 목표는 무엇일까?

IB 교육 목표는 '학생들을 국제적 소양을 갖춘 평생 학습자로 성장시키는 것'이다. 무슨 말인지 하나씩 톺아 보자. 먼저, 국제적 소양(international-mindedness)은 '서로 다른 문화를 존중하고 평화로운 세상에 기여하는 사람으로서 필요한 지식과 탐구심 그리고 배려심'을 의미한다. 그리고 이 국제적 소양은 더 나은 세상을 만드는 인재의 필수적 역량이 된다. 평생 학습자란 '평생에 걸쳐 어제와 오늘의 탐구, 그리고 성찰을 통해 미래에 필요한 지식을 구성하는 탐구 능력'을 가진 학생을 뜻한다.

'학생들을 국제적 소양을 갖춘 평생 학습자로 성장시킨다'는 IB 교육의 목표는 'IB교육이란 도대체 무엇인가?'라는 질문을 답하는 과정에서 매우 중요하다. IB 교육 프로그램 자체가 IB의 목표 실현을 위해 만들어졌기 때문이다.

'국제적 소양을 갖춘 평생 학습자'는 한두 해의 교육 프로그램으로 이루어지지 않는다. 그렇기에 IBO는 IB 교육 프로그램을 초등학교 교육 프로그램인 PYP(Primary Years Programme), 중학교 교육 프로그램인 MYP(Middle Years Programme), 고등학교 과정인 DP(Diploma Programme), 직업교육 과정인 CP(Career-related Programme)로 나누었다. IB 교육은 PYP, MYP, DP, CP라는 네 가지의 잘 연계되고 계열화 된 프로그램을 통해 학생들을 '국제적 소양을 갖춘 평생 학습자'로서 성장시키는 것이다.

이 책에서는 MYP, DP, CP의 내용을 다루진 않는다. 초등학교 교육 프로그램인 PYP에 집중한다. 따라서 지금부터 이 책의 내용은 특별히 MYP, DP, CP라 언급하지 않는 이상 모두 초등학교 교육 프로그램인 PYP 내용이라 보면 되겠다.

▌IB PYP의 초학문성

'국제적 소양을 지닌 평생 학습자'를 기르기 위해 PYP, MYP, DP, CP 각각은 나름의 성격을 지닌다. MYP가 간학문성, DP가 다학문성을 중요하게 여긴다면 PYP의 성격은 '초학문성(transdisciplinary)'이다. 초학문성은 '국제적 소양을 지닌 평생 학습자로서의 학생 성장'과 어떤 관련이 있을까?

초학문성이란 '학문을 초월하여 세상을 이해하는 접근 방법'을 말한다. 초학문성의 의미를 '세상을 이해하는 접근 방법'과 '학문을 초월하여'로 나누어 살펴보자. 세상을 이해하는 능력은 국제적 소양과 연결되므로 그렇구나라고 할 만하다. 하지만 '학문을 초월하는'이란 부분이 좀 의아하다. 교육 프로그램에서 학문을 초월한다니. 여기서 학문을 초월한다는 의미는 학문에서 도출되는 지식을 초월한다는 뜻이다. 지식은 가변적이다. 어떤 때는 참이 되는 지식도 시간과 공간이 달라지면 거짓된 지식이 되기도 한다. 생각해 보자. 독자들이나 저자나 어릴 때 세상을 바라보는 여러 지식을 공부했을 것이다. 아마 그때 배운 지식은 당시 세상과 나를 연결하는 다리 역할을 해 주었을 것이다. 그런데 몇십 년이 지난 지금도 당시의 지식들이 오롯이 현재의 나와 세상을 연결해 줄 수 있을까? 아마 상당수 지식이 이미 그 가치를 잃었을 것이다.

가변적이고 상대적인 '지식'은 세상을 이해하여 더 나은 세상을 위해 기여하기 위한 학습의 대상으로 충분하지 않다. 학생들은 시간과 공간이 달라져도 변화하지 않는 보편적인 주제를 탐구 대상으로 다루어야 한다. 탐구하는 목적도 가변적인 지식을 넘어 보편적 이해가 되어야 한다. 이런 학습 접근이 바로 학문을 초월하는 초학문성이다.

말하는 김에 '평생 학습자'도 짚고 넘어가자. 국제적 소양과 더불어 IB

교육의 목표 중 하나인 평생 학습자는 초학문성과 마찬가지로 지식의 가변성을 문제 삼는다. 다만, 지식의 가변성에 대한 해결 방향이 초학문성의 그것과 다르다. 평생 학습자는 지식이 가변적이라면 학생들이 탐구를 통해 지식뿐 아니라 지식을 구성하고 공유하는 방법을 알게 하면 된다는 해결 방향을 내포하고 있다. 학생들이 IB 교육 프로그램을 통해 지식을 구성하는 기능을 갖추고 있다면 시간과 장소가 변하더라도 이에 맞는 지식을 창출할 수 있다는 것이다.

IBO는 IB PYP의 성격인 초학문성을 품은 교육과 배움, 학습자, 교육 공동체를 만들기 위해 IB PYP 프레임워크를 제시한다. 이 프레임워크에 맞게 수업하고 교육 공동체가 이를 지원할 때 학습자들이 초학문적으로 세상을 이해하여 '국제적 소양을 지닌 평생 학습자'로 거듭나게 된다.

다만, 이 책에서는 모든 IB PYP 프레임워크를 소개할 생각이 없다. 이 책의 핵심은 'IB PYP 수업'이므로 IB PYP 프레임워크 속 'IB PYP 수업'과 직접 관련 있는 것들만 다루고자 한다. IB PYP 프레임워크 속 수업과 관련된 것들을 편의상 'IB PYP 수업 요소'라고 하자.

그런데 아까부터 IB를 교육과정이라 말하지 않고 프로그램이라고 한다. PY'P'의 P도 Programme의 P이다. Curriculum(교육과정)이란 단어는 PYP 어디에도 붙지 않는다. PYP만 그런 것이 아니라 MYP도, DP도 C(교육과정)가 아닌 P(프로그램)가 붙는다. 이유는 간단하다. IB는 교육과정이 아니기 때문이다. 일반적으로 교육과정이라 하면 교육과정의 목표, 성격, 내용, 방법, 평가 등이 담겨 있다. IB 교육 프로그램도 IB의 철학과 성격을 분명히 제시한다. 수업이나 평가에도 다양한 방법을 제안하고 있다. 하지만 그 내용을 구체화하여 제시하진 않는다. 탐구 대상을 큰 틀에서 제공할 뿐이다. 우리나라 교육과정에 빗대어 말하면 총론만 있고 각론은 없다는 말이다.

IB PYP 프레임워크도 마찬가지다. 구체적으로 무슨 수업을 하라고 적어 두지 않는다. 그저 초학문성을 담은 수업을 바랄 뿐이고 그 조건들이 바로 'IB PYP 수업 요소들'이라 할 수 있다. 그럼 내용은 무엇으로 채울까? IB 수업의 내용은 국가 교육과정의 성취 기준으로 대체한다. IB PYP 요소라는 프레임에 국가 교육과정의 성취 기준을 담아내는 것이다(저자는 IB PYP 수업 요소만으로는 IB 수업의 프레임으로서 부족하다고 본다. 이와 관련한 내용은 다음 절에서 살펴보도록 하자).

IB 교육을 공교육에 도입할 적에 일부 교사는 IB PYP 교육과정이 우리나라의 잘 갖추어진 국가 교육과정을 대체해 버릴 수 있다는 우려를 전한 적이 있다. 하지만 이는 IB PYP가 아직 잘 알려지지 않아 생긴 해프닝이다. IB 수업은 IB PYP 수업 요소란 틀 안에 우리나라의 성취 기준을 담아낸 결과다. 그렇기에 IB PYP의 우리나라 공교육 도입은 우리나라의 교육과정을 배척하는 것이 아니라 우리나라의 교육과정을 IB PYP스럽게 재구성하는 과정이다.

우리나라의 교육과정도 큰 틀에서의 국가 교육과정을 제시하지만 현장의 교사들이 각 학교의 특성에 따라 학교 교육과정, 학년 교육과정을 만들도록 권장하고 있다. 이에 비추어 볼 때 IB PYP의 공교육 도입은 IB 교육이라는 학교 특성에 따라 국가 교육과정을 IB 학교 교육과정으로 재편하는 과정이라 봐도 무방하겠다.

▌IB 수업의 프레임, IB PYP 수업 요소

저자가 선정한 IB PYP 수업 요소에는 IB 학습자상(IB learner profile), 초학문적 주제(transdisciplinary themes), 개념(concepts), 학습 접근 방법(Approaches To Learning: ATL), 중심 아이디어(central idea), 탐구 단원

(Unit Of Inquiry: UOI), 실천(action), 탐구 주제 목록(Lines Of Inquiry: LOI)이 있다. 이번 절에서는 이 IB PYP 수업 요소들에 대해 살펴보도록 하자.

한 가지 확실히 해 둘 점이 있다. IB PYP 수업 요소는 IB PYP의 초학문성을 보장하는 프레임워크 중 수업과 관련 있는 부분만 저자가 뽑아낸 것이다. 'IB PYP 수업 요소'라는 단어 자체도 저자가 만든 용어일 뿐, IB 교육의 공식적인 용어가 아니다.

각 IB PYP 수업 요소를 살펴볼 때는 두 가지에 초점을 맞춘다. 첫 번째 초점은 이 IB PYP 수업 요소들이 무엇인지 알아보는 것이고, 두 번째 초점은 이 IB PYP 수업 요소들이 IB 교육의 목표인 '국제적 소양을 갖춘 평생 학습자'나 IB PYP의 성격인 '초학문성'과 어떻게 관련 있는지 살펴보는 것이다. 물론 이 책의 특성상 IB PYP 수업 요소들을 수업에 어떻게 활용하는지도 중요하다. 하지만 IB PYP 수업 요소의 수업 속 쓰임은 'IB 수업은 어떤 수업일까?'에서 집중적으로 살펴보도록 하자.

그리고 이번 편에서는 IB PYP 수업 요소들 중 IB 학습자상, 초학문적 주제, 개념, 학습 접근 방법만 다룬다. 중심 아이디어, 탐구 단원, 실천, 탐구 주제 목록은 'IB 수업은 어떤 수업일까?'에서 실제 IB PYP 수업 요소가 수업에 어떻게 쓰이는지 알아보면서 다루도록 한다.

▌IB 목표 그 자체, 'IB 학습자상'

IB 학습자상은 IB 교육 프로그램을 모두 경험하면 자연스럽게 성장되는 IB 학습자의 자질 열 가지를 말한다. 이 열 가지는 탐구하는 사람(inquirers), 지식이 풍부한 사람(knowledgeable), 사고하는 사람(thinkers), 소통하는 사람(communicators), 원칙을 지키는 사람(principled), 열린 마음을 지닌 사람(open-minded), 배려하는 사람(caring), 도전하는 사람

(risk-takers), 균형 잡힌 사람(balanced), 성찰하는 사람(reflective)이다.

IB 학습자상은 '국제적 소양을 가진 평생 학습자'란 IB 교육 목표에 가장 가까운 IB PYP 수업 요소이다. 국제적 소양을 가진 평생 학습자의 특성을 갖춘 인간상이 곧 IB 학습자상이기 때문이다. 그럼 지금부터는 IB 학습자별로 그 의미를 살펴보도록 하자.

- 탐구하는 사람: 다른 이들과 함께 탐구하고 배우는 방법을 이해하며 실천하는 사람이다.
- 지식이 풍부한 사람: 개념적 이해를 통한 배움을 지향하고 지식을 넓히는 사람이다. 여기서의 개념적 이해는 차차 알아 가도록 하자.
- 사고하는 사람: 비판적·창의적 사고를 가진 채 문제를 살펴보고 실천하는 사람이다.
- 소통하는 사람: 자신의 생각을 표현하고 다른 생각을 경청할 줄 아는 사람이다.
- 원칙을 지키는 사람: 행동에 따라 책임을 질 줄 알고, 사람을 있는 그대로 존중하는 사람이다.
- 열린 마음을 가진 사람: 다양한 관점과 문화, 가치관을 수용할 줄 아는 사람이다.
- 배려하는 사람: 서로 공감하고 존중하며 봉사할 줄 아는 사람이다.
- 도전하는 사람: 불확실한 것에 도전하고 새로운 아이디어와 전략을 짤 수 있는 사람이다.
- 균형 잡힌 사람: 행복을 위해 균형 있는 삶의 중요성을 알고 실천하는 사람이다.
- 성찰하는 사람: 자신의 탐구 과정과 경험을 돌이켜 보고 자신의 성장을 위한 밑거름으로 삼는 사람이다.

IB 학습자상은 스스로 성찰하며 성장하는 대상이지 외부로부터 평가되는 대상이 아니다. 가끔 IB PYP 교육을 한다는 교사들도 단위 수업에서 IB 학습자상을 평가하곤 한다. IB 학습자상을 '태도'로 오인하기 때문이다. IB 학습자상은 '태도'가 아니다. IB 교육 프로그램을 통해 성장하는 인재상이다. 그렇기 때문에 단위 수업에 참여하는 모습을 의미하는 태도와는 다르며 당연히 단위 수업에서 평가받지 않는다.[1] 다만, 학생 스스로가 자신의 IB 학습자상 성장 정도를 성찰하며 이를 활용하여 자기 성장의 밑거름으로 삼을 뿐이다.

▌초학문성의 탐구 대상, '초학문적 주제'

초학문적 주제는 국제적이고, 세상의 실제 문제를 담고 있으며, 인류의 보편성을 지닌 주제이다. IB 교육의 목표인 '국제적 소양을 갖춘 평생 학습자'와 IB PYP 성격인 '초학문성'에 매우 적합한 주제이다. 앞서 IB PYP의 초학문성을 설명하면서 학생들은 시간과 공간이 달라져도 변화하지 않는 보편적인 주제를 탐구 대상으로 다루어야 한다고 했다. 이 보편적인 주제가 IB PYP에서는 초학문적 주제이다. 요컨대, IB PYP는 초학문적 주제를 학생들의 탐구 대상으로 삼았기에 IB PYP의 초학문성을 구현하고 더 나아가 학생들이 국제적 소양을 가진 평생 학습자로서의 성장을 가능케 한 것이다.

탐구를 위한 TIP

1 IB PYP 수업에서 태도 평가를 생략하는 것은 아니다. 오히려 태도를 구체적인 행동으로 평가한다. 저자의 경우 학습 접근 방법(ATL)을 통해 태도를 평가하는데, 학습 접근 방법 속에는 자기관리 기능, 대인 관계 기능처럼 태도를 기술화, 행동화하여 제시하는 부분이 있기 때문이다. 학습 접근 방법에 대해서는 뒷부분에 서술해 두었다.

초학문적 주제는 우리는 누구인가(Who we are), 우리가 속한 공간과 시간(Where we are in place and time), 우리 자신을 표현하는 방법(How we express ourselves), 세계가 돌아가는 방식(How the world works), 우리 자신을 조직하는 방식(How we organize ourselves), 우리 모두의 지구(Sharing the planet) 총 여섯 가지이다. 각각의 초학문적 주제에 대해서 알아보자.

- 우리는 누구인가: 자아와 가치관, 사람들 간의 관계, 사람 자체에 대해 탐구하는 초학문적 주제이다.
- 우리가 속한 공간과 시간: 공간과 시간 자체, 개인의 역사, 이주나 문명 간의 관계에 대해 탐구하는 초학문적 주제이다.
- 우리 자신을 표현하는 방법: 자신의 아이디어나 생각을 표현하는 방법, 창의성, 미학 그 자체에 대해 탐구하는 초학문적 주제이다.
- 세계가 돌아가는 방식: 자연의 법칙과 과학적 원리, 과학기술이 우리에게 미치는 영향에 대해 탐구하는 초학문적 주제이다.
- 우리 자신을 조직하는 방식: 사람들이 만든 제도, 사회적 의사결정과 경제에 대해 탐구하는 초학문적 주제이다.
- 우리 모두의 지구: 지구의 자원을 사람들 간 혹은 자연과 공유하는 방법, 평화에 대해 탐구하는 초학문적 주제이다.

▌학문 경계를 뛰어넘고 탐구를 이끌어 가는 '개념'

개념은 초학문적 주제와 더불어 IB PYP의 성격인 '초학문성'을 구현하는 또 다른 축이다. 초학문성을 실현하려면 '초학문적 주제'를 탐구해야 하는데 초학문적 주제는 학문(교과)을 넘어서는 주제라 교과가 탐구를 이끄는 역할을 할 수 없다. IB PYP에서는 교과를 대신하여 탐구를 이끌어 주는 IB PYP 수업 요소가 필요한데, 이 IB PYP 수업 요소가 바로 개념이다. 개념은 초학문적 주제를 탐구하는 데 있어서 탐구의 폭을 좁히고 초점을 맞추어 학생들이 초학문적 주제에 대한 개념적 이해에 도달하게 해 준다(개념적 이해에 대해서는 다음에 차차 언급하도록 한다).

개념은 관련 개념[related concepts; 추가 개념(additional concepts)]과 주요 개념[key concepts; 명시된 개념(specified concepts)]으로 나뉜다.[2] 관련 개념에 대해서는 다음 장에서 알아보고 여기서는 주요 개념(즉, 명시된 개념)에 초점을 맞춘다. 주요 개념은 많은 지식은 물론 작은 개념까지 아우르는 큰 개념이다. IB PYP에서는 형태(form), 기능(function), 인과관계(causation), 변화(change), 연결성(connection), 관점(perspective), 책임(responsibility)까지 총 일곱 가지를 제시한다. 이 일곱 가지 주요 개념은 탐구를 이끌어 주는 역할을 주로 한다. 탐구 상황에서 각 주요 개념 중 하나를 선택하여 활용함으로써 학생들의 탐구의 초점을 맞추고 방향을 설정하는 것이다. 그래서인지 이름도 탐구의 열쇠가 된다고 하여 Key가 붙는다. 여기서는 IB PYP에서 제시하는 주요 개념 일곱 가지를 하나씩 살펴보도록 하자.

• 형태: 모든 대상은 어떤 특징이나 성격, 모양을 가지고 있다는 것이다. 형태를 주요 개념으로 탐구한다면, 학생들은 탐구 대상의 특

탐구를 위한 TIP

2 2024년 5월부터 관련 개념과 주요 개념의 용어가 바뀌었다. 관련 개념은 '추가 개념(additional concepts)'으로, 주요 개념은 '명시된 개념(specified concepts)'으로 변경된 것이다. 이 책에서는 아직 교사들에게 익숙한 이름인 관련 개념과 주요 개념을 주로 쓰기로 했다.

징, 성격, 모양을 탐구하게 된다.

- 기능: 모든 대상이 어떤 역할이나 행동 원리를 가지고 있다는 의미이다. 기능을 주요 개념으로 탐구한다면 학생들은 탐구 대상의 역할이나 행동 원리를 탐구하게 된다.
- 인과 관계: 모든 대상이나 현상은 원인이 있거나 어떤 원인의 결과라는 이해이다. 인과 관계를 주요 개념으로 탐구한다면 학생들은 탐구 대상의 원인 혹은 탐구 대상에 대한 결과를 탐구하는 것이다.
- 변화: 모든 대상은 변화해 왔거나, 변화하고 있거나, 변화할 것이라는 이해이다. 변화를 주요 개념으로 탐구한다면 학생들은 탐구 대상의 과거 변화는 물론 현재나 미래의 변화를 예측한다.
- 연결성: 모든 대상은 다른 대상과 상호작용으로 연결되어 있다는 이해이다. 인과 관계가 원인과 결과로서 대상을 살펴보는 것이라면 연결성은 동등하게 서로 영향 주는 대상에 대해 탐구하게 된다.
- 관점: 모든 대상은 대상을 바라보는 주체의 경험과 관점에 따라 달리 해석될 수 있다는 이해이다. 관점을 주요 개념으로 탐구한다는 것은 학생들이 탐구 대상을 다양한 관점으로 이해하도록 장려하는 것이다.
- 책임: 자신의 이해, 신념에 따라 실천하면 실천에 따라 변화를 만들 수 있다는 이해이다. 책임을 주요 개념으로 활용한다면 학생들은 스스로 탐구하고 이해한 결과를 실천하게 된다.

IB 학습자상, 초학문적 주제가 자체의 의미에 대해 주로 설명했다면 개념은 의미와 더불어 그 쓰임도 짚었다. 초학문적 주제는 존재 자체가 IB PYP의 초학문성을 드러내지만 개념은 존재 자체는 물론 그 쓰임도 초학문성과 관련 있기 때문이다. 물론 다음 장에서도 개념의 쓰임을 수업 사례와 엮어 설명해 두었다. 개념은 IB 요소들 중 가장 중요한 요소 중 하나이기에 설명이 반복되더라도 이해해 주기를 바란다.

▌평생 학습자의 시작, '학습 접근 방법'

국어에서 독해력을, 수학에서 수리력을 기르고 이를 다시 다른 차시 국어 시간에, 다른 차시 수학 시간에 적용하듯, 학습 접근 방법 (Approaches To Learning: ATL)은 탐구를 통해 배우고 다른 맥락의 탐구에 적용하는 탐구의 기능이다. 학생들은 초학문적 주제에 대한 탐구 과정에서 학습 접근 방법을 배운다. 그리고 다음 탐구에서 앞서 배운 학습 접근 방법을 활용한다. 학생들이 IB PYP 과정을 넘어 MYP, DP로 나아가서도 IB PYP 과정에서 배운 학습 접근 방법은 계속 활용된다(물론 MYP, DP 과정에서도 새로운 학습 접근 방법을 배운다). 그리고 어른이 되어서도 마찬가지이다.

이렇게 학생들은 IB 교육 프로그램 전체에 걸쳐 학습 접근 방법을 배우고 활용하며 세상을 이해해 간다. 그리고 국제적 소양을 가진 '평생 학습자'로 성장한다. 학습 접근 방법이 평생 학습자의 기초라 불리는 이유는 이것이다.

IB PYP는 학습 접근 방법을 사고 기능(thinking skills), 조사 기능 (research skills), 의사소통 기능(communication skills), 대인 관계 기능 (social skills), 자기관리 기능(self-management skills)까지 다섯 가지로 제시한다.

• 사고 기능: 비판적·창의적 사고 및 학생들이 배운 기능과 이해를 다른 맥락에 적용하는 전이와, 탐구 전체 흐름을 이해하는 메타인

지를 다룬다.

- 조사 기능: 정보를 찾아내고 평가하는 방법과 정보에 대한 올바른 사용 방법에 대해 다룬다.
- 의사소통 기능: 학습자들이 알아내고 이해한 탐구 결과에 대해 서로 공유하는 방법과 공유하는 도구에 대한 이해를 다룬다.
- 대인 관계 기능: 학습자들끼리 긍정적인 관계를 형성하고 협력하는 방법에 대해 다룬다.
- 자기관리 기능: 학습자 스스로의 시간, 노력, 태도를 관리하는 방법에 대해 다룬다.

지금까지 'IB 교육이란 도대체 무엇인가?'라는 질문에 대해 IB의 개요와 목표, IB PYP의 성격, IB PYP 수업 요소로 설명했다. 그러나 교사로서 IB에 대해 이해하고 접근하기 위해서는 이 정도 설명으로 부족하다. 'IB PYP 수업은 어떤 수업일까?'라는 질문이 남아 있기 때문이다.

⓪2
IB 수업은 어떤 수업일까

 IB 학교는 IB 관심 학교, IB 후보 학교를 거쳐 IB 학교로 인증된 IB 월드 스쿨(IB world school)의 지위를 가진다. IB 월드 스쿨이 되고 싶은 학교는 먼저 IBO에 IB 관심 학교로 등록해야 한다. IB 관심 학교로서 IB에 대한 이해가 깊어진 학교는 IB 후보 학교로 나아간다. IB 후보 학교는 인증 기준에 맞는 교육 활동을 계획, 실천, 성찰하고 그 증거(evidence)를 IBO에 제시한다. IBO는 학교가 제출한 증거를 통해 이 학교가 IB 월드 스쿨로서 역량과 미래 성장 가능성이 있는지를 판단한다. IBO의 판단이 긍정적이면 학교는 비로소 IB 후보 학교에서 IB 월드 스쿨로 격상되는 것이다.

 저자의 학교도 IB 관심 학교, IB 후보 학교를 거쳐 현재의 IB 월드 스쿨이 되었다. 저자의 학교는 대구의 공립학교로, 1세대 IB '공립'학교이다. 저자의 학교가 IB 월드 스쿨까지 가는 여정은 그 자체만으로 쉽지 않았다. 더욱이 공립학교로서 IB 월드 스쿨이 된 1세대 학교이기에 선례가 없어서 더 어려웠던 것 같다.

저자가 이 학교에 왔을 때는 학교가 IB 후보 학교로서 인증을 위한 준비를 막 시작할 즈음이었다. 그래서 1세대 IB 공립학교로서 인증의 길을 개척하며 IB 월드 스쿨이 되어 가는 과정을 경험할 수 있었다. 인증을 위한 여정의 핵심은 IB PYP 수업으로의 수업 변화이다. IB 철학에 맞는 IB PYP 수업을 하는 학교만이 IB 월드 스쿨로서의 자격이 있기 때문이다. 하지만 IB PYP 수업이 꼭 인증 과정에서만 가치를 지니는 것이 아니다. IB PYP 수업은 공교육에 새로운 교육적 방향을 추가한다는 의미도 있다. 좀 더 넓게 보자면 IB PYP를 공교육에 도입하는 시도 자체가 공교육의 교육 스펙트럼을 다양화하는 것이다.

인증을 위해서든, 공교육 방식의 다양성을 위해서든 IB PYP 수업으로의 수업 변화를 추구한다면, 자연스럽게 하나의 질문이 떠오를 것이다.

"IB PYP 수업은 어떤 수업일까?"

이 질문은 'IB 교육이란 도대체 무엇이지?'라는 질문 너머의 질문이다. 그리고 이 책의 핵심 질문이다. 이 책의 대부분 내용이 'IB PYP 수업은 어떤 수업일까?'라는 질문에 대한 답변이기 때문이다.

▌IB PYP 수업은 어떤 수업일까?

'IB PYP 수업은 어떤 수업일까?'라는 질문은 현재의 IB 관심 학교, IB 후보 학교, 심지어 IB 월드 스쿨의 교사들까지 함께 고민하는 질문이다. 'IB 교육이란 도대체 무엇이지?'라는 질문에 대해 답할 수 있는 사람들도 이 질문에서 길을 잃곤 한다. IB PYP 수업 요소에 대해 잘 알겠다. IB 수업은 IB PYP 수업 요소들이 반영된 수업이라는 것도 알고 있다. 그럼에도 왜 'IB PYP 수업은 어떤 수업일까?'라는 질문에 답하기 힘들까?

2020년 IB 후보 학교의 구성원으로서 저자도 IB PYP 수업이란 IB PYP 수업 요소가 프레임이 되어 주고, 그 프레임 속에서 국가 교육과정의 내용을 담아야 한다는 점을 잘 알고 있었다. 하지만 IB PYP 수업 요소가 프레임이 되는 수업을 쉽게 만들지 못했다. 오히려 그 반대의 수업이 반복되었다. 일반적인 수업 속에 IB PYP 수업 요소가 영화 속 '카메오'처럼 등장하는 수준이었던 것이다. 도덕 수업을 하다가 도덕 수업의 내용이 IB 학습자상의 배려하는 사람과 관련 있다고 생각하여 배려하는 사람에 대해서 뜬금없이 이야기하거나, 사회 수업 때 자료 조사를 하다가 "여러분이 하고 있는 기능이 조사 기능입니다."라고 언급하는 식으로 말이다.

당시 저자는 '난 분명히 IB PYP 수업을 하고 있는데, 나의 IB PYP 수업이 일반 수업과 무엇이 다르지?' 하는 생각에 빠져들었다. 'IB PYP 수업은 어떤 수업일까?'에 대해 답하기 힘든 이유는 IB PYP 수업이라고 해 보지만 결국 일반 수업과 다름없이 흘러가고, 가끔 IB PYP 수업 요소들이 생뚱맞게 등장하는 수업으로 귀결되기 때문이다. 요컨대 IB PYP 수업을 한다고는 하지만 전혀 IB PYP 정체성이 느껴지지 않는 나의 수업에 직면하는 것이다.

왜 국가 교육과정의 내용들이 프레임이 되고 IB PYP 수업 요소가 '카메오'가 될까? 핵심은 '수업 흐름'이다. IB PYP 수업 요소든 국가 교육과정 내용이든 '수업 흐름'이 있는 쪽이 그 수업의 기반을 차지한다. IB PYP 수업에서 IB PYP 수업 요소들이 프레임이 되려면 IB PYP 수업 요소들을 맥락 있게 엮은 'IB PYP 수업 흐름'이 필요하다. 그리고 IB PYP 는 초학문성을 지니기 때문에 'IB PYP 수업 흐름' 역시도 초학문성을 띄어야 한다. 이 말은 'IB PYP 수업 흐름'이 학생들의 탐구를 지식이 아닌 지식 너머의 보편적인 이해로 지향시킬 수 있어야 한다는 의미이다. 요컨대 IB PYP의 정체성이 살아 있는 수업을 위해서는 초학문성을 띠면서 IB PYP 수업 요소들을 맥락 있게 연결하는 'IB PYP 수업 흐름'이 필요하는 것이다. 그럼 IB PYP 수업 흐름이 무엇인지 먼저 살펴보고 그 흐름 속에서 IB PYP 수업 요소는 어떻게 쓰이는지 살펴보도록 하자.

▮ IB PYP 수업 흐름, '개념 기반 탐구 수업'

"IB PYP 수업 흐름은 개념 기반 탐구이다."

저자는 'IB PYP 수업 흐름'을 '개념 기반 탐구(concept based inquiry)'라고 본다. 개념 기반 탐구는 개념적 렌즈를 활용한 탐구로, '개념적 이해(conceptual understanding)'를 구성하고 이해하는 수업이다. 다시 말해 개념 기반 탐구의 목적이 '개념적 이해의 구성'인 것이다. 개념적 이해는 개념과 개념의 관계에 대한 서술이다. 또한 개념적 이해는 폭넓은 전이 가능성이 있다는 점이 특징이다.

개념적 이해를 예를 들어 설명해 보겠다. '시민의 참여는 민주주의를 변화시킨다.' 이 문장은 저자가 학생들과 함께 구성하고 이해했던 개념적 이해이다. 학생들은 개념 기반 탐구 수업 과정에서 여러 가지 사실을 탐구하여 이 개념적 이해를 구성한다. 이 예시에는 어떤 개념들이 포함되어 있을까? 바로 '시민의 참여'와 '민주주의'이다. '시민의 참여는 민주주의를 변화시킨다'라는 개념적 이해는 '시민의 참여'와 '민주주의'라는 두 개념의 관계를 드러내는 문장이기 때문이다.

개념적 이해의 특징인 전이 가능성도 짚고 가자. 전이란 어떤 이해를 다른 맥락에 적용하는 것을 말한다. 이때의 다른 맥락은 대개 '실제 상황'을 의미한다. 학교에서 수업을 통한 개념적 이해를 학교와 수업이라는 맥락과는 다른 실제 상황에서 실천하는 것이다. 따라서 개념적 이해가 폭넓은 전이 가능성을 지닌다는 것은 개념적 이해를 다양한 상황에서 실천할 수 있다는 의미이다.

전이의 예를 들기 위해 '시민의 참여는 민주주의를 변화시킨다'라는 개념적 이해를 다시 가져와 보자. 개념적 이해에 도달한 학생들이 선거나 투표 혹은 또 다른 사회적 참여 상황에 놓인다면 이런 생각을 하게 된다. '나의 참여로 민주주의를 변화시킬 수 있어.' 이 생각은 실제 민주주의를 위해 참여를 실천하는 행동으로 이어질 것이다.

개념적 이해는 개념 기반 탐구의 목적으로서 매우 중요하므로 예를 하나만 더 들어 보자. '사람들이 공유하는 문화는 환경에 영향을 받은 결과이므로 서로의 문화를 존중하는 것은 우리의 책임이다.' 이 개념적 이해는 제법 긴 문장이지만 핵심은 '문화는 환경에 영향을 받은 결과이다'라고 볼 수 있다. 이 부분은 어떤 개념과 어떤 개념의 관계를 드러낸 문장일까? '문화'와 '환경'이다. 학생들은 이 개념적 이해를 구성하고 이해하기 위해 문화와 환경에 대해 탐구해 갈 것이다.

'사람들이 공유하는 문화는 환경에 영향을 받은 결과이므로 서로의 문화를 존중하는 것은 우리의 책임이다.'라는 문장에서 '서로의 문화를 존중하는 것은 우리의 책임이다'는 이 개념적 이해를 이해한 학생들이 어떤 전이를 해야 할지를 친절하게 담아 둔 것이다. 학생들은 학교에서, 혹은 학교를 넘어 사회에서 다른 문화를 존중하는 실천을 하게 된다. 이 것이 개념적 이해가 가진 특징이자 힘이다.

개념적 이해는 그 의미와 특성을 볼 때 IB PYP의 초학문성과 밀접하게 연결되어 있다. '초학문성'은 지식이 아닌 지식 너머의 보편적인 이해를 추구한다. 이때의 '보편적 이해'가 전이 가능성이 풍부한 '개념적 이해'이다. 또한 개념적 이해는 IB 목표인 '국제적 소양'과도 관련 깊다. 학생들은 개념적 이해를 통해 서로 다른 문화와 세상을 이해하고, 전이라는 실천으로 세상의 문제를 해결하고자 노력하는 등 더 나은 세상을 만드는 데 필요한 '국제적 소양'을 가진 사람이 되어 가기 때문이다.

이쯤 되면 독자들도 개념적 이해가 무엇인지 알 수 있을 것이다. 또한 이 개념적 이해가 IB PYP의 초학문성은 물론 IB 목표인 '국제적 소양'과도 밀접함을 알았을 테니 개념 기반 탐구가 'IB PYP 수업 흐름'으로서 적합하다는 점을 동의하리라 본다.

그럼 이제 개념 기반 탐구는 어떤 과정을 거쳐 학생들에게 개념적 이해를 이해시킬지 살펴보자. 이에 앞서 잠깐 짚어야 할 점이 있다. 개념적 이해를 구성하고 이해하는 과정은 다양하다는 것이다. 교사의 철학, 학생들의 탐구 능력에 따라 개념적 이해에 대한 접근은 달라질 수 있다. 여기서는 독자들의 이해를 위해 개념 기반 탐구의 흐름에서 가장 간단하고 잘 알려진 흐름만 소개하므로 '이것만 옳다'고 판단하지 않았으면 한다.

개념 기반 탐구는 먼저 사실들을 탐구하여 개념을 구성한다. 그리고 개념과 개념들의 관계를 탐구하여 개념적 이해를 완성한다. 개념적 이해를 완성했다고 끝은 아니다. 마지막으로 학생들이 이해한 개념적 이

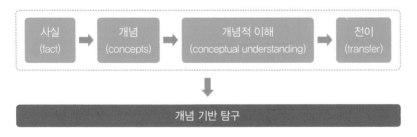

[그림 2-1] 개념 기반 탐구의 과정

해를 다른 맥락에 전이하는 단계로 이어진다. 그림을 통해 살펴보면 다음과 같다.

개념 기반 탐구의 과정은 이해하기가 제법 어렵다. 그래서 '시민의 참여는 민주주의를 변화시킨다'라는 개념적 이해를 구성하기 위한 수업을 예로 들어 개념 기반 탐구의 흐름을 과정별로 한 번 더 살펴보도록 한다.

먼저, 사실을 탐구하여 개념을 구성하는 과정이다. 학생들은 민주주의와 시민의 참여에 관련된 여러 가지 사실을 탐구한다. 다양한 사실을 조사하고 분석하며 해석하는 과정을 거치는 것이다. 이후 학생들은 이 사실들을 탐구한 결과를 기반으로 민주주의와 시민의 참여라는 개념을 구성한다.

민주주의와 시민의 참여, 두 개념이 이해되었으면 개념적 이해를 구성하는 단계로 넘어간다. 개념적 이해는 개념과 개념의 관계이다. 그렇다고 해서 "민주주의와 시민의 참여가 무엇인지 알겠죠? 그러니까 이제 두 개념의 관계를 말해 봅시다."라고 학생들에게 요구하지 말아야 한다. 개념 기반 탐구는 말 맞추기가 아니다. 민주주의와 시민의 참여 간의 관계를 이해하는 데도 탐구를 해야 한다. 다만, 민주주의와 시민의 참여, 그 자체에 대한 탐구가 아니라 두 개념의 관계를 드러내는 사실에 대한 탐구이다. 구체적인 방법은 다음 장에서 소개하는 수업 사례를 참고하자.

마지막으로, 전이는 앞서 말했듯 다른 개념적 이해를 실제 상황에 실천하는 행동이다. 이 '전이'는 개인의 실천으로 남겨 두거나 교사가 학생들이 이해한 내용을 실천할 수 있도록 상황을 만들어 줄 수 있다.

▌IB 핵심 요소 속 '개념 기반 탐구 수업'

지금까지 'IB PYP 수업 흐름=개념 기반 탐구의 흐름'으로서 개념 기반 탐구 수업을 설명했다. 사실, IB PYP 수업 흐름이 개념 기반 탐구라는 것을 저자만의 '주장'이라고 하기엔 무리가 있다. IB PYP 프레임워크 곳곳에 개념 기반 탐구 수업에 대한 서술이 있고 IB의 모든 교육 프로그램에서 핵심이라 강조하는 'IB의 네 가지 핵심 요소'에서도 IB 수업 흐름이 개념 기반 탐구임을 드러내는 부분이 많기 때문이다. 그러니까 'IB PYP 수업 흐름=개념 기반 탐구의 흐름'이란 점은 저자만의 주장이라기보다 IB 교육을 연구하면서 자연스레 내리는 '결론'이다.

이 절에서는 'IB의 네 가지 핵심 요소' 속 개념 기반 탐구 수업을 살펴본다. 이를 통해 독자들 역시 저자와 같은 결론에 도달하는 경험을 했으면 한다.

'IB 교육 프로그램의 네 가지 핵심 요소'는 ① 국제적 소양, ② IB 학습자상, ③ 폭넓고 균형 잡힌, 개념적이고 연계성 있는 교육과정, ④ 교수·학습 접근 방법이다. 국제적 소양이 IB 교육 목표이며 IB 학습자상이 IB 교육 목표에 도달한 인간상임을 볼 때, 네 가지 핵심 요소 중 앞선 두 가지는 IB 교육 목표와 직접적으로 관련이 있다. 개념 기반 탐구와 관련 깊은 부분은 세 번째 핵심 요소이다. IB에서는 IB 교육의 이 폭넓고 균형 잡힌, 개념적이고 연계성 있는 교육과정이 개념적 학습을 의미한다고 밝히고 있다. 개념적 학습 자체가 바로 개념 기반 탐구이므로 결론적으로 폭넓고 균형 잡힌, 개념적이고 연계성 있는 교육과정은 그 자체로 개념 기반 탐구를 바탕으로 한 교육과정이라 말할 수 있겠다.

네 번째 핵심 요소인 교수·학습 접근 방법, 좀 더 폭을 좁혀 교수 접근 방법(approaches to teaching)에서도 개념 기반 탐구를 찾을 수 있다.

교수 접근 방법은 교사가 어떻게 수업을 구성하여 학생들에게 제시할지, 어떤 방향으로 학생들과 함께 탐구해 갈지를 알려 준다. 교수 접근 방법은 여섯 가지가 있다.

① 탐구에 기반한다.
② 개념적 이해를 중요하게 여긴다.
③ 지역과 세계적 맥락을 활용한다.
④ 협력을 강조한다.
⑤ 학습자의 다양성을 존중하고 교육의 개별화된 학습 기회를 제공한다.
⑥ 수업과 학생의 성장에 있어 평가 정보를 활용한다.

교수 접근 방법에서도 수업의 흐름과 직접 관련 있는 교수 접근 방법은 '탐구에 기반한다'와 '개념적 이해를 중요하게 여긴다'이다. 이 두 가지 교수 접근 방법은 '탐구에 기반하여 개념적 이해를 중요하게 여긴다'로 합쳐 볼 수 있다. 교수 접근 방법에서 말하는 IB PYP 수업 흐름은 탐구에 기반하여 개념적 이해를 강조하는 것으로 이는 개념 기반 탐구라 할 수 있다.

▌개념 기반 탐구 수업 속, IB PYP 수업 요소

앞서 IB PYP 수업 흐름은 '초학문성을 띠면서도 IB PYP 수업 요소들을 맥락성 있게 엮을 수 있어야 한다'고 했다. 그래서 'IB PYP 수업 흐름 = 개념 기반 탐구의 흐름'의 근거로 개념 기반 탐구의 초학문성을 짚은 바 있다. 이제부터는 IB PYP 수업 흐름으로서 개념 기반 탐구 수업 속

IB PYP 수업 요소에 대해 설명해 보고자 한다.

IB PYP 수업 요소에는 IB 학습자상, 초학문적 주제, 개념, 학습 접근 방법, 중심 아이디어, 탐구 단원, 실천, 탐구 주제 목록이 있다. 앞서 'IB 교육은 도대체 무엇이지?'라는 질문에 IB PYP 수업 요소가 무엇인지를 중심으로 설명했다. 여기서는 IB PYP 수업 요소가 개념 기반 탐구 수업에 어떻게 맥락적으로 엮여 있는지에 초점을 맞춰 보도록 하겠다.

▌개념 기반 탐구의 대상, '초학문적 주제'

먼저 언급할 IB PYP 수업 요소는 초학문적 주제이다. 개념 기반 탐구는 목적과 흐름만 담겨 있다. 개념 기반 탐구의 목적인 개념적 이해는 개념과 개념의 관계를 탐구한 결과이지, 이 자체가 탐구 주제일 수는 없다. '사실 → 개념 → 개념적 이해 → 전이' 과정은 개념 기반 탐구의 흐름일 뿐 이 역시 탐구 주제는 될 수 없다. IB PYP 수업에서 탐구 주제이자 대상은 초학문적 주제이다. IB PYP 수업은 초학문적 주제를 개념 기반 탐구의 흐름으로 탐구하는 것이다.

앞서 'IB 교육은 도대체 무엇이지?'라는 질문에 대해 답변할 때 초학문적 주제는 ① 우리는 누구인가, ② 우리가 속한 공간과 시간, ③ 우리 자신을 표현하는 방법, ④ 세계가 돌아가는 방식, ⑤ 우리 자신을 조직하는 방식, ⑥ 우리 모두의 지구 이렇게 여섯 가지라고 밝혔다. 학생 입장에서는 같은 여섯 가지의 초학문적 주제가 매년 반복됨을 뜻한다. '그럼 같은 탐구 내용이 매년 반복되는 것인가?' 하는 생각이 들 수 있다. 하지만 그건 아니다. 같은 초학문적 주제가 매년 반복되지만 탐구 내용은 학년 위계에 맞게 달라진다.

예를 들어 보자. 앞서 'IB 교육은 도대체 무엇이지?'라는 물음에 대한 답변으로 초학문적 주제를 설명할 때 우리가 속한 공간과 시간은 공간과 시간 자체, 개인의 역사나 이주, 문명 간의 관계에 대해 탐구한다고 했다. 이 책의 사례로 등장하는 5학년의 '우리가 속한 공간과 시간'은 이주에 대해 탐구한다. 반면, 저자가 6학년 담임으로서 수업한 '우리가 속한 공간과 시간'에서는 문명 간 관계에 대해 탐구했다. 동일한 초학문적 주제이지만 학년에 따라 탐구하는 탐구 소재는 달라지는 것이다.

초학문적 주제에 따른 탐구 소재들은 학년 교사들이 협의하에 결정한다. 그리고 학년 간 탐구 소재 중복을 막고 탐구 소재에 대한 위계를 명확히 하기 위해 학년 간에도 서로 협의하고 조율한다. IB 교육은 IB PYP 수업의 탐구 소재인 초학문적 주제를 IB 교사에게 제시하긴 했지만 구체적인 탐구 내용에 대해선 교사 주도성에 맡기는 구조이다.

▎탐구의 단위, '탐구 단원'

개념 기반 탐구가 IB PYP 수업 흐름이고 초학문적 주제가 탐구 대상이자 주제라면 하나의 초학문적 주제를 개념 기반으로 탐구하는 과정이 IB PYP 탐구의 한 단위가 된다. 이 탐구의 단위는 한 차시 수업으로 이룰 수 없다. 상식적으로 생각해 봐도 사실을 통해 개념을 구성하고 개념으로 개념적 이해에 도달한 뒤 다른 맥락에 전이하는 과정이 한 차시에 이루어진다는 것은 무리가 있다. 실제로 IB의 많은 강사도 하나의 초학문적 주제를 탐구하는 시간으로 40차시 전후를 권한다. 저자 역시 이들의 생각에 동의한다.

40차시 정도 되는 탐구라 하면 독자들은 '프로젝트'를 떠올릴 것이다. 하지만 IB PYP에서는 프로젝트라는 이름을 쓰지 않는다. IB PYP에서는 한 초학문적 주제를 개념 기반으로 탐구하는 것을 탐구 단원이라고 부르며, 영어로는 Unit Of Inquiry(이하 UOI)라고 일컫는다. 탐구 단원은 탐구(inquiry)란 말이 직접 붙을 정도로 탐구에 대해 강조한다. 프로젝트가 산출물이나 문제 해결에 초점을 맞춘 탐구라면 탐구 단원은 말 그대로 탐구 자체에 초점을 맞추었다고 보면 좋겠다.

앞서 초학문적 주제는 여섯 개라고 했고, 초등학교의 각 학년당 여섯 개의 초학문적 주제를 모두 다루어야 한다고 했다. 그리고 한 초학문적 주제를 개념 기반 탐구의 흐름으로 탐구하는 단위를 탐구 단원(UOI)이라고도 했다. 그렇다면 학생들이 학 학년에 경험하는 탐구 단원은 여섯 개이다. 그럼 학생들이 IB 학교에서 1학년부터 6학년까지 경험할 탐구 단원은 총 몇 개일까? 그렇다. 서른여섯 개이다.

각 IB PYP 학교에서 실시하는 서른여섯 개의 탐구 단원을 '탐구 프로그램'이라고 부르며, 영어로는 Programme Of Inquiry(이하 POI)라고 한다. 탐구 프로그램은 IB 학교 단위의 탐구 프로그램을 뜻한다. 이를 우리나라 식으로 살짝 바꿔 보면 탐구 프로그램이 곧 학교 교육과정이다. 어찌 보면 IB 월드 스쿨로의 인증이란 학교 탐구 프로그램을 만들어 가는 과정이라 봐도 무방하겠다.

▌탐구 단원의 중심, '중심 아이디어'

개념 기반 탐구의 목적은 학생들의 탐구를 통해 개념적 이해를 구성하고 이해하는 것이다. 초학문적 주제를 탐구하는 개념 기반 탐구가 탐구 단원이기에 탐구 단원의 목적 또한 개념적 이해에 대한 구성과 이해라고 할 수 있다. 그런데 IB에는 개념적 이해와 비슷한 중심 아이디어라는 IB PYP 수업 요소가 있다. IB에서는 탐구 단원의 핵심을 개념적 이해라 하지만 이에 못지않게 중심 아이디어도 중요하게 여긴다.

개념적 이해와 중심 아이디어는 어떤 차이가 있을까? 개념적 이해가 학생들이 구성하고 이해한 결과로서의 이해라면, 중심 아이디어는 교사가 학생들이 이해하기를 바라는 계획 속의 이해다. 즉, 교사가 중심 아이디어라는 이해를 계획하고 탐구 단원을 운영하면 학생들은 이 계획을 토대로 탐구하여 개념적 이해를 구성하는 것이다. 따라서 학생들의 탐구 결과에 따라 중심 아이디어와 같은 개념적 이해가 도출될 수도, 다른 개념적 이해가 만들어질 수도 있다는 의미다. 그렇기에 개념적 이해 못지않게 중심 아이디어 역시도 탐구 단원의 핵심이 되는 것이다.

중심 아이디어가 탐구 단원의 핵심이다 보니, 중심 아이디어를 어떻게 바라보고 언제, 어떻게 제시하는가에 따라 탐구 단원의 탐구 방향은 현격히 달라진다. 이 책에서는 탐구의 방향을 '연역적 방식'과 '귀납적 방식'으로 명명한다.

연역적 방식은 중심 아이디어를 학생 탐구의 시작점으로 보고 중심 아이디어를 탐구 단원의 초반에 교사가 제시한다. 학생들은 제시된 중심 아이디어를 '입증'한다. 물론 이에 더해 학생들이 중심 아이디어를 비판적으로 바라보고 새로운 이해를 구성할 수도 있다. 이 이해가 바로 개념적 이해가 된다. 연역적 방식은 중심 아이디어와 개념적 이해의 관계를 있는 그대로 가져온 탐구 방식이라 볼 수 있다.

연역적 방식의 장점은 탐구의 방향성이다. 중심 아이디어가 탐구 단원의 시작과 동시에 제시되기 때문에 무엇을 탐구할지 선명하게 드러난다. 탐구 방향이 선명한 덕에 평가의 백워드 설계에도 유용하다. 학생들과 탐구 단원의 총괄 평가를 함께 구성하기 쉬운 것이다. 단점은 학생들이 탐구의 흥미를 잃을 가능성이 높아진다는 점이다. 3, 4학년만 되어도 학생들은 탐구 단원 초반에 드러난 중심 아이디어가 틀릴 리 없다는 사실을 인지할 것이다. 어차피 중심 아이디어는 옳은 문장인데 군이 탐구할 필요가 있을까? 학생 입장에선 그저 받아들이면 된다.

연역적 방식의 단점을 보완하는 방법이 있다. 중심 아이디어 문장을 잘 만들면 된다. 이때 '잘 만든다'라는 것은 중심 아이디어를 국제적이고, 여러 문제에 전이 가능하도록 포괄성을 띠면서, 동시에 학생들이 이해 가능하며, 탐구 자극을 받는 문장으로 만드는 것이다. 하지만 교사들이 이런 문장을 만들기란 쉽지 않다. 저자가 만든 중심 아이디어인 '시민의 참여는 민주주의를 변화시킨다'를 연역적 방식의 기준으로 본다면 너무 구체적인 문구를 썼기에 적합하지 않은 중심 아이디어라고 평가받을 것이다.

귀납적 방식은 중심 아이디어를 탐구의 종착점으로 보고 탐구의 중후반에 학생들이 개념적 이해를 구성할 때까지 중심 아이디어를 제시하지 않는 방식이다. 즉, 중심 아이디어와 개념적 이해를 동일하게 여기며 학생들이 탐구를 통해 중심 아이디어를 '구성'해 간다.

귀납적 방식의 장단점은 연역적 방식의 장단점과 완전히 상반된다. 중심 아이디어를 모르는 상황에서 자신의 탐구를 통해 중심 아이디어를 구성하는 귀납적 방식의 특성은 학생들에게 탐구를 자극하고 탐구의 목적성을 부여한다는 장점이 있다. 교사들이 중심 아이디어를 만들 때 학생의 시선에서 구체적으로 만들 수 있다는 장점도 꼽을 수 있다. 그러니까 '시민의 참여는 민주주의를 변화시킨다'라는 중심 아이디어의 경우 연역적 방식에서는 쓰기 곤란하지만, 귀납적 방식에서는 오히려 좋은 중심 아이디어이다. 학생들이 접근하기에 구체적인 문구가 더 편리하기 때문이다.

귀납적 방식은 단점도 분명하다. 탐구의 방향을 잡기 힘들다는 것이다. 물론 탐구 과정에서 중심 아이디어 구성을 탐구 목적으로 삼기에 방향성을 가진다고 할 수 있다. 여기서 잡기 힘들다는 '방향'은 탐구 단원을 시작할 때의 '탐구 방향'을 말한다. '시민의 참여는 민주주의를 변화시킨다'라는 중심 아이디어를 나중에 구성하려면 시작부터 학생들이 '민주주의는 무엇을 변화시킬까?'라는 의문을 품고 있어야 한다. 하지만 중심 아이디어를 탐구 단원의 초반에 드러내지 않고 이런 질문을 품게 하는 것은 쉽지 않다. 물론 이에 대한 극복 방안도 있다. 동기유발(provocation)을 활용하는 것이다. 여기서 말하는 동기유발은 일상 수업의 동기유발과는 다르다. 그렇다면 탐구 단원의 귀납적 전개에 있어 동기유발이란 무엇인지, 이것이 어떻게 귀납적 방식의 단점을 극복할 수 있을지는 다음 절에서 알아보자.

저자가 추구하는 방식은 '귀납적 방식'이다. 중심 아이디어와 개념적 이해의 본질적 관계만 따진다면 연역적 방식이 더 옳다 여길 수 있다. 다만, 저자는 탐구의 본질을 입증보다는 구성에 방점을 두고 있기에 '귀납적 방식'을 탐구 단원의 탐구 방향으로 삼는다.

▌탐구를 중심 아이디어로 이어 주는 길잡이, '개념'

IB 교육에서는 개념을 둘로 나눈다. 관련 개념[related concepts; 추가 개념(additional concepts)]과 주요 개념[key concepts; 명시된 개념(specified concepts)]이다. 주요 개념(명시된 개념)은 전이 가능성이 높은 거시적 개념이다. 앞선 내용에서 확인했듯 주요 개념은 형태, 기능, 인과 관계, 변화, 연결성, 관점, 책임 일곱 가지이다. 관련 개념(추가 개념)은 주요 개념보다 전이의 폭이 좁고 교과와 관련성이 깊은 미시적 개념이다.

주요 개념의 쓰임을 살펴보자. 주요 개념은 개념 기반 탐구에서 개념적 렌즈로서 활용된다. 개념적 렌즈는 색깔이 있는 안경처럼 특정 관점을 가지고 대상을 바라본다는 의미가 담긴 말이다. 색깔이 있는 안경을 학생들에게 실제로 씌운다는 말이 아니라, 탐구 대상을 탐구하는 관점을 부여한다는 뜻이다. 탐구 대상에 관점을 부여한다는 것은 탐구 대상의 탐구 폭을 좁히고 깊이를 더한다는 의미를 담고 있다. 저자가 경험한 다음의 수업을 읽어 보면 주요 개념의 개념적 렌즈로서 중요성과 활용법을 확인할 수 있을 것이다.

수업의 학습 목표는 이렇다. '6월 민주항쟁이 민주주의에 어떤 변화를 가져왔는지 알기' 수업에서 교사는 학생들에게 6월 민주항쟁이 탐구 대상이라 알려 주고 활동을 안내했다. "6월 민주항쟁을 조사해 보세요." 30여 분이 지나고 학생들의 조사 결과를 살펴봤다. 한 모둠이 아주 인상적이었다. 빽빽한 글씨로 이젤 패드(4절 크기의 붙임 종이)를 세 장째 쓰고 있었기 때문이다. 이젤 패드는 제법 큰 종이라 세 장씩 글로 채우기란 쉽지 않다. 사실 정말 놀란 것은 학생들이 쓴 글의 내용이었다. 마지막 세 번째 장까지도 박종철 열사의 희생에 대해 다루지 않았기 때문이다. 이전 두 장에는 6월 민주항쟁 이전의 사회 분위기, 박종철 열사의 생애가 빼곡히 적혀 있었다. 6월 민주항쟁의 모든 것을 담으려는 의지가 돋보인 결과였다. 6월 민주항쟁이 박종철 열사가 희생당하고부터 불붙기 시작했다는 점으로 볼 때 이 모둠이 앞으로도 얼마나 많은 시간과 노력, 그리고 이젤 패드가 더 필요할지 가늠하기 어려웠다.

이 모둠의 탐구 결과는 학습 목표와 맥락이 닿을까? 전혀 그렇지 않다. 6월 민주항쟁이 민주주의 변화에 미친 영향은 6·29 선언에서 직접적으로 찾을 수 있다. 냉정히 말해서 학생들이 세 장의 이젤 패드에 작성한 내용은 학습 목표에 직접적 관련성이 없다. 학생들의 탐구 결과 대부분은 폐기될 것이고 학생들은 과도한 지식이 머릿속에서 뒤엉켜 탐구가 학습 목표 이해를 방해하는 이상한 상황에 놓일 것이다.

이런 상황은 누구의 잘못일까? 학생들의 탐구 능력이 부족해서 생긴

일일까? 아니다. 예초에 교사의 요구가 잘못되었다. 수업 초반에 학생들에게 제시한 교사의 요구를 상기해 보자. 교사의 요구는 '6월 민주항쟁을 조사하라'였다. 이 모둠의 학생들은 교사의 요구를 충실히 따랐을 뿐이다. 교사는 이번 수업을 통해 학생들이 6월 민주항쟁이 민주주의를 어떻게 변화시켜 왔는지를 이해했으면 했다. '변화'에 대해 이해시키고자 한다면, 변화에만 탐구의 초점을 맞춰야 한다. 이럴 때 개념적 렌즈를 쓰는 것이다. 지금의 저자라면 이 수업을 할 때 다음과 같은 요구를 했을 것이다. "오늘의 주요 개념은 '변화'입니다. 6월 민주화 운동이 민주주의를 어떻게 변화시켰는지'만' 조사해 주세요." 이 요구는 아까의 요구보다 매우 구체적이다. '변화'라는 주요 개념을 제시하여 탐구의 폭을 좁힌 것이다. 학생들은 6월 민주항쟁이 민주주의를 어떻게 변화시켰는지'만' 찾을 테고, 교사는 학생들의 탐구를 학습 목표로 향하게 할 수 있다. 탐구 단원의 학습 목표는 중심 아이디어의 이해이다. 따라서 주요 개념은 개념적 렌즈로서 학생들의 탐구를 중심 아이디어로 이어 주는 역할을 한다고 말할 수 있다.

관련 개념은 앞선 'IB 교육은 도대체 무엇이지?'라는 질문에 답할 때 개념 설명에서 제외했던 부분이다. 이는 개념 기반 탐구 흐름을 이해해야만 알게 되는 개념이기 때문에 이제야 설명했다. 관련 개념은 주요 개념보다 작은 탐구 대상이자 탐구의 결과가 되는 개념이다. 그러니까 개념 기반 탐구에서 사실을 통해 구성하는 '개념'이 바로 관련 개념인 것이다.

예를 들어 보자. '시민의 참여는 민주주의를 변화시킨다'라는 중심 아이디어를 학생들이 이해하는 수업을 하려면 이 중심 아이디어를 이루는 개념을 학생들이 먼저 구성해야 한다. 중심 아이디어, 즉 개념적 이해는 개념과 개념의 관계 서술이기 때문이다. '시민의 참여는 민주주의를 발전시킨다'라는 중심 아이디어를 이루는 개념은 '시민의 참여'와 '민주주의'이다. 중심 아이디어 자체가 시민의 참여와 민주주의의 관계를 서술하고 있기 때문이다. 이때 '시민의 참여'와 '민주주의'가 바로 관련 개념이다. 학생들은 사실을 탐구하여 그 결과로 '시민의 참여'와 '민주주의'라는 관련 개념을 구성해야 한다. 그리고 이 개념들을 토대로 개념적 이해에 도달한다. 그래서 관련 개념은 탐구의 대상이자 결과이기도 한 것이다.

물론, 관련 개념도 개념적 렌즈로서 기능하기도 한다. 앞서 주요 개념을 설명할 때의 예를 이어서 이야기해 보자.

"오늘의 주요 개념은 '변화'입니다. 6월 민주화 운동이 민주주의를 어떻게 변화시켰는지'만' 조사해 주세요."라고 교사가 주요 개념을 활용하여 탐구의 방향을 설정했던 지점부터 다시 살펴보겠다. 교사가 주요 개념을 통해 탐구 방향을 설정해도 갈피를 못 잡는 학생들이 있기 마련이다. 이럴 때는 관련 개념을 이용해 좀 더 구체적으로 알려 줄 수 있다.

"예전에 민주주의에 대한 특징을 살펴봤지요? 그럼 6월 민주화 운동의 요구들 중 민주주의 특징과 관련 있는 것을 찾아봅시다." 이 요구에 따라 학생들은 6월 민주화 운동이 직선제를 통해 민주주의 특징인 '시민의 참여를 보장한다'는 특징과 연결 지었다. 주요 개념을 큰 틀의 개념적 렌즈로 활용한다면 관련 개념을 통해 미시적인 개념적 렌즈로 활용할 수도 있는 것이다.

▌더 나은 세상으로의 행동, '실천'

실천(action)은 개념 기반 탐구의 흐름인 '사실 → 개념 → 개념적 이해 → 전이'에서 '전이'에 해당한다. 중심 아이디어가 곧 개념적 이해인 것처럼 실천은 전이와 그 의미가 같다. 앞서 전이는 개념적 이해를 다른 맥락에 적용하는 것이라고 설명했다. 실천이 전이와 의미가 같은 만큼 실천은 중심 아이디어를 다른 맥락에 적용하는 것이라 말할 수 있겠다. 여기서 다른 맥락은 실제 상황을 말한다. 중심 아이디어는 학생들의 탐구에서 이해되었지만 실천에서는 탐구와는 다른 맥락인 실제 상황에 적용하라는 뜻이다. 중심 아이디어를 실제 상황에 적용하는 실천은 IB 교육의 목표인 국제적 소양과 관련이 깊다. 실제 상황에서의 실천은 더 나은 세상을 만들려는 행동이기 때문이다.

실천은 실제적이어야 한다. '시민의 참여는 민주주의를 변화시킨다'라는 중심 아이디어를 이해했다면 사회에서든 학교에서든 학급에서든 가정에서든 공동체의 민주주의를 변화시킬 참여를 해야 실천이다. 몇몇 학교에서 이러한 실천으로써 중심 아이디어를 홍보하기 위해 유튜브 영상을 만드는 경우를 봤다. 학생들끼리 그룹을 만들어 중심 아이디어를 설명하거나 춤과 노래로 중심 아이디어 내용을 홍보하는 것이다. 개인적으로 이는 실제성이 떨어지는 전형적인 예라고 본다. 실천 자체가 홍보로 국한되는 중심 아이디어라면 다분히 이해되지만, 학생들이 스스로 행동할 수 있는 중심 아이디어를 홍보 영상 만들기로 실천하는 것은 형식적인 편의주의의 결과이다.

실천은 학생 개인별로 실천하는 방식과 교사가 상황을 만들어 주고 해당 학년의 학생들이 모두 참여하는 방식 두 가지가 있다. 이것은 옳고 그름의 문제가 아니다. 방향의 문제이다. 저자는 두 가지 방식을 모두 써 봤다. 교사의 경험을 바탕으로 두 방식을 설명하고자 한다.

우선, 학생 개인별로 실천하는 방식이다. 이 방식과 관련 있는 교사의 탐구 단원은 '우리가 속한 공간과 시간'이다(지금 예를 드는 '우리가 속한 공간과 시간' 참여 사례는 6학년의 사례로, 3장에서 언급한 5학년의 '우리가 속한 공간과 시간' 사례와는 다른 탐구 단원이니 유의하기 바란다). 이 탐구 단원은 '사람들이 공유하는 문화는 환경에 영향을 받은 결과이므로 서로의 문화를 존중하는 것은 우리의 책임이다'라는 중심 아이디어를 구성하고 이해하기 위한 탐구 단원이다. 이 탐구 단원에서는 실천을 개인적으로 실시했다. 어떻게 하면 서로 다른 문화를 이해하고 존중하는 실천을 할 수 있을지 스스로 생각해서 실천하고, 그 결과를 가져오는 것이다. 어떤 학생은 다른 나라의 복장을 하고 하루 동안 학교생활을 했다. 지나치는 친구들이나 후배들이 "이게 뭐야?"라고 물으면 그 옷에 대해 설명하고 옷을 입은 이유도 알려 주었다. 어떤 친구는 다른 문화를 비하하는 사람들을 비판하는 글을 써 발표했고, 어떤 학생은 방학 때 다녀온 나라에 대해 친구들에게 알려 주었다.

　해당 학년의 학생들이 모두 참여하는 방식으로는 '우리는 누구인가' 탐구 단원을 들 수 있다(지금 예를 드는 '우리는 누구인가' 역시 6학년의 사례로, 3장에서 언급한 5학년의 '우리는 누구인가' 사례와는 다른 탐구 단원이니 유의하기 바란다). '우리는 누구인가'는 '인간의 재능은 다양하고 상호 영향을 통해 발현된다'는 중심 아이디어를 탐구한다. 이 탐구 단원의 실천은 '재능 박람회'로, 학생들이 각자 '재능 부스'를 만들어 자신의 재능을 발휘하고 다른 학생들에게 즐거움과 재능에 대한 관심을 불러일으키는 데 목적을 둔다. 예를 들어 보자. 농구에 재능이 있는 학생들은 자유투를 친구들과 후배들에게 가르쳐 주었다. 평소 할머니께 안마를 자주 했던 친구는 안마 코너를 만들어 재능 박람회에 참여한 어른들과 친구들에게 안마를 해 주었다. 반려견을 기르는 데 재능이 있다고 생각한 학생은 반려견을 데려와 한 교실에 함께 있으면서 관람객을 한 명씩 불러 반려견과 교감하고 반려견을 기르는 방법을 이야기했다. 다른 사람에게 친절히 대하는 재능을 가졌다는 학생은 자신의 재능 부스는 없었지만 재능 박람회를 참관하러 온 사람들을 안내하는 역할을 했다. 재능 박람회는 학년 교사들이 큰 틀에서 구성하고 학생들이 각자의 재능을 활용해 부스를 채운 것이다.

개인적으로 실천하는 방식과 교사가 큰 틀을 구성하고 모든 학생이 그 틀 안에서 실천하는 방식의 장단은 뚜렷하며, 서로가 장단점을 교차하여 가지고 있다. 개인적인 실천의 경우 학생들의 주도성을 보장해 준다는 장점이 있다. 하지만 모든 학생이 자발적으로 실천하리라는 보장은 없다. 또한 그 실천이 언제가 될지는 아무도 모른다. 반면, 모든 학생이 교사의 틀 속에서 실천하는 방식의 장단점은 학생 개인 참여의 장단점과 반대이다. 교사가 기획한 틀이라는 것을 고려했을 때 학생의 주도성을 보장하기 힘들다는 단점이 있으나 실천을 탐구 단원의 평가로 이용하기 좋다는 장점도 있다. 같은 조건을 부여했으니 학생들이 어떻게 실천하느냐로 평가할 수 있다. 실천은 중심 아이디어의 전이이기 때문에 실천 평가를 통해 중심 아이디어 이해 정도를 살펴볼 수 있다.

참고로 저자는 교사가 큰 틀을 구성하고 모든 학생이 틀 안에서 실천하는 방식을 선호한다. 실천을 평가로 활용하기도 하거니와 실천을 통해서 또 다른 탐구와 배움을 이끌어 낼 수 있다고 생각하기 때문이다.

▌탐구 전략과 연계한, '학습 접근 방법'

학습 접근 방법(Approaches To Learning: ATL)은 학생들이 탐구를 하고 배움을 구성하는 기능들을 말한다. IB 교육에서는 탐구 단원을 비롯한 IB 학습을 통해 학생들이 학습 접근 방법을 익히도록 한다. 이때 배운 학습 접근 방법은 IB PYP를 넘어 MYP, DP에도, 나아가 학생들이 살아갈 평생에 걸쳐 활용될 것이다. IB 교육의 궁극적인 목적 중 하나는 평생 학습자이다. 세상을 이해하고 더 나은 세상을 만드는 데 있어 필요한 현재의 지식이 미래에도 같은 가치를 가지리라 장담할 수 없기 때문이다. 그만큼 평생에 걸친 배움에 적용되는 학습 접근 방법은 IB 교육에서도 매우 특별하다.

앞서 'IB 교육은 도대체 무엇이지?'라는 질문에 답할 때 살펴보았듯, 학습 접근 방법은 다섯 가지로 나뉜다. 사고 기능, 조사 기능, 의사소통 기능, 대인 관계 기능, 자기관리 기능이다. 각 기능에도 하위 기능이 있지만 이에 대한 자세한 언급은 지면상 생략했다.

IB 문서의 학습 접근 방법 부분을 보면 각 학습 접근 방법이 무엇인지, 학생들이 탐구하고 배울 때 각 학습 접근 방법을 어떻게 활용했다고 할 수 있는지 확인할 기준들을 잘 서술했다. 그런데 학생들의 학습 접근 방법을 어떻게 기를지에 대한 서술은 좀 부족하다는 생각이 든다. 즉, 학생들에게 학습 접근 방법을 내면화시킬 방법보다 학습 접근 방법을 길러야 한다는 당위성에 더 방점을 찍은 모양새이다.

그럼 학습 접근 방법을 수업 중에 실천하고 기르는 방법은 무엇일까? 바로 탐구 전략이다. 탐구 전략은 학생들이 대상을 탐구하고 탐구 결과를 배움으로 연결하며 배움을 공유하는 데 필요한 전략들이다. 이 전략들은 IB가 만든 것이 아니다. 이미 전 세계에 여러 교사가 만들고 활용했던 전략들이다. 이 책의 독자 역시도 나름의 탐구 전략을 하나쯤 가지고 있을 것이다. 바로 그 탐구 전략이 지금 말하는 이 탐구 전략이다. 이런 탐구 전략들을 가져와 학습 접근 방법과 연결 지어 각 학습 접근 방법을 구현하고 기르는 데 쓰는 것이다.

저자가 애용하는 탐구 전략인 갤러리 워크를 예로 들어 보자. '갤러리 워크(gallery walk)'는 학생들이 모둠별로 탐구한 내용을 공유할 때 주로 쓰인다. 모둠의 탐구 결과를 적어 한 공간에 붙여 두고 서로의 작품을 보면서 탐구 과정과 결과를 설명하는 것이다. 갤러리 워크는 어떤 학습 접근 방법과 연결할 수 있을까? 서로 탐구 결과를 공유하고 소통한다는 면에서 의사소통 기능과 연결 지을 수 있다. 저자는 어떤 수업에서 의사소통 기능을 발휘해야 하는 장면이 있거나 교사가 학생들의 의사소통 기능을 길러 주고 싶을 때 갤러리 워크를 활용한다. 학생들은 '의사소통 기능의 구체적인 방법으로 갤러리 워크가 있구나.' 하고 생각할 것이다. 더 나아가, 학생들이 사회 구성원이 되어 많은 사람과 조사 결과를 나눌 때 갤러리 워크를 활용할 수도 있다. 이런 전략들은 다음 장부터 서술되는 실제 탐구 단원 수업 사례와 개념 기반 탐구 수업 사례에 많이 소개되어 있으니 참고하기를 바란다.

수업 중 학습 접근 방법을 활용할 때 중요한 점이 있다. 학습 접근 방법에 대해선 매우 직접적이어야 한다는 점이다. 이런 식으로 말이다. "여러분, 오늘 수업에서 여러분이 길러야 할 학습 접근 방법은 의사소통 기능입니다. 여러분은 갤러리 워크를 통해 의사소통 기능을 실천하고 기를 것입니다. 갤러리 워크의 방법을 설명해 주겠습니다."

안 그래도 학생들은 탐구 단원에 참여하며 개념을 구성하느라, 중심 아이디어를 이해하느라 바쁘다. 학습 접근 방법만큼은 직접적으로 안내하여 학생들의 탐구에 있어 쉽게 활용할 수 있도록 해야 한다. 이런 과정이 IB 수업을 받는 내내 쌓인다면 학생들은 학습 접근 방법의 다섯 가지 요소가 어떤 탐구 전략을 통해 구현될 수 있는지 인식하고 평생에 걸쳐 학습 접근 방법을 발휘하는 평생 학습자가 될 것이다.

▎탐구의 줄기, '탐구 주제 목록'

탐구 주제 목록(Lines Of Inquiry: LOI)은 탐구 단원의 흐름이자 단계라

할 수 있다. 개념 기반 탐구 과정을 말하는 것이 아니다. 단위 탐구 단원 고유의 탐구 흐름이자 단계를 말한다. '세계가 돌아가는 방식'이라는 초학문적 주제를 담은 탐구 단원을 사례로 들어 보자. 이 탐구 단원은 발명과 개발, 발견의 개념과 생활모습 개념을 이해하고 중심 아이디어 구성 과정을 거친다. 또한 발명과 개발, 발견에 대한 다양한 관점을 살펴보고 나아가 중심 아이디어를 전이하는 실천으로 탐구 단원을 마무리 짓는다(구체적인 내용은 4장을 읽어 보자). 이때 탐구 주제 목록은 ① 발명, 발견, 개발에 의한 생활 방식의 변화(변화), ② 과학 기술 진보에 대한 다양한 관점(관점), ③ 사회 변화에 기여하는 발명의 실천(기능)이다. 탐구 주제 목록 ①에서는 발명, 발견, 개발, 생활 방식의 개념 정리부터 중심 아이디어 구성까지를 포함한다. 탐구 주제 목록 ②에서는 발명, 개발, 발견에 대한 다양한 관점을 다룬다. 마지막 탐구 주제 목록 ③은 실천에 대한 부분이다.

그런데 앞서 언급한 탐구 주제 목록들을 살펴보면 괄호 안에 쓰인 단어를 발견할 수 있다. 눈치가 빠른 독자라면 이 괄호 속 단어가 주요 개념임을 알았을 것이다. 탐구 주제 목록은 각각의 목록마다 관련된 주요 개념이 있다.

앞서 주요 개념의 활용으로 개념적 렌즈를 소개했다. 탐구의 초점이자 탐구의 폭을 좁혀 주는 주요 개념의 기능 말이다. 각 탐구 주제 목록에서는 이 주요 개념들이 개념적 렌즈가 되어 주어 탐구 주제 목록 내 탐구를 이끌어 주게 된다.

우리나라 공교육에 국한된 내용이긴 하지만, 가끔 저자가 컨설팅을 다녀 보면 여러 학교의 교사들이 구성한 프로젝트 계획을 보게 된다. 이 프로젝트 계획을 살펴보면 차시별 수업 계획이 꼭 붙어 있다. 탐구 단원 계획에는 이런 차시별 수업 계획을 할 필요가 없다. 대신 이 탐구 주제 목록을 써서 탐구 단원의 탐구 흐름을 계획한다. 어떤 독자들은 "그럼 차시별로 무엇을 할지 계획이 없잖아요?"라고 말할지도 모르겠다. 하지만 매 차시마다 계획을 짜 두는 것이 무슨 의미가 있을까? IB PYP는 탐구 단원 운영에 있어 학생들의 주도성과 교사들의 수업 상황 전개에 따른 판단력을 존중한다. 차시별 계획은 학생들의 탐구에 대한 선택권과 주도성, 수업 변화에 따른 교사의 판단이 포함될 여지도 막아 버릴 수 있다. 이미 계획이 촘촘히 짜여 있는데 이걸 바꾼다는 게 쉽지 않기 때문이다. 저자는 탐구 주제 목록만으로도 탐구 흐름에 대한 계획은 충분하다 본다. 또한 이런 개략적인 계획이 탐구 단원에 학생과 교사의 주도성을 담을 공간을 확보한다고 생각한다.

▎IB PYP with 개념 기반 탐구

이제 'IB PYP 수업은 어떤 수업일까?'라는 질문에 대한 답을 정리해 보자. 국제적 소양을 갖춘 평생 학습자를 기르고자 하는 IB 교육의 목표를 구현하기 위해 IB PYP는 초학문성을 띤다. 초학문성을 드러낸 수업을 위해 공교육 IB PYP 학교에서는 IB PYP 수업 요소가 프레임이 되어 국가 교육과정을 담아내야 했다. IB PYP 수업 요소가 단편적인 단어가 아닌 하나의 프레임이 되려면 'IB PYP 수업 흐름'이 있어야 했고, 저자는 이 'IB PYP 수업 흐름'을 '개념 기반 탐구'라고 결론지었다.

> "IB PYP 수업은 IB PYP 수업 요소를 맥락적으로
> 연결한 개념 기반 탐구 수업이다."

1부가 'IB란 도대체 무엇이지?'와 'IB 수업은 어떤 수업일까?'라는 질

문에 대한 개괄적 대답이었다면, 2부와 3부는 수업 사례를 활용한 대답이다. 2부에서는 주로 6학년 탐구 단원 사례를 들었다. '우리 자신을 조직하는 방식' '세계가 돌아가는 방식' '우리 자신을 표현하는 방법'에 대한 사례는 1부를 쓴 정한식 교사가 집필했다. 3부는 주로 5학년 탐구 단원 사례를 들었다. '우리는 누구인가' '우리가 속한 공간과 시간' '우리 모두의 지구'를 사례로 꼽는다. 오랫동안 5학년 UOI 수업을 구성하고 실천했던 류효준 교사가 썼다.

2부와 3부는 IB PYP 수업 사례이지만 묘한 차이가 있다. 단순히 학년 차이라기보다는 IB PYP 수업 요소의 활용 정도는 물론 IB PYP의 수업 흐름으로서 개념 기반 탐구 수업의 과정도 다소 차이를 보인다. 1부에서 개념 기반 탐구 수업의 과정을 '사실 → 개념 → 개념적 이해(중심 아이디어) → 전이(실천)'로 서술했기에 이를 그대로 반영한 2부에서는 크게 차이점을 느끼지 못할지 모르지만, 3부에서는 다른 점을 확실히 느낄 것이다. 3부에서의 개념 기반 탐구는 작은 개념적 이해를 탐구 주제 목록별로 구성한다. 작은 개념적 이해들은 학생들이 이해하기 쉽도록 '깨달음 문장'이라는 용어로 표현한다. 그리고 실천을 한 다음, 깨달음 문장과 실천을 통해 이해한 점들을 모아 최종적인 중심 아이디어(개념적 이해)를 만든다.

'어느 장의 사례가 정답이다' '어느 장의 사례가 기본형이다'라고 말할 수 없다. IB PYP의 수업 흐름으로서 개념 기반 탐구의 핵심은 개념적 이해(즉, 중심 아이디어)를 구성하고 이해하며 전이하는 것이다. 이를 위한 탐구의 과정은 교사의 철학과 학생들의 특성에 따라 정하면 된다. 1부에서 제시된 '사실 → 개념 → 개념적 이해 → 전이' 과정이나, 3부에서 선보일 '깨달음 문장 + 깨달음 문장 + 깨달음 문장 → 중심 아이디어' 구성으로 이어지는 과정 또한 개념적 이해를 구성하고 이해(중심 아이디어)하는 개념 기반 탐구 흐름의 한 방식일 뿐이다. 다만, 이렇게 따진다면 수많은 개념 기반 탐구의 방식이 있을 수밖에 없고 이를 다 찾아서 서술할 수 없으니 1부에서는 가장 널리 알려진 방식인 '사실 → 개념 → 개념적 이해 → 전이' 과정을 가져왔다.

처음 이 책을 기획할 때 IB PYP의 수업 흐름인 개념 기반 탐구의 운영 방식이 서로 다른 두 사람이 함께 사례를 모으는 것에 약간의 걱정이 없진 않았다. '개념 기반 탐구의 운영 방식이 서로 다르면 탐구 단원의 운영 방식도 달라지는데, 그렇다면 책의 일관성이 떨어지지 않을까?' 하는 걱정이었다. 그러나 오히려 IB 수업 운영 방식이 조금씩 다른 사례들을 책에 넣는 편이 더 'IB스러운' 방식이라 판단했다.

IB 교육에는 정답이 없다. IB PYP가 명료화된 교육과정이 아니라 교육 프로그램으로서 프레임워크만을 제시하는 것도 학교 교육과정에 교사의 철학과 주도성이 담길 공간을 확보하기 위함이다. 이런 의미에서 이 책에 IB PYP 수업의 운영 방식이 서로 다른 사례를 두는 것 자체가 IB PYP 철학을 따르는 길이 될 것이다.

4부는 IB 요소들을 뺀 개념 기반 탐구 수업이다. 오랜 기간 개념 기반 탐구를 연구한 이관구 교사가 집필했다. IB PYP 수업과 상관없이 오직 개념 기반 탐구로만 구성한 수업 사례를 담고 있다는 의미이다. IB PYP를 다루는 책에 굳이 IB PYP 요소를 뺀 개념 기반 탐구 수업을 담은 이유는 두 가지가 있다.

첫째, 개념 기반 탐구는 IB 학교 외 공립학교에도 도입할 만한 IB PYP 수업의 장점이기 때문이다. 앞서 IB 교육의 도입은 공교육의 스펙트럼을 확장하는 효과를 가져올 것이라 했다. 이때의 스펙트럼 확장은 IB 월드 스쿨의 수가 증가한다는 뜻이 아니다. IB PYP 수업에서 핵심적인 장점들을 공교육에 도입하는 것을 의미한다. 저자는 공교육에 도입할 만한 IB 교육의 장점 중 가장 핵심적인 것을 개념 기반 탐구라고 본다. 4부에서는 IB 학교 외 공교육에서 개념 기반 탐구를 어떻게 수업에 녹여 낼지 제시하였다.

둘째, IB PYP로 입문하기 위한 교사들을 위해서이다. IB PYP 수업으로의 진입 장벽은 매우 높다. 개념 기반 탐구는 IB PYP 수업의 흐름이다. 그러므로 IB PYP에 입문하고자 하는 교사들은 개념 기반 탐구 수업의 사례를 보고 자신의 수업에 적용하는 노력을 선행할 필요가 있다. 개념 기반 탐구 수업이 갖춰지고 나서 여러 IB PYP 수업 요소를 수업에 반영한다면 IB PYP 수업으로의 입문이 한결 쉬워질 것이다.

PART 02

6학년 IB 초등 수업

03

우리 자신을 조직하는 방식

01 탐구 단원 개요

　이번에 소개할 IB PYP 탐구 단원(Unit Of Inquiry: UOI)은 '우리 자신을 조직하는 방식(How we organize ourselves)'이라는 초학문적 주제를 담은 6학년 탐구 단원이다. '우리 자신을 조직한다'를 달리 말하면 '사회를 조직한다'로, 더 나아가 '사회적 구조를 다룬다'라는 의미로 해석해 볼 수 있다. 즉, '우리 자신을 조직하는 방식'은 사회적 구조를 다루는 초학문적 주제이다.

　여기서의 사회적 구조는 정치적 구조, 경제적 구조를 모두 포함한다. 마침 초등학교 6학년 1학기 사회 교과 교육과정에는 민주주의(정치)를 배우는 '우리나라 민주주의 발전'이라는 단원과, 경제를 다루는 '우리나라 경제의 발전'이라는 단원이 모두 있다. 그러니까 6학년 1학기 사회 교과 내용은 모두 '우리 자신을 조직하는 방식'의 주요 교과 단원으로 활용해도 손색이 없다는 뜻이다. 많은 공립 IB 학교가 6학년 1학기 사회 교과를 '우리 자신을 조직하는 방식'의 주요 교과로 활용하는 이유도 여기에 있다.

탐구 단원의 주제는 하나여야 하기에 민주주의(정치) 단원과 경제 단원 두 가지 중 하나를 선택해야 했다. 저자는 민주주의(정치) 단원을 꼽았다. 저자가 왜 경제 단원보다 민주주의(정치) 단원을 탐구 단원의 중심 교과로 삼았는지 정확하게는 모르겠다. 학생들이 경제적 역량을 갖추는 것도 중요하지만 우리 사회의 민주주의를 지키고 발전시키는 시민으로서 성장하는 것이 먼저라고 생각했던 것 같다.

'우리 자신을 조직하는 방식' 탐구 단원의 핵심 주제를 정하고 난 뒤, 저자의 고민은 중심 아이디어(central idea) 구성으로 옮겨졌다. 중심 아이디어를 어떻게 설정해야 학생들이 우리 사회의 민주주의를 발전시키는 시민으로 성장할 수 있을까?

고민 끝에 저자는 이번 탐구 단원의 중심 아이디어를 '시민의 참여는 민주주의를 변화시킨다'로 정했다. 다소 단순한 중심 아이디어로 보일 수 있다. 하지만 탐구 단원이 학생들 스스로의 탐구를 통해 중심 아이디어를 구성하게 하는 개념 기반 탐구라는 점을 생각해 본다면 오히려 간단하지만 명료한 중심 아이디어가 학생들의 주도적인 탐구에 효과적이라 생각했다.

학생들이 '시민의 참여는 민주주의를 변화시킨다'라는 중심 아이디어를 구성하려면 먼저 중심 아이디어를 이루고 있는 개념들에 대해 이해하고 있어야 한다. 중심 아이디어 자체가 개념과 개념의 관계를 서술한 문장이기 때문에 중심 아이디어를 이루는 개념을 먼저 이해해야 학생들 스스로 중심 아이디어를 구성할 수 있다.

그럼 우리 자신을 조직하는 방식의 중심 아이디어인 '시민의 참여는 민주주의를 변화시킨다'에 포함된 개념을 찾아보자. 문장을 훑어보면 금세 '시민의 참여'와 '민주주의'가 중심 아이디어를 구성하는 개념임을 알 수 있다. '시민의 참여는 민주주의를 변화시킨다'라는 문장 자체가 시민의 참여와 민주주의의 관계를 서술한 문장이기 때문이다. 즉, 시민의 참여와 민주주의, 이 두 개념이 이번 탐구 단원의 관련 개념[related concepts; 추가 개념(additional concepts)]인 것이다.

여기까지가 탐구 단원의 중심 아이디어와 관련 개념을 설정한 과정이다. 개념 기반 탐구 수업은 사실을 통해 개념을 구성하고 중심 아이디어를 이해하며 그 이해를 다른 맥락에 전이하는 과정이다. 탐구 단원의 중심 아이디어와 관련 개념이 정해졌다는 것은 탐구 단원의 큰 맥락이 설정되었음을 뜻한다.

특히 이번에 소개하는 우리 자신을 조직하는 방식, 탐구 단원은 1부에서 소개했던 '사실 → 개념 → 중심 아이디어 → 실천'에 이르는 개념 기반 탐구 과정을 그대로 따라간다. 먼저, 학생들과 함께 여러 사실을 탐구하여 '시민의 참여'와 '민주주의'의 개념을 구성하고, '시민의 참여는 민주주의를 변화시킨다'는 중심 아이디어를 이해한 뒤, 이를 다른 상황에 적용하는 것이다.

〈표 3-1〉 '우리 자신을 조직하는 방식' 탐구 단원의 개요

초학문적 주제 (transdisciplinary themes)	우리 자신을 조직하는 방식 (How we organize ourselves)
중심 아이디어 (central idea)	시민의 참여는 민주주의를 변화시킨다
주요 개념(명시된 개념) [key concepts(specified concepts)]	형태(form), 변화(change), 기능(function)
탐구 주제 목록 (Lines Of Inquiry: LOI)	• 민주주의와 시민의 참여에 대한 이해(형태) • 민주주의와 시민의 참여 간 관계(변화) • 우리 삶에서의 민주적 의사결정 적용(기능)
관련 개념(추가 개념) [related concepts(additional concepts)]	시민의 참여, 민주주의, 삼권분립, 민주적 의사결정
학습 접근 방법 (Approaches To Learning: ATL)	• 조사 기능(research skills) • 의사소통 기능(communication skills) • 대인 관계 기능(social skills)
IB 학습자상 (IB learner profile)	• 소통하는 사람(communicators) • 원칙을 지키는 사람(principled) • 생각하는 사람(thinkers)

02 동기유발

주요 학습 활동	• '너도, 나도' 활동으로 관련 개념 찾기
	• 탐구 단원의 학습 목표 만들기
	• 탐구 단원의 탐구 준비하기

동기유발(provocation)은 탐구 단원의 본격적인 탐구가 시작되기 전, 학생들과 탐구 주제를 확인하고 탐구 방향을 설정하는 활동을 말한다. IB PYP 수업 흐름인 개념 기반 탐구는 중심 아이디어를 학생들이 귀납적으로 구성하는 과정을 밟고 있다. 중심 아이디어에 대한 귀납적 이해는 학생들이 스스로의 '이해'를 여러 사례를 통해 '구성'한다는 교육적인 의미가 있다. 하지만 탐구의 방향을 설정하기 힘들다는 단점도 분명하다. 그러니까 탐구 방향이 중심 아이디어를 향하는 것이 아니라 엉뚱한 방향으로 탐구가 진행될 수도 있다는 말이다. 이러한 개념 기반 탐구의 단점을 보완하기 위해 저자는 탐구 단원의 본격적인 탐구 전 동기유발을 실시한다.

▌'너도, 나도'로 관련 개념 찾기

'우리 자신을 조직하는 방식'의 중심 아이디어는 '시민의 참여는 민주주의를 변화시킨다'이다. 이 중심 아이디어를 학생들이 이해하려면 '시민의 참여'와 '민주주의'라는 개념을 먼저 이해해야 했다. 이런 흐름에 맞춰 볼 때, 이번 동기유발의 목표는 학생들이 민주주의와 시민의 참여 같은 개념들의 존재를 인식하도록 하는 것이다. 한 번 더 강조하자면 동기유발의 목표는 민주주의와 시민의 참여와 같은 개념들을 '이해'함이 아니다. '인식'하는 것이다. 학생들은 동기유발을 통해 '아, 이번 탐구 단원에선 이런 개념들을 배우는구나.' 하는 정도로만 알면 된다.

학생들이 민주주의와 시민의 참여와 같은 개념을 인식하도록 위해 교사는 '너도, 나도'라는 활동을 활용했다. '너도, 나도'는 주로 단원의 시작점에서 전체 단원을 훑어보고 이번 단원에 걸쳐 배워야 할 개념이나 지식을 미리 찾아보는 탐구 전략이다. IB 수업에는 물론, 일상적인 수업에서도 굉장히 유용하다.

'너도, 나도'라는 활동은 어떻게 진행하는지 알아보자. 먼저, 교사는 학생들에게 오늘부터 배우게 될 교과의 단원을 소개한다. 학생들은 해당 단원의 교과서 내용을 훑어본다. 이 '훑어본다'는 말 그대로 '훑어보는 것'에 초점을 맞추어야 한다. 학생들이 면밀히 교과서를 보지 못하도록 교사가 제한된 시간을 제시한다. 저자는 주로 학생들에게 7분 정도의 시간을 줬다. 학생들은 해당 단원의 교과서를 훑어보며 단원 내 개념들을 찾는다.

학생들에게 '개념'을 찾으라고 하면 과제를 괜히 어렵게 이해할 수 있으니 '중요한 단어'나 '잘 모르겠는 단어'를 찾으라고 하는 편이 좋다. 또한 중요한 단어를 찾는 방법도 학생들과 함께 짚어 볼 것을 추천한다. "책을 훑어보면서 중요한 단어는 어떻게 찾을 수 있을까요?"와 같은 질문을 학생들에게 해 보면 학생들은 으레 "진한 단어가 중요한 단어입니다." "큰 글자가 중요할 것 같아요." "제목에 있는 단어예요."라고 말한다. 이렇게 간단한 대화만으로 단원의 개념을 잘 찾기 어려운 친구들이 활동의 힌트를 얻는다. 학생들이 찾아야 하는 개념의 개수도 제한한다. 저자는 주로 12개 정도를 찾으라고 하는데, 이 책의 독자도 '너도, 나도'

라는 활동을 해 보면 학생들이 찾는 개념이 10~12개가 적당하겠다는 생각을 하리라 본다. 모든 학생이 교과의 단원 내에서 개념들을 찾았다면 비로소 '너도, 나도' 활동의 준비를 마쳤다.

순서대로 모든 학생이 자신이 찾은 개념들을 하나씩 말한다. 그리고 개념을 말한 학생은 자신의 공책에서 그 개념을 지운다. 다른 학생들도 자신의 공책을 보고 친구가 말한 개념이 있다면 지운다. 예를 들어, 어떤 학생이 '민주주의'라고 외치면 '민주주의'라고 외친 학생은 물론, '민주주의'라는 개념을 쓴 모든 학생이 '민주주의'라고 쓴 글자를 지우는 것이다. 이렇게 지워진 개념은 앞으로 누구든 말할 수 없다.

반의 모든 학생이 자신이 찾은 단원의 중요한 개념을 하나씩 말하면 다시 또 처음부터 한 명씩 공책에 남아 있는 개념을 외친다. 가장 먼저, 공책에 쓴 개념을 모두 지운 학생이 승리하게 된다. 빙고게임과 비슷하다고 보면 되겠다.

학생들이 각자 공책에 쓴 단원의 개념을 말할 때 교사는 칠판에 학생들이 말한 개념을 모두 적는다. 또 한 학생이 자신이 쓴 개념을 말할 때, 많은 호응을 받은 개념이나 학생들이 전반적으로 많이 쓴 개념은 따로 표시해 둔다.

이번 '우리 자신을 조직하는 방식' 탐구 단원의 '너도, 나도' 활동에서 활용된 교과와 단원은 당연히 6학년 1학기 사회 교과의 '우리나라 정치발전'이다. 학생들은 '우리나라 정치발전' 단원의 교과서를 훑어보고 여러 개념을 찾아냈다. 학생들이 '너도, 나도' 활동에 심취한 동안 교사는 학생들이 말한 개념을 모두 칠판에 적었다. 학생들이 가장 많이 적은 개념은 '민주주의'이며, 그 외에도 '참여' '민주적 의사결정' '삼권분립' '민주화 운동' 등의 개념들도 많은 학생이 선택했다. 학생들은 '우리 자신을 조직하는 방식' 탐구 단원에서 가장 핵심되는 개념이자 소재는 민주주의이며 그 외에도 참여, 민주적 의사결정, 삼권분립, 민주화 운동 등의 개념을 다룬다는 점을 인식했다. 저자는 학생들과 찾은 개념을 이번 탐구 단원의 관련 개념이라 말하고 이를 칠판 한 구석에 적어 두어 학생들이 지속적으로 바라볼 수 있도록 했다.

▮ 탐구 단원의 학습 목표 만들기

'너도, 나도'를 통해 탐구 단원의 관련 개념들을 추출하고 이번 탐구 단원의 소재가 '민주주의'라는 점을 알고 나서 학생들에게 민주주의에 대한 질문들을 모았다. '너도, 나도'를 통해 이미 관련 개념들을 찾아 두었기에 관련 개념과 관련된 질문이 많이 쏟아진다.

'민주주의란 무엇일까?' '시민의 참여에는 어떤 것이 있을까?'와 같이 개념의 의미를 묻는 질문이 많았다. 이런 질문들은 주요 개념[key concepts; 명시된 개념(specified concepts)] 중 '형태'와 관련된 질문이다. '민주주의가 발전하려면 어떻게 해야 할까?'와 같이 주요 개념 중 '변화'와 관련된 질문도 꽤 많았다. 좀 더 성숙한 질문 중에는 '민주주의를 위해 무엇을 해야 할까?'와 같은 주요 개념, 책임과 관련된 질문, '민주주의는 항상 발전만 하는 것일까?'와 같은 주요 개념, 관점과 관련된 질문도 있었다.

저자는 이 질문들로 탐구 단원의 뼈대라고 할 수 있는 탐구 주제 목록과 학습 목표[1]를 만든다. IB PYP는 '탐구'를 중요하게 여긴다. 탐구란 학

탐구를 위한 TIP

1 IB PYP에서 학습 목표는 learning goal이라 불리며, 탐구 단원을 탐구할 때 학생들이 개인적으로 설정하는 탐구 목표를 말한다. 이를 저자가 탐구 단원의 공통적인 학습 목표로 변형한 것이다.

〈표 3-2〉 **학습 목표 내용과 관련 탐구 주제 목록**

학습 목표 순서	학습 목표 내용	관련 탐구 주제 목록
학습 목표 1	우리는 민주주의와 참여 등의 개념을 여러 가지 사실을 탐구하여 이해할 수 있다.	민주주의와 시민의 참여에 대한 이해(형태)
학습 목표 2	우리는 여러 가지 참여의 사례를 탐구하여 민주주의와 시민의 참여 간 관계를 이해할 수 있다.	민주주의와 시민의 참여 간 관계(변화)
학습 목표 3	우리는 민주주의와 우리 삶의 상관관계를 이해하고 삶에 적용할 수 있다.	우리 삶에서의 민주적 의사결정 적용(기능)

생들이 탐구 대상에 대한 질문을 스스로 해결하기 위해 조사하고 분석하며 해석하는 과정이다. 따라서 학생들의 질문을 활용해 탐구 주제 목록과 학습 목표로 만드는 것은 IB PYP가 중요하게 여기는 탐구 철학을 반영한 결과라 하겠다. 학생들의 질문을 기반으로 만들어진 이번 탐구 단원의 학습 목표는 〈표 3-2〉와 같다.

이후 학생들과 학부모에게 이 학습 목표를 안내했다. 학생들은 학습 목표와 관련된 탐구 주제 목록이 끝날 때마다 학습 목표를 잘 수행했는지 스스로를 평가했다. 교사도 학생들의 탐구 결과물, 학생들의 공책, 학생들에 대한 관찰 결과를 토대로 평가했다. 만약 학생의 자기 평가와 교사의 평가의 차이가 크면 교사는 학생을 불러 스스로의 평가 이유를 들어 봤다. 그런데 그 평가 이유가 합당하지 않으면 교사가 학생에게 스스로를 평가하는 방법을 알려 주었다. 학생들이 스스로를 성찰하고 평가하는 능력이 곧 IB 교육의 목표인 평생 학습자의 조건이기 때문이다.

여기서 잠깐 설명하고 넘어갈 것이 있다. 학생들의 질문을 통해 학습 목표를 만들고 이를 기반으로 학생과 교사가 함께 평가하는 방식은 저자가 개발하여 저자가 속한 학교에 적용한 평가 방식이다. 그러니까 IB PYP에서 정해진 바를 따른 것이 아니라는 뜻이다. IB PYP는 평가에 대한 명확한 방법을 제시하지 않는다. 다만, 평가에 대한 철학과 방향성을 제시할 뿐이다.

▮ 탐구 단원의 탐구 준비하기

탐구 단원에 대한 본격적인 탐구를 진행하기 전, 탐구를 준비하는 시간을 가졌다. 저자의 탐구 단원 준비를 살펴보자.

첫 번째 준비는 학생들에게 이번 탐구 단원의 IB PYP 수업 요소를 알려 주는 것이다. '우리 자신을 조직하는 방식' 탐구 단원의 주요 개념은 무엇인지, 성장시켜야 할 IB 인재상, 길러야 할 학습 접근 방법 등을 알려 준다. 또 알려 준 내용을 자주 확인할 수 있도록 교실 앞 칠판에 '버블

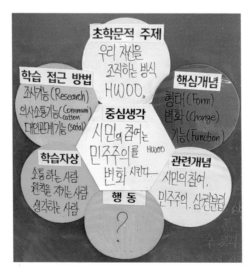

[그림 3-1] '우리 자신을 조직하는 방식' 탐구 단원의 버블맵

맵'으로 제시해 둔다([그림 3-1] 참조). 당연히 이 시점에서는 중심 아이디어를 제시하지 않는다. 저자의 탐구 단원 운영 방식은 개념 기반 탐구 형식이라 중심 아이디어가 흐름상 탐구 단원 중후반쯤 학생들이 직접 구성해야 하기 때문이다. 참고로 버블맵은 탐구 단원의 개요를 학생들과 공유하기 위해 만든 틀이다. 저자는 따로 칠판 옆에 버블맵을 만들어 두어 학생들이 탐구 단원을 탐구하는 동안 참고하도록 했다.

두 번째 준비는 도서 구비이다. 저자는 이번 탐구 단원의 관련 개념에 대해 다룬 도서들을 교실 한쪽에 '북 세션(book session)'[2]이란 코너로 전시해 뒀다. 북 세션의 운영 목적은 학생들이 독서 시간에 읽을 수 있도록 하는 것도 있거니와 본격적인 탐구의 자료로 활용하기 위함도 있다.

세 번째 준비는 '학습 접근 방법 평가지'[3]이다. 교사는 이번 탐구 단원의 학습 접근 방법, 관련 하위 학습 접근 방법과 하위 학습 접근 방법의 도달을 입증하는 행동들을 문장으로 만들어 학습 접근 방법 평가지를 만들었다. 탐구 준비 단계인 지금은 그저 이 학습 접근 방법 평가지를 모둠별로 나누어 줄 뿐이다. 이 학습 접근 방법 평가지는 본격적인 탐구

탐구를 위한 TIP

2 북 세션은 IB PYP 수업을 위한 요소가 아니다. 단지 더 깊이 있는 탐구를 위해 학생들에게 제공하는 도서 공간일 뿐이다. 작지만 이런 공간이 있다는 것만으로도 학생들은 도서에 조금이라도 관심을 가질 수 있다.

3 학습 접근 방법 평가지는 저자가 개발했다. 교사는 오늘 탐구 단원 수업이 어떤 학습 접근 방법(하위 학습 접근 방법)인지를 학생들에게 말해 준다. 학생들은 오늘 자신의 탐구 과정을 성찰하여 스스로의 행동을 평가한다. 해당 행동을 잘했으면 초록색, 보통이면 노란색, 잘 못했으면 빨간색의 스티커를 붙인다. 학습 접근 방법 평가지는 학생들이 스스로의 탐구를 성찰하는 기능도 있지만, 교사가 자신의 수업을 성찰하는 도구로도 쓰인다. 학생들이 특정한 학습 접근 방법에 노란색, 빨간색 스티커를 많이 붙인다면 교사는 그 학습 접근 방법을 활용하는 수업을 한 번 더 계획하여 실천한다. 물론 수업 전에 노란색, 빨간색 스티커를 붙인 학생들과 상담을 통해 해당 행동을 실천할 방법을 지도한다.

HWOO ATL skills Assessment

대분류	중분류	No.	내용 (한국어)	내용 (English)	1	매우 접합 2	접합 3	보통 4	수행 안함 5
조사하기 기술 RESEARCH SKILLS	구성 및 계획 Formulating & Planning	1	나는 내가 찾아내야 하는 것을 처음 위해 필요한 것이나 원하는 것을 알고 있습니다.	I am aware of what I want/need to find out.					
		2	나는 탐구를 이어나갈 질문을 할 수 있습니다.	I can ask questions to drive this inquiry.					
		3	나는 필요한 정보를 찾기 위한 계획을 세울 수 있습니다.	I can predict the steps that I need to take in an inquiry and use these to make a plan.					
정보 문해력 Information -Literacy	데이터 수집 및 기록 Gathering & Recording	4	나는 탐구에 적절한 정보를 찾을 수 있는 도구나 출처를 선택할 수 있습니다.	I can select appropriate tools/sources to help me with my inquiry.					
		5	나는 다양한 곳에서 정보를 수집할 수 있습니다.	I can gather information from a variety of sources.					
		6	나는 정보의 세부 내용을 파악할 수 있습니다.	I can use all my senses to notice details.					
	종합 및 해석 Synthesizing & Interpreting	7	나는 공책 작성을 바탕하여 다양한 방법을 통해 정보를 기록할 수 있습니다.	I can identify the most appropriate method to record the details of my findings.					
		8	나는 정보를 표나 그래프, Thinking maps 등 다양한 방법으로 표현할 수 있습니다.	I can sort and categorize information.					
		9	나는 1차 자료로 정보를 해석하고 분석하여 2차 자료를 구성할 수 있습니다.	I can take relevant bits of information from different sources and put it together into a format that makes sense.					
	평가 및 의사소통 Evaluating & Communicating	10	나는 정보에서 나타난 관계를 해석하여 결론을 내릴 수 있습니다.	I can identify patterns and relationships from data and information I have gathered.					
		11	나는 내가 수집한 정보를 바탕으로 내가 내린 결론을 의사소통할 수 있습니다.	I recognize my sources when I communicate my findings.					
		12	나는 의사소통할 사람이 누구인지 고민한 뒤 결론 내린 내용을 공유할 플랫폼을 선택합니다.	I choose a platform to share my findings after considering who my audience will be.					

[그림 3-2] 학습 접근 방법 평가지

중 학습 접근 방법에 대한 자기 평가를 위해 사용될 것이다.

네 번째 준비는 용어 암기하기이다. 독자의 입장에선 '지금껏 탐구, 탐구 하더니 갑자기 암기라고?'라는 생각이 들지도 모르겠다. 하지만 탐구에서 선행되어야 할 것 중 하나가 용어 암기이다. 용어에 대한 제대로 된 이해와 암기가 바탕이 되지 않으면 다음 탐구는 일어나지 못한다. 탐구를 위해 암기해야 하는 이 용어들은 '관련 개념'이 아니다. 탐구 단원에 일상적으로 쓸 용어이다. 즉, 이때 암기하는 용어는 민주주의, 시민의 참여 등이 아니라 탐구 단원 전체에서 자연스레 말해야 하지만 학생들에게 생소한 용어들인 것이다. 저자는 학생들이 암기해야 할 용어들을 '인권' '인권침해' '인권존중' '언론' '언론자유' '언론침해' '민주적 절차' '직선제' '간선제' '부정선거' 등으로 꼽았다. 교사는 학생들이 교사가 꼽은 용어들을 외울 수 있도록 여러 활동을 진행했다.

그중 대표적인 것이 'IN/OUT' 탐구 전략이다. 'IN/OUT'은 먼저 각 모둠 구성원을 반으로 나눈다. 그러고 나서 절반은 OUT 멤버라 하여 도서관에 가서 책을 읽게 한다. 즉, 학급에서 나가는 것이다. IN 멤버는 교실에 남겨 둔다. 교사는 IN 멤버에게 학생들이 외워야 할 용어의 의미를 친절하게 가르쳐 준다. 교사가 IN 멤버에게 용어를 다 가르쳐 주고 나면 OUT 멤버를 교실로 불러들인다. 그리고 10분 정도 IN 멤버가 OUT 멤버에게 교사에게 배운 용어에 대해 가르칠 시간을 준다. 10분이 지나면 OUT 멤버는 교실 앞으로 나오는데, 그때부터 IN 멤버는 어떤 말도 할 수 없다. 앞으로 나온 OUT 멤버가 각 모둠을 대표해서 퀴즈를 풀기 때문이다. OUT 멤버는 교사의 질문에 대한 답변으로 '예' 또는 '아니요'라고 적힌 팻말을 들었다. 질문은 당연히 교사가 IN 멤버에게, IN 멤버가 OUT 멤버에게 가르쳤던 내용들이다. 퀴즈를 모두 맞히거나 가장 많이 맞힌 OUT 멤버가 속한 팀이 우승을 했다.

03 탐구 주제 목록 ①
민주주의와 시민의 참여에 대한 이해(형태)

주요 학습 활동	• 민주주의 개념 구성하기 • 시민의 참여 개념 구성하기

첫 번째 탐구 주제 목록은 '민주주의'와 '시민의 참여'에 대해 이해하는 탐구이다. 민주주의와 시민의 참여는 '우리 자신을 조직하는 방식'의 중심 아이디어를 구성하는 개념이자 이번 탐구 단원의 가장 중요한 관련 개념이다. 요컨대, 첫 번째 탐구 주제 목록은 여러 사실을 탐구하여 관련 개념을 이해하는 과정인 것이다.

이번 탐구 주제 목록에 활용되는 주요 개념은 형태이다. 형태는 대상을 탐구할 때 특징과 정의, 의미에 초점을 맞추게 하는 주요 개념이기 때문에 개념을 구성하는 이번 탐구 주제 목록의 주요 개념에 적합하다.

▌민주주의 개념 구성하기

먼저 탐구할 개념은 '민주주의'이다. 민주주의는 이번 탐구 단원의 주제이기도 하기 때문에 가장 먼저 구성해야 할 개념이라 생각했다. 그런데 저자가 막상 민주주의의 개념을 이해시키는 수업을 구상하니 좀 껄끄러운 부분이 있었다. 민주주의라는 개념을 구성하려면 민주주의와 관련된 사례를 활용해야 했다. 그런데 현재 우리나라가 나름 민주주의를 성공적으로 운영하고 있다 보니(물론 완벽한 민주주의라 말하진 않겠다. 또한 우리나라 민주주의에 대한 다양한 의견도 존중하는 바이다) 오히려 민주주의란 개념을 구성할 사례를 찾기가 쉽지 않았다. 독자들은 '일상에서 민주주의와 관련된 사례가 얼마든지 있지 않느냐'고 반문할 수 있겠다. 하지만 탐구는 학생들이 탐구 대상에 대해 의문을 가지고 이 의문에 대한 답을 주도적으로 찾아 가는 과정이다. 그러니까 탐구는 학생들이 탐구 대상에 대한 질문을 만드는 것이 우선적으로 필요하다. 학생들이 탐구 대상에 대해 궁금한 점이 생기려면 탐구 대상이 너무 익숙해선 곤란하다. 학생들은 탐구 대상이 익숙할 때보다 '낯설' 때 탐구 의욕을 높이며 그 낯섦을 질문으로 만든다. 교육적으로도 탐구 대상은 익숙하기보다 낯선 것이 더 유의미하다. 그런 면에서 민주주의의 사례들은 학생들에게 너무 익숙했다.

그래서 생각을 전환했다. 민주주의의 특징을 학생들과 구성하기 위해 반대 개념인 '독재'의 특징을 학생들과 함께 찾기로 했다. 독재의 특징을 찾아 이를 반대로 서술하면 민주주의의 특징이 되기 때문이다. 독재의 사례는 학생들에게 낯설다. 낯선 만큼 학생들에게 탐구 흥미를 불러오고 탐구 질문을 만들기에 더욱 적절했다.

자, 그럼 독재에 대한 탐구를 따라가 보자. 먼저, 탐구의 목적과 방향을 분명히 한다. 탐구의 목적과 방향을 설정할 때는 학생들과 협의하거나 지난 탐구의 연속선상에서 학생들의 요구를 반영하는 것이 가장 이상적이지만 이번 탐구에서는 교사가 직접적으로 안내했다. 이번 탐구는 전체 탐구 단원의 시작 부분이어서 탐구에 대한 연속선상의 이점을 누릴 수도 없거니와 학생과 교사의 협의 과정을 거치는 것보다 교사가 설명하는 편이 탐구 목적과 방향을 더 명확히 할 수 있기 때문이었다.

저자는 학생들에게 탐구의 목적과 방향을 다음과 같이 설명했다.

"탐구의 목적은 민주주의의 특징을 찾는 것입니다. 민주주의의 반대말인 독재의 특징을 통해 민주주의의 특징을 찾도록 합시다. 탐구 방법은 '① 독재 관련 사건들에 대해 조사한다' '② 독재 관련 사건들을 통해 독재의 특징을 찾는다' '③ 독재의 특징을 거꾸로 정리하여 민주주의의 특징을 찾는다'로 합니다."

탐구의 목적과 방향을 더 명확히 하기 위해 주요 개념을 제시한다. 앞서도 언급했듯이 이번 탐구의 주요 개념은 '형태'이다.

"이번 탐구의 주요 개념은 '형태'입니다. 오늘은 독재와 민주주의의 특징을 찾는 시간이기 때문입니다. 독재의 사건들을 탐구할 때 각 사건을 통해 알 수 있는 독재의 특징에 탐구의 초점을 맞춰 주십시오."

이제 학생들에게 독재와 관련된 다양한 사건을 제시한다. 저자는 독재와 관련된 사건들을 사진으로만 제시하고 각 사건의 이름은 의도적으로 나중에 알려 주었다. 학생들이 각 사건의 사진들을 통해 충분히 사건들에 대해 추측해 보도록 하기 위해서이다.

학생들이 독재에 대해 탐구할 때 인터넷이나 도서로 바로 조사할 수도 있다. 그러나 이럴 때 대부분의 학생은 사건에서 중요한 점이 무엇인지 생각도 하지 않고 그저 글을 베껴 쓰기에 급급했다. 사진 자료를 먼저 줌으로써 학생들에게 충분히 사고할 시간을 준 뒤 자료를 찾아본다면 더 명확한 조사가 될 뿐만 아니라 학생들의 사고를 자극할 수 있다.

저자가 학생들에게 쥐어 준 자료는 3·15 부정선거, 유신헌법, 중앙일보 백지 광고 사건, 김대중 납치 사건, 조봉암 사법살인과 관련한 사진들이다. 학생들은 모둠별로 이 자료 중 두 가지씩을 선택하도록 했다.

학생들은 각자 선택한 사진들을 '보이는 것-생각나는 것-궁금한 것(see-think-wonder)' 탐구 기법으로 살펴봤다. '보이는 것-생각나는 것-궁금한 것'은 주로 사진 자료를 탐구할 때 쓴다. 학생들은 사진 자료를 면밀히 보면서 보이는 것(see)을 쓰고, 생각나는 것, 느껴지는 것, 추측되는 것, 판단되는 것(think)을 쓴 뒤, 마지막으로 궁금한 것(wonder)

을 쓴다.[4]

예를 들어, 김대중 납치 사건의 사진에서 '보이는 것'에는 '어떤 사람이 다른 사람들에게 둘러싸여 있다.'라는 글이 있었고, '생각나는 것'에는 '둘러싼 사람들은 기자인 것 같다.' '말하는 사람이 매우 비참한 표정을 지은 것 같다.'라는 글이 있었다. '궁금한 것'에는 '왜 이런 표정을 하고 있을까?' '어떤 일에 대해 이야기하고 있을까?' 등이 주류를 이뤘다.

학생들이 모둠에서 선택한 사진을 살펴보고 나면 이제 각 사진 속 사건의 이름을 알려 준다. 학생들은 이름만으로도 사건의 내용에 상당 부분 다가가기도 한다. 예를 들어, 중앙일보 백지 광고 사건을 살펴본 학생들의 경우, 신문의 백지인 곳이 광고 부분일 것 같다는 추측만 하고 있었는데, 사건의 이름을 듣고 광고가 빠졌다는 점을 확신하게 되었다.

사건 이름을 안 이후, 학생들은 자신들의 궁금한 것에 더욱 집중하게 되었다. 왜 동아일보는 광고를 넣을 수 없었는지, 김대중 전 대통령은 왜 납치되었는지, 유신헌법은 왜 만들었는지 등 독재와 관련된 사건들에 대해 더 깊이 살펴보고픈 의지와 방향성이 갖춰졌다.

저자는 학생들에게 독재와 관련된 사건들을 깊이 살펴볼 수 있는 자료를 제시했다. 자료는 교과서, 관련 도서, 인터넷이다. 그중 골라서 쓰라는 것이 아니라 교과서, 관련 도서, 인터넷의 순서대로 활용하도록 했다.

왜 학생들이 탐구 도구를 골라서 쓰도록 하지 않고 순서대로 쓰게 할까? 만약 그냥 자료를 골라서 쓰라고 하면 대부분 학생은 인터넷 검색

탐구를 위한 TIP

4 '보이는 것–생각나는 것–궁금한 것'은 질문(wonder)을 만들기 때문에 학생들 스스로 탐구의 방향을 설정할 수 있다는 장점, 사실(see)과 의견(think)을 구별할 수 있는 사람을 기른다는 장점이 있다.

을 한다. 검색만 하면 간편하게 그 내용을 살펴볼 수 있기 때문이다. 그러나 막상 학생들의 검색을 통한 조사하기 과정을 살펴보면 그냥 검색 결과를 베껴 쓰는 게 대부분이다. 단편적인 사실들을 찾는다면 인터넷으로 빠르게 검색해서 베껴 쓰면 될 일이지만, 지금의 탐구는 독재와 관련된 과정을 살펴보고 독재의 특징을 도출하는 탐구 과정이다. 즉, 그냥 베껴 써서 될 일이 아니다. 탐구는 탐구 대상에 대한 스스로의 질문을 만들고 질문에 대한 답을 찾은 뒤 자신의 언어로 그 답을 표현해야 한다. 대부분의 인터넷 자료는 학생들의 언어로 이해하기 어렵다. 학생들이 어려운 언어로 쓰인 인터넷 자료에 기댄다는 것 자체가 스스로 답을 찾고 자신의 언어로 표현할 생각이 없는 것이다.

저자는 학생들이 탐구 대상에 대해 조사할 때는 항상 교과서를 먼저 살펴보게 한다. 교과서는 학생들의 언어 수준에 맞는 책이자 탐구 대상에 대해 압축적으로 서술한다. 따라서 학생들이 탐구 대상에 대한 전체적인 윤곽을 그릴 수 있도록 하는 데 유용한 탐구 도구이다. 다만, 교과서는 탐구 대상에 대해 자세히 설명하기는 어렵다. 그렇기에 저자는 학생들에게 교과서를 살펴본 다음으로 관련 도서를 찾아보게 한다. 학생들은 교과서를 통해 그린 탐구 대상에 대한 전체적 윤곽을 관련 도서로 세세히 이해하는 것이다.

관련 도서를 제공할 때는 단순히 책 한 권만 주고 학생들에게 알아서 찾아보라는 식으로 해서는 곤란하다. 저자는 관련 도서를 학생들에게 줄 때 표지에 어떤 탐구 대상과 관련된 내용이 실려 있는지, 각 탐구 대상이 몇 쪽에 서술되어 있는지를 표시해 준다. 어떤 교사들은 '관련 도서에서 내용을 찾는 경험도 기능을 길러 주는 탐구가 아닌가?'라고 할지도 모르겠다. 물론 틀린 말은 아니지만, 지금 학생들이 진행하는 탐구는 탐구 대상에 대한 이해가 목적이다. 그렇다면 다른 부수적인 탐구는 제거해 주어야 한다고 생각한다.

학생들이 교과서로 탐구 대상에 대한 전체적 윤곽을, 그리고 관련 도서로 세세한 내용을 이해했다면 마지막으로 인터넷을 활용하도록 한다. 다만, 저자는 학생들에게 인터넷의 경우 가장 나중에 정확한 수치나 이름 등 교과서와 관련 도서로 이해한 사건의 흐름에서 단편적으로 채워야 할 지식을 찾을 때만 보조적으로 쓰도록 권한다.

3·15 부정선거에 대해 탐구하는 모둠의 경우를 예로 들어 보자. 해당 탐구 모둠은 먼저 교과서의 3·15 부정선거가 실린 부분을 살펴본다. 학생들은 3·15 부정선거가 이승만 정권이 권력을 오래 가지기 위해 저지른 불법적인 선거라고 이해한다. 3·15 부정선거의 전체적인 윤곽을 그린 것이다. 다음으로 학생들은 관련 도서를 보면서 왜 그렇게 권력을 더유지하려 했는지, 어떤 방식으로 3·15 부정선거를 저질렀는지 좀 더 깊이 있게 살펴봤다. 그 외에 자잘한 사실들을 인터넷으로 확인함으로써 3·15 부정선거에 대한 사건의 흐름을 구체적으로 이해했다.

교사는 학생들에게 독재와 관련된 각 사건마다 독재의 특징을 찾도록 했다. 3·15 부정선거를 탐구한 학생들은 독재의 특징으로 '민주적 절차 무시' '시민의 참여 방해'를 도출했다. 유신헌법을 통해서는 '헌법을 자신의 이익에 따라 바꾼다'고 정리했으며, 중앙일보 백지 광고 사건에서는 '언론탄압'이라는 독재의 특징을 찾았다. 김대중 납치 사건과 조봉암 사법살인은 공통적으로 '인권침해'라는 단어가 나왔다.

독자들이 이 수업을 따라 해 본다면 이 부분에서 답답함을 느낄 것이다. 이 책에서는 학생들이 독재와 관련된 사건들을 살펴보고 민주적 절차 무시, 언론탄압, 인권침해와 같은 단어들을 썼다고 하는데, 막상 수업을 따라 해 보면 자신의 반 아이들은 이런 단어가 전혀 입 밖으로 나오지 않으니까 말이다. 이건 저자의 학생들이 유난히 똑똑해서가 아니

[그림 3-3] 독재 관련 사건의 탐구 결과

라, 탐구 준비 단계 때 용어 교육을 잘 시킨 덕이다. 용어 교육을 하면서
학생들이 알게 된 단어들이 이 상황에서 활용되는 것이다.

'수업은 지식과 이해를 구성한다'는 말을 많이 한다. 아마 구성주의
교육 철학에서 나온 말이라 생각된다. 그래서인지 많은 교사는 수업에
서의 모든 지식이 학생들의 입에서 나오길 기대한다. 하지만 이때 학생
들이 구성하는 것은 용어가 아니라 지식과 이해이다. 오히려 용어를 탐
구 전에 학생들에게 가르쳐 두어야 학생들은 탐구 결과를 미리 배운 용
어와 결합하여 지식과 이해를 구성할 수 있다.

학생들이 모둠별로 탐구한 결과는 갤러리 워크(gallery walk)[5] 기법을
통해 모둠끼리 서로 공유했다. 학생들은 모둠끼리 공유한 정보를 통해
독재의 특징을 정리했다. 학생들이 정리한 독재의 특징은 다음과 같다.

① 시민의 참여를 방해한다.

② 언론을 탄압한다.

③ 인권을 침해한다.

④ 헌법을 개인적 이익을 위해 바꾼다.

⑤ 민주적 절차를 무시한다.

이제 이번 탐구의 목적인 민주주의 특징을 정리해 보자. 지금까지 계속 독재 이야기만 해 놔서 독자들조차 탐구 방향을 잃었을지 걱정이다. 학생들은 더하다. 그냥 조사만 반복했다면 아직 메타 인지가 부족한 학생들은 이번 탐구의 목적이 민주주의의 특징 찾기였다는 사실을 이미 잊었을 것이다. 교사는 탐구가 40분을 넘어가면 지속적으로 탐구의 방향을 언급해 준다. 물론 주요 개념인 '형태'를 활용한다.

그럼 민주주의의 특징을 정리해 보자. 학생들에게 민주주의와 독재의 관계를 다시 한번 상기시켜서 서로 반대말이라는 걸 확인한다. 그럼 독재의 특징을 반대로 쓰면 민주주의 특징이 아닐까? 학생들이 정한 독재의 특징을 반대로 서술해 보자.

- 시민의 참여를 방해한다.　　➡　시민의 참여를 보장한다.
- 언론을 탄압한다.　　➡　언론의 자유를 보장한다.

탐구를 위한 TIP

5 갤러리 워크는 서로 다른 탐구 결과를 공유하는 탐구 전략이다. 갤러리 워크에는 여러 가지 방법이 있지만 모둠별 탐구 결과물을 게시하고 서로의 탐구 결과물을 보며 공유하는 방법은 공통적이다.

- 인권을 침해한다. → 인권을 보장한다.
- 헌법을 개인적 이익에 따라 바꾼다. → 헌법을 공적 이익으로 바꾼다.
- 민주적 절차를 무시한다. → 민주적 절차를 따른다.

이제 학생들과 민주주의의 특징을 정리해 보자.

① 시민의 참여를 확대(보장)한다.

② 언론 자유를 존중한다.

③ 인권을 존중한다.

④ 헌법을 공적 이익을 위해 바꾼다.

⑤ 민주적 절차를 따른다.

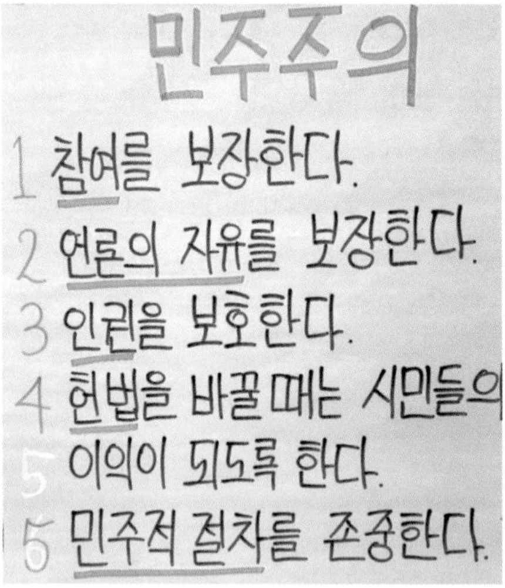

[그림 3-4] 민주주의의 특징 구성 결과

이렇게 '우리 자신을 조직하는 방식'의 가장 중요한 개념인 민주주의의 특징 구성을 완료했다.

사실, 개념의 가장 중요한 역할이자, 개념과 사실을 가르는 분기점은 전이 가능성이다. 즉, 개념은 다른 상황에 적용할 수 있어야 한다. 만약 독자들이 '민주주의의 특성'을 전이하는 수업을 보고자 한다면, '현재 우리나라 정부는 어느 정도 민주주의를 지향하는가?'라는 질문에 답해 보는 수업을 추천한다. 인터넷을 통해 쉽게 찾을 수 있는 여러 기사를 통해 현 정부가 시민의 참여를 보장하는지, 언론 자유와 인권을 존중하는지, 헌법을 공적 이익을 위해 사용하는지, 민주적 절차를 따르는지 확인하는 수업이다. 이 수업은 내용이 너무 방대해서 저자가 이 책에서 다 소개하기는 어렵다. 다만, 독자들도 개념을 구성하는 수업이 익숙해진다면 이렇게 개념을 전이하는 수업도 도전해 볼 만하다는 이야기를 하고 싶다.

▌시민의 참여 개념 구성하기

민주주의 다음으로 구성해야 할 개념은 '시민의 참여'이다. 시민의 참여 개념 구성의 방향은 시민의 참여에는 어떤 종류가 있는지 살펴보고 공통점을 도출함으로써 시민의 참여가 갖는 의미를 구성하도록 했다. 먼저, 저자가 시민의 참여에 대한 종류를 구조화하여 제시했다. 학생들은 [그림 3-5]처럼 시민의 참여에는 집회 성격이 강한 민주화 운동과 그 외 다양한 참여를 확인했다. 그 외 다양한 참여는 사회 교과서 내 용어를 빌려 '오늘날 참여 방식'으로 불렀다. 탐구의 방향은 민주화 운동 중 2·28 민주운동과 5·18 민주화 운동을 살펴보고 오늘날 참여 방식들을 조사하여 '시민 참여의 공통점'을 찾는 것이다. 이번 주요 개념 역시

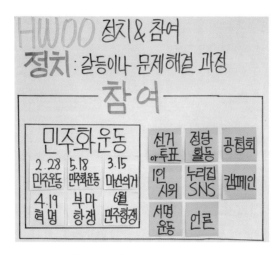

[그림 3-5] 시민의 참여 종류

시민의 참여를 이해한다는 면에서 '형태'로 설정했으며 학생들에게 탐구 방향과 주요 개념을 안내했다.

2·28 민주운동에 대한 조사부터 살펴보자. 저자가 속한 학교는 2·28 민주운동이 일어났던 역사적 장소 주변에 위치하고 있으며 근처에 2·28 민주운동기념관이 있다. 저자는 이러한 지역적 장점을 살리고자 학생들과 함께 2·28 민주운동기념관에 답사하여 2·28 민주운동의 원인, 과정, 결과를 파악했다.

5·18 민주화 운동에 대한 탐구는 6학년 국어 수업을 통해 이루어졌다. 6학년 1학기 국어 교과에는 '이야기를 간추려요' 단원이 있다. 이 단원은 이야기의 구조를 알고 그에 맞게 이야기의 내용을 요약하는 방법을 담고 있다.

먼저, 학생들과 발단-전개-절정-결말로 이어지는 이야기의 구조에 대해 공부했다. 그리고 5·18 민주화 운동 과정에 서사적 상상력을 덧붙여 그린 영화 〈택시운전사〉를 학생들과 관람했다. 그 과정에서 교사

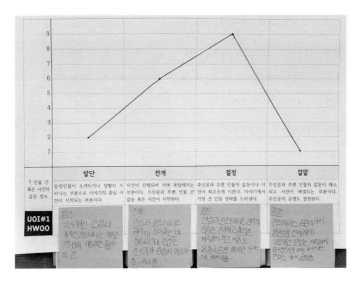

[그림 3-6] 영화 〈택시운전사〉의 요약 결과

는 영화 속 발단, 전개, 절정, 결말에 해당하는 부분을 알려 주었다. 학생들은 영화의 내용을 발단, 전개, 절정, 결말 부분에 따라 요약하고 각이야기 구조별 인물과 상황 간 갈등 정도를 꺾은선 그래프로 표현했다. 이 활동을 통해 학생들은 국어 시간에 이야기의 구조에 대해 배운 내용을 적용하고 5·18 민주화 운동에 대해 깊이 있게 알아 갔다.

이제 오늘날 참여 방식에 대한 수업을 살펴보자. 오늘날 참여 방식은 종류가 워낙 많아 하나씩 탐구하기에는 무리가 있다. 그래서 6학년 1학기 국어 '짜임새 있게 구성해요' 단원을 활용했다. 이 단원은 공식적인 말하기의 중요성을 알고 공식적인 말하기를 준비하여 발표하는 단원이다. 교사는 학생들에게 국어 시간을 활용하여 공식적인 말하기의 중요성과 공식적인 말하기의 방법을 공부시켰다. 그리고 여러 가지 참여의 사례를 선택하도록 했다. 학생들은 1인 시위, 캠페인, 정당 활동, 시민단체 활동, 언론 활용, 서명 운동 등에서 개인별로 한 가지씩 선택했다.

학생들은 각자 맡은 참여의 의미와 관련 사례를 조사하여 이를 담은 발표 자료를 만들었다. 그리고 자신이 만든 자료를 활용해 공식적인 말하기 방법을 살려 여러 가지 참여 사례를 발표했다. 학생들은 각자가 살펴본 참여 사례와 친구들이 살펴본 사례를 공유하며 오늘날 참여의 여러 종류를 확인할 수 있었다.

학생들과 저자는 2 · 28 민주운동, 5 · 18 민주화 운동 등 민주화 운동과 1인 시위, 캠페인, 정당 활동 등 오늘날 참여 방식의 차이점과 공통점을 찾아 시민의 참여 개념을 정리했다. 학생들의 탐구 결과, 민주화 운동이든 오늘날의 참여 방식이든 시민의 참여는 '사회 문제'를 해결하기 위해 함께 노력한다는 공통점이 있었다. 따라서 시민의 참여는 '사회 문제를 해결하기 위해 시민들이 함께 노력하는 것'이라고 정의했다.

04 탐구 주제 목록 ②
민주주의와 시민의 참여 간 관계(변화)

주요 학습 활동	• 시민의 참여와 민주주의의 관계(중심 아이디어) 이해하기 • 에세이로 탐구 성찰하기

첫 번째 탐구 주제 목록을 통해 학생들은 '민주주의'와 '시민의 참여'라는 두 관련 개념을 이해했다. 두 번째 탐구 주제 목록에서는 '민주주의'와 '시민의 참여' 간 관계를 탐구했다. 개념과 개념의 관계를 서술한 문장이 중심 아이디어이므로 이번 탐구 주제 목록은 중심 아이디어를 구성하는 탐구 단계라 할 수 있겠다.

중심 아이디어가 개념과 개념의 관계라고 해서 두 가지 개념 자체로 수업을 풀어 나가는 것은 옳지 않다. 중심 아이디어 구성을 위한 탐구는 개념과 개념의 관계를 드러내는 사실에 집중해야 한다. 이번 중심 아이디어의 구성과 이해 과정 역시 '민주주의'와 '시민의 참여'의 관계를 드러내는 사실에 대한 탐구를 징검다리로 삼았다.

▌시민의 참여는 민주주의를 변화시킨다

수업이 시작되고 먼저 '민주주의'와 '시민의 참여'에 대한 개념을 다시 한번 짚었다. 특히 민주주의의 특징이 정리된 종이는 칠판에 붙여 이번 탐구에 지속적으로 참고할 수 있도록 했다. 이번 수업의 학습 목표도 안내했다. 이번 수업의 목표는 중심 아이디어를 구성하는 것이다. 당연히 평가 기준도 '중심 아이디어를 구성할 수 있는가?'이다. 관련 학습 접근 방법과 이에 따른 관련 탐구 전략을 알려 주는 것도 놓치지 않았다.

학생들이 탐구할 탐구 대상도 안내한다. 탐구 대상은 시민의 참여 사례이다. 학생들은 시민의 참여 사례를 탐구해 보고 민주주의의 특징과 시민의 참여 간 관계를 살펴보는 것이다. 교사가 제시한 시민의 참여 사례는 부마항쟁, 4·19 혁명, 3·15 마산의거, 6월 민주항쟁 등 민주화 운동에 해당하는 참여와 1인 시위, 언론 활동, 정당 활동, 캠페인과 같은 오늘날의 방식에 해당하는 사례이다. 특히 오늘날의 참여 방식 사례는 방식이 각기 다르더라도 그 내용은 공통적으로 '만 18세 선거권 확대 이슈'를 담고 있다. 탐구 대상은 모두 사진 형태로 제공된다. 시민의 참여 활동사진이나 관련 활동의 포스터를 학생들에게 배부하는 것이다. 학생들은 모둠별로 두세 가지 시민의 참여 사례를 탐구 대상으로 선택했다.

이제 탐구 방향을 안내할 차례이다. 탐구 방향은 주요 개념, 변화를 활용하여 안내했다. '탐구 대상은 무엇을 변화시키려 했는가?' 혹은 '무엇을 변화시켰는가?'라는 변화가 담긴 탐구 질문을 제시한 것이다.

학생들은 모둠별로 선정한 시민의 참여 사례를 탐구했다. 탐구 대상이 사진 자료로 제시되었으니 '보이는 것–생각나는 것–궁금한 것' 탐구 전략을 쓰도록 했다. 민주주의의 개념을 구성하던 수업과 마찬가지 방식이다. 다만, 이전 수업과 달리 이번 수업에서는 교과서나 관련 책, 인터넷 등 자료를 많이 참고할 필요가 없었다. 탐구 자료들이 시민의 참여를 담은 포스터나 활동 모습이 찍힌 사진들이어서인지 각 시민의 참여 사례가 무엇을 변화시키고자 했는지 학생들이 금세 찾았기 때문이다.

탐구 대상별로 학생들의 탐구를 따라가 보자. 첫째, 3·15 마산의거와 4·19 혁명에 대한 탐구이다. 이 두 사례의 사진에는 '부정선거를 다시 하라'라는 문구가 적혀 있다. 학생들은 이를 보고 3·15 마산의거와 4·19 혁명이 민주적 절차를 존중하는 사회를 만들려 했음을 파악했다.

둘째, 부마항쟁 사례이다. 이에 대한 탐구 자료는 부마항쟁 포스터이다. 이미 포스터에 부마항쟁이 어떤 것들을 변화시키고 싶었는지가 고스란히 적혀 있다. 자료 속에 있는 언론 자유, 유신철폐와 같은 문구는 학생들이 부마항쟁이 추구하고자 했던 사회를 파악하기 충분했다.

셋째, 6월 민주항쟁 사례이다. 6월 민주항쟁의 탐구 자료에는 박종철 열사를 추모하는 문구와 직선제 사례가 담겨 있다. 학생들은 이 문구와 단어를 통해 6월 민주항쟁으로 인권이 존중되는 사회, 헌법이 공공의 요구에 따라 바뀌는 사회를 만들고자 했음을 이해했다.

마지막으로 오늘날의 참여 방식들인 1인 시위, 언론 활동, 정당 활동, 캠페인이다. 이 사례들의 탐구 자료에는 공통적으로 '만 18세 선거권 보장'이라는 문구가 있다. 학생들은 처음에 '만 18세 선거권 보장'이란 말을 이해하지 못했으나 인터넷 검색을 통해 그 의미를 파악했다. 학생들은 오늘날의 참여 방식들이 공통적으로 시민의 참여를 확대를 추구했음을 알아냈다. 학생들의 탐구 결과를 정리해 보자.

- 3 · 15 마산의거와 4 · 19 혁명은 '민주적 절차를 존중하는 사회로 우리 사회를 변화시키려고 했다.'
- 부마항쟁은 '언론의 자유가 보장되는 사회, 헌법이 공공의 요구에 따르는 사회로 변화시키려 했다.'
- 6월 민주항쟁은 '인권이 존중되는 사회, 참여를 확대하는 사회, 헌법이 공공의 요구에 따르는 사회를 만들고자 했다.'
- 1인 시위, 캠페인, 정당 활동 등 오늘날 참여 방식들은 '시민들의 정치적 참여를 확대하고 보장하는 사회를 만들려 했다.'

[그림 3-7] 시민의 참여와 민주주의의 탐구 결과

교사는 학생들의 탐구 결과를 한곳에 모았다. 그리고 학생들에게 탐구 결과를 면밀히 살펴보게 했다. '언론 자유' '인권 보장' '참여의 확대' '헌법의 공공 요구 수용' '민주적 절차 존중' 등 탐구 결과로 도출된 이 문구들이 익숙하지 않은가?

탐구 주제 목록 ①에서 구성했던 민주주의의 특징을 잠시 살펴보자. 민주주의의 특징은 다음과 같다. ① 시민의 참여를 확대(보장)한다, ② 언론 자유를 존중한다, ③ 인권을 존중한다, ④ 헌법을 공적 이익을 위해 바꾼다, ⑤ 민주적 절차를 따른다. 이번 수업에서 학생들이 탐구했던 여러 시민의 참여 사례는 민주주의의 여러 특징과 연결된다. 즉, 시민의 참여는 우리 사회를 민주주의의 특징과 부합하는 사회, 그러니까 민주주의가 실현된 사회로 변화시키는 것이 목적인 것이다.

시민의 참여와 민주주의의 관련성을 발견하고 난 뒤, 학생들에게 각자 이번 우리 자신을 조직하는 방식의 중심 아이디어를 구성하도록 한다. 대부분의 학생은 중심 아이디어를 정확히 구성했다.

〈표 3-3〉 **시민의 참여와 민주주주의 관계**

탐구 대상 (시민의 참여)	탐구 결과 (탐구 대상이 변화시키고자 한 것)	관계	민주주의 특징
1인 시위, 캠페인 (18세 선거권 이슈)	시민의 참여를 확대하고자 했던 사례이다.		시민의 참여를 확대(보장)한다.
언론 활동, 정당 활동 (18세 선거권 이슈)	시민의 참여를 확대하고자 했던 사례이다.		민주적 절차를 따른다.
3·15 마산의거, 4·19 혁명	민주적 절차를 따르기를 요구했던 사례이다.		언론 자유를 보장한다.
6월 민주항쟁	공공의 이익을 위한 헌법이 되도록 하고, 언론의 자유와 인권을 보장하기를 요구했던 사례이다.		인권을 존중한다.
부마항쟁			헌법은 공공의 이익을 위한다.

"시민의 참여는 민주주의를 변화시킨다."

▌에세이로 탐구 성찰하기

저자는 탐구 단원에서 중심 아이디어를 이해하고 구성하는 수업이 끝나면 학생들에게 에세이를 쓰도록 한다. 교사가 에세이 문항을 제시하고 학생들은 그에 대한 답변을 쓰는 것이다. 탐구 단원별 에세이 문항은 거의 대동소이하다. 첫 번째 문제는 관련 개념의 의미와 이를 뒷받침하는 사례 쓰기이다. 두 번째 문제는 중심 아이디어와 이를 뒷받침하는 사례 쓰기이다. 이번 '우리 자신을 조직하는 방식'의 에세이의 문항도 그러하다.

① 민주주의의 특징을 쓰고 이를 뒷받침하는 사례를 두 가지 쓰시오.
② 시민의 참여의 의미를 쓰고 이를 뒷받침하는 사례를 두 가지 쓰시오.
③ 이번 탐구 단원의 중심 아이디어를 쓰고 이를 뒷받침하는 사례를 두 가지 쓰시오.

에세이 쓰기는 IB PYP에서 꼭 해야 하는 필수적인 요소가 아니라 여러 가지 평가 방법 중에 하나로 제시되고 있다. 그러나 이렇게 에세이를 쓰면 학생들은 자신의 탐구 과정을 성찰할 수 있고 이를 바탕으로 이해를 더욱 확고히 할 수 있다는 장점이 있어 저자가 자주 사용하는 편이다.

주요 학습 활동	• 민주적 의사결정 원리와 과정 찾기 • 동아리 민주적으로 만들기

이번 탐구 주제 목록은 우리 자신을 조직하는 방식의 중심 아이디어를 다른 맥락에 전이하는 실천(action)에 해당하는 탐구 단계이다. 이번 탐구 단원의 중심 아이디어는 '시민의 참여는 민주주의를 변화시킨다'였으므로 학생들의 실질적인 참여로 학교를 민주적으로 발전시켜 보는 활동을 실천으로서 기획했다.

▌학교가 민주적이지 않을 때

먼저, 학생들에게 학교에서 공부하면서 학교가 민주적이지 않았던 순간은 어떤 것들이 있었는지 물어보았다. '시간표를 학생들과 상의도 없이 짠다' '왜 학생들과 협의도 없이 국어만 일주일에 제일 많이 배우는지 모르겠다' '1학기와 2학기 수업 시간보다 방학시간이 길어야 한다고 생각하는데 학교가 우리 이야기를 안 들어 준다' 등 교육과정과 관련된 이야기가 대부분이었다. 교사의 입장에서 어이없다고 볼 수도 있겠지만 생각해 보면 교육과정을 경험하는 건 학생인데 교육과정 구성에 있어 학생들의 목소리가 많이 반영되지 못했던 건 사실이다. 하지만 지금에 와서 교육과정을 마음대로 바꿀 순 없는 노릇이어서 학생들과 왜 이렇게 교육과정이 구성되어 있는지 이야기를 나눠 보는 것으로 학생들의 불편한 마음을 달래 주었다.

이 와중에 한 학생이 '그럼 창의적 체험활동 동아리 활동이라도 우리의 의견을 들어 달라'는 말을 했다. '창의적 체험활동 동아리는 우리가 좋아할 활동을 한다면서도 매번 선생님이 정했고 우리는 어디에 참여할지만 선택했다'고 덧붙이기도 했다. 저자는 이 말을 듣고 창의적 체험활동 동아리 만들기는 학생들에게 맡길 수 있겠다는 생각이 들었다. 그것이 창의적 체험활동 동아리의 본래 취지와도 부합하기 때문이다.

그래서 학생들과 함께 창의적 체험활동 동아리 만들기를 이번 탐구 단원의 실천으로 설정했다. 학생들이 직접 창의적 체험활동 동아리를 기획하고 실천하는 것이다. 물론 그 과정은 이번 탐구 단원 성격에 맞게 민주적인 과정을 거치도록 했으며, 창의적 체험활동 동아리는 학년 단위에서 이루어지므로 학년 전체가 함께하기로 했다.

먼저, 학생들이 하고 싶은 창의적 체험활동 동아리를 브레인스토밍 했다. 학생들의 의견을 살펴보면 '영화 감상 동아리' '요리 동아리' '책 쓰기 동아리' '체육 동아리' 등 일반적인 동아리들도 있었고 '멍 때리기 동아리'와 같은 교육적인 의미가 먼 동아리도 있었다. '댄스 동아리' '역사 동아리' '만들기 동아리' '영화 제작 동아리' '악기 연주 동아리' '놀이 동아리' 등 나름 자신들이 하고 싶은 것들이 반영된 동아리가 돋보이기도 했다. 이렇게 아직 확정되지 않은 동아리를 편의상 후보 동아리라고 부르자.

저자의 6학년 학생들은 다 합쳐도 50명이 채 되지 않는다. 그런데 이 친구들이 브레인스토밍을 한 후보 동아리는 100여 개 안팎. 학생들은 우리 학년에서 정할 수 있는 동아리 개수를 궁금해했다. 저자는 학생들에게 우리 학년에서 만들어야 할 동아리는 총 2개라고 이야기해 주었다. 학생들은 매우 놀라하는 듯했다. 100여 개를 하고 싶다 했는데 할 수 있는 것은 겨우 2개라니. 학생들이 브레인스토밍으로 생각해 낸 후보 동아리가 100여 개라고 해도 막상 똑같은 것을 모으고 교육적으로 큰 의미가 없거나 실현 불가능한 것을 지워 내니 15개 정도가 남았다. 15개를 2개로 만드는 것도 호락호락한 일은 아니었다.

이번 탐구 단원의 중심 아이디어가 '시민의 참여는 민주주의를 변화시킨다'이고 탐구 단원의 주제가 '민주주의'인 만큼 15개의 후보 동아리 중 2개를 선택하는 과정은 민주적이어야 했다. 그래서 6학년 1학기 사회 교과의 '우리나라 정치발전' 단원에 포함된 '민주적 의사결정의 원리'를 따르기로 했다.

▌민주적 의사결정 원리와 절차 찾기

학생들과 '민주적 의사결정의 원리와 절차'를 살펴봤다. 사회 교과서를 자료 삼아 민주적 의사결정의 원리를 찾고 이를 절차에 따라 배열하는 작

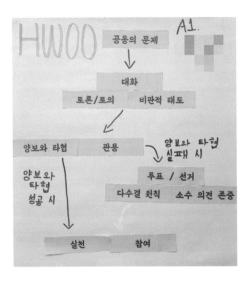

[그림 3-8] 민주적 의사결정 절차의 조사 결과

업을 했다. 사회 교과서를 활용했으니 이번 활동은 학생들에게 기본적인 문해력만 있으면 되겠지 싶지만 실상 수업을 해 보면 꼭 그렇지는 않다.

'민주적 의사결정 절차'는 문제 상황을 인식하고, 토론 및 토의를 통해 합의에 이르도록 하며, 합의된 내용을 실천하는 과정이다. 그런데 만약 문제 상황에 대해 합의에 이르지 못한다면? 다수결의 원칙에 따라 투표를 통해 문제 해결 방안을 선택하고 선택한 내용을 실천한다. 다시 말해, 민주적 의사결정 절차는 일직선상의 흐름이 아니라 합의에 이르는가 아닌가에 따라 절차가 달라지는 것이다. 이 부분을 학생들이 이해하기 어려워한다. 학생들에게 절차는 1, 2, 3, ……처럼 하나씩 넘어가는 과정이라는 인식이 강하기 때문이다. 이 때문에 저자는 학생들이 민주적 의사결정 절차를 구성할 때 여러 발문을 통해 학생들의 인식을 변화시켜 주어야 했다. '어떤 절차들이 일직선으로 이루어졌을까?' '절차가 선택과 상황 변화에 따라 달라질 수 있지 않을까?'와 같이 말이다.

학생들이 민주적 의사결정 절차를 구성하면 이에 따라 15개의 동아리를 2개로 좁혀 나간다. 학생들은 먼저 각자가 원하는 동아리의 계획서와 홍보물을 만든다. 계획서에는 이름, 활동 내용, 대표 등 어떤 동아리인지 알 수 있는 정보들을 적어 둔다.

[그림 3-9] 동아리 계획서와 홍보물

▌창의적 체험활동 동아리를 민주적으로 만들기

후보 동아리의 대표는 계획서와 홍보물을 게시판에 게시한다. 게시한 채로 하루 정도 두면 학생들이 오고 가며 계획서와 홍보물을 살펴본다. 그냥 '이런 게 있구나' 하는 게 아니라, 각자가 만든 후보 동아리와 비슷한 목적이나 활동을 가진 후보 동아리를 찾는다. 학생들이 민주적 의사결정 절차를 공부하면서 후보 동아리를 2개로 좁히기 위한 다음 단계를 알고 있기 때문이다.

15개의 후보 동아리를 2개로 좁혀 나가는 문제를 해결하기 위해 학생들은 토의를 시작했다. 다른 친구들이 만든 후보 동아리와 자신의 후보 동아리를 비교해 보고 비슷한 점이 있으면 서로 간 협의를 통해 하나로 합치는 것이다. 후보 동아리끼리 최대한 많이 합쳐서 2개로 정리되면 투표할 것도 없이 정식 동아리가 확정된다. 2개까지 정리하기 어렵더라도 정식 동아리가 될 후보 동아리를 15개에서 최대한 줄일수록 다수결로 자신의 후보 동아리가 정식 동아리로 선정될 가능성은 높아진다. 다만, 후보 동아리를 2개로 만들기 위해 후보 동아리들을 통합하는 과정에서 자신의 후보 동아리의 색깔이 많이 희석될 수 있다. 그래서 끝까지 다른 후보 동아리와 통합하지 않고 �����꿋하게 버틴 학생들도 있었다.

후보 동아리를 통합하는 사례를 살펴보자. 저자의 반 여학생들은 춤 추는 걸 좋아한다. 초등학교 6학년들이 으레 그렇지만 점심시간이 되면 교실을 아이돌 무대로 만들어 놓는다. 유난히 춤을 좋아하는 학생이 4명쯤 모여 댄스 동아리를 만들었다. 동아리 이름이 거창하지만 기억하기 좋게 '댄스 동아리 A'라 칭하자. 그런데 다른 반에도 댄스 동아리를 만들려는 학생들이 있었다. 다른 반이라서 몰랐을 뿐 그 학생들도 자기 반을 춤으로 휘젓고 다녔다. 이 학생들이 만든 댄스 동아리를 '댄스 동아리 B'라고 하자. 댄스 동아리 A 학생들과 댄스 동아리 B 학생들은 단박에 합쳐야 할 후보 동아리라고 생각했다. 춤이라는 공통 분모가 있기에 통합은 시간 문제라 봤다.

그러나 오랜 시간이 지나도 두 후보 동아리 간의 통합 소식은 들리지 않았다. 댄스 동아리 A 학생과 댄스 동아리 B 학생이 좋아하는 곡이 달라서였다. 교사에겐 이름도 낯선 노래를 이야기하면서 두 댄스 동아리의 학생들은 첨예하게 대립했다. 교사 입장에선 정말 사소한 문제 같아 보였지만 학생들에게는 세상 진지한 난제였다. 두 댄스 동아리의 학생들은 최종적으로 총 동아리 시간인 20시간을 반으로 나눠 10시간은 댄스 동아리 A 위주로, 10시간은 댄스 동아리 B 위주로 동아리를 구성했다. 기계적 타협이었지만 어쨌든 15개 후보 동아리가 14개로 줄어들었다.

그 외에도 많은 문제가 일어났다. 피구 동아리가 3개나 나왔는데 결국 제대로 통합하지 못했다. 그중 한 피구 동아리는 논쟁 끝에 후보 동아리 자체를 폐기했고 남은 두 후보 동아리도 노선 차이로 제대로 통합하지 못했다.

놀이 동아리도 2개가 있었다. 그런데 한 놀이 동아리는 '실내 놀이파'였고, 한 놀이 동아리는 '실외 놀이파'였다. 말만 비슷한 동아리지 실상은 완전 반대였다. 제대로 통합될 리가 없었고 '실외 놀이파'는 '실내 놀이파'와 설전만 벌이다 체육 동아리와 합쳐졌다.

어떤 동아리들은 동아리 노선이나 활동 내용의 차이가 아니라 단순히 대표 자리를 두고 갈등을 벌인 경우도 있다. 저자를 비롯한 학년 교사들은 학생들의 갈등을 조절하느라 진땀을 뺀 경우도 많았다. 몇몇 학생이 저자에게 와서 이야기했다.

"동아리 만들기 정말 힘드네요."

"민주주의가 이렇게 시끄럽고 힘든 건지 몰랐어요."

그럴 만했다. 학생들에게 있어 5학년 때까지의 창의적 체험활동 동아리 구성이란 '저런 동아리밖에 없어?'와 같은 불평을 몇 번 한 뒤에 묵묵히 교사들이 정한 대로 따르기만 해도 됐으니까 말이다. 이렇게 번거롭게 동아리를 만든다는 게 생소할 것이다.

　동아리 구성의 생소함을 차치하더라도 학생들은 민주주의에 대한 낯선 경험에 곤혹스러웠을 것이다. 이 실천을 하기 전 학생들은 민주주의는 무작정 좋은 것이라 생각했다. 즉, 민주적 의사결정대로 하면 좋게 좋게 모든 일이 아름답게 펼쳐지리라 생각했다. 그런데 막상 민주적으로 참여해 보니 생각하던 민주주의와는 전혀 다른 모습이니 당황할 만하지 않을까?

　민주주의는 원래 시끄럽다. 서로 다른 생각들이 부딪히는 것이 참여이고, 참여를 보장해 가며 사회적 문제에 대한 해결 방법을 합의하고 결정하는 과정이 민주주의이다. 민주주의가 마냥 조용하고 모든 합의와 결정이 매끄럽게만 될 수 없지 않을까? 질서 있게, 조용하게, 좋게만 일이 진행되기만 바란다면 우리는 권위 있는 누군가에게 의존하게 될 것이다. 그리고 민주주의는 무너지게 된다. 권위주의를 지향하는 사람들이 '사회 질서'만을 그토록 부르짖는 이유도 이와 크게 다르지 않다. 학생들과 '민주주의는 원래 시끄럽다'는 점에 대해 이야기를 나누고 나면 학생들 마음속의 민주주의는 드디어 교과서를 넘어선다.

　이제 다시 동아리를 만들고 있는 장면으로 돌아가 보자. 15개의 동아리는 많은 토의와 합의로 꽤 줄어들긴 했지만 그래도 5개는 끝까지 남았다. 스포츠 동아리, 만들기 동아리, 댄스 동아리, 창의 미술 동아리, 컴퓨터 토론 동아리이다. 이 5개는 통합 협의를 더 이상 할 수 없었다. 민주적 의사결정인 '합의'가 완전히 이루어지지 않았으므로 다음 단계인 투표로 넘어간다.

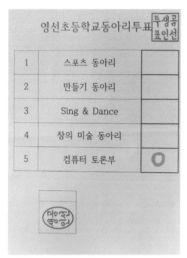

[그림 3-10] 동아리 투표 용지와 동아리 투표의 모습

　학생들에게 마지막 홍보 시간을 부여하고 투표를 진행했다. 저자는 투표의 전 과정을 최대한 실제와 가깝게 하고자 노력했다. 이왕 투표하는 것이라면 투표 자체에 대한 교육도 미래 유권자로서 학생들에게 유의미하기 때문이다. 투표 결과는 스포츠 동아리와 댄스 동아리가 각각 1, 2위를 차지했다. 따라서 이 두 동아리가 이번 학년 학생들이 함께해야 할 창의적 체험활동 동아리가 되었다.

06 평가

　우리 자신을 조직하는 방식 탐구 단원을 마치고 학생들에 대한 평가 작업을 시작했다. 앞서 동기유발 부분에서 언급했듯, 저자의 탐구 단원

평가는 탐구 대상에 대한 학생들의 질문으로 모아 학습 목표를 만들고 학습 목표를 기준으로 학생과 교사가 함께 평가한다. 이 평가는 탐구 주제 목록이 끝날 때마다 평가했기에 탐구 단원이 끝나면 학습 목표에 대한 평가도 끝나 있다. 그러나 모든 평가가 끝난 것은 아니다. '학생 평가에 대한 교사 의견'과 통지가 남았기 때문이다.

교사는 각 학생별로 학생들이 어떤 탐구를 했는지, 어떻게 탐구가 진행되었으며 학생들이 성취한 내용은 무엇인지를 글로 적어 통보한다. 이것을 '학생 평가에 대한 교사 의견'이라 한다. 학생 평가에 대한 교사 의견은 학생들의 탐구 결과물, 공책, 학습 접근 방법 평가 결과지, 학생들의 학습 목표 자기 평가 결과 등을 종합해서 작성한다.

IB PYP에서는 지식, 개념적 이해, 기능에 대해 평가하기를 권한다. 개념적 이해는 중심 아이디어를 말하며 기능은 학습 접근 방법을 의미한다. 그래서 '학생 평가에 대한 교사 의견'에는 학생들이 탐구한 과정과

학습목표 (Learning goal) 1	평가하기			
	○ : 학생 / √ : 교사			
우리는 민주주의 개념을 여러 가지 사실들을 탐구하여 이해할 수 있다.	매우 잘함	잘함	보통	기초
학습목표 (Learning goal) 2	평가하기			
	○ : 학생 / √ : 교사			
우리는 여러 가지 참여의 사례를 탐구하여 민주주의와 시민의 참여 간 관계를 이해할 수 있다. 예제 4번	매우 잘함	잘함	보통	기초
학습목표 (Learning goal) 3	평가하기			
	○ : 학생 / √ : 교사			
우리는 민주주의 체제의 조직 원리와 민주적 의사결정 방법을 이해할 수 있다.	매우 잘함	잘함	보통	기초
학습목표 (Learning goal) 4	평가하기			
	○ : 학생 / √ : 교사			
우리는 민주주의와 우리 삶의 상관관계를 이해하고 삶에 적용할 수 있다.	매우 잘함	잘함	보통	기초
평가 관련 증거	탐구단원 공책, 6학년 3반 구글클래스룸, 학습지 포트폴리오, 에세이			

[그림 3-11] 학습 목표 평가와 학생 평가에 대한 교사 의견

- 학생은 조봉암 사건을 조사하여 독재의 특징을 찾아 이를 통해 인권보장이라는 민주주의의 특징을 이해했습니다. 또한, Gallery walking을 활용하여 다른 모둠들과 의사소통하여 민주주의의 특징을 추가로 찾아냈으며 이를 바탕으로 민주주의의 개념을 구성했습니다. (지식, 개념 구성)
- 학생은 서명운동의 사례를 찾아 서명운동의 의미를 공식적인 말하기로 발표했습니다. 또한, 다른 학생들의 공식적인 말하기를 듣고 얻은 정보를 활용해 참여의 의미와 종류를 알게 되었습니다. (지식, 개념 구성)
- 학생은 부마항쟁과 만 18세 참정권 1인 시위를 살펴보고 이들이 변화시킨 사회 모습을 알게 되었습니다. 이를 통해 학생은 '시민의 참여는 민주주의를 변화시킨다'는 Central Idea를 이해하게 되었습니다. (지식, 개념적 이해)
- 학생은 Key concepts 기능으로 국회, 정부, 법원이 하는 일을 조사하고 다른 모둠과 서로의 정보를 공유하여 삼권분립에 대해 알게 되었습니다. 유신헌법과의 비교를 통해 삼권분립이 민주주의를 지탱하는 정치적 시스템임을 이해했습니다. 또한, 삼권분립의 기초는 시민들의 참여임을 인식하고 '시민의 참여는 민주주의를 변화시킨다'는 Central Idea를 이해를 다시금 다졌습니다. (지식, 개념적 이해)
- 학생은 공책 작성을 비롯한 다양한 방법을 통해 얻은 정보를 기록하고 정보를 Thinking map (Brace map)으로 표현하는 것으로 보아 조사기능(Research skills)-정보문해력(Information-literacy)-종합 및 해석(Synthesizing & Interpreting) 기능이 향상되었음을 알 수 있습니다. (기능)
- 학생은 Central Idea를 다른 맥락에 전이하기 위한 '자율 동아리 만들기' Action에 참여했습니다. 학생은 '댄스부'를 만들어 학년 동아리가 되도록 민주적 의사결정의 단계를 알고 이에 맞게 실천했습니다. (개념적 이해 전이)
- 학생이 이번 UOI에 참여한 과정을 종합적으로 살펴볼 때 학생은 이번 UOI의 Central Idea를 명확하게 이해하고 있으며 이를 다른 맥락에 전이하는 것에도 유의미한 성과를 이뤘습니다. (종합)

[그림 3-11] (계속)

결과, 그로 인해 생긴 변화를 지식, 개념적 이해(중심 아이디어), 기능(학습 접근 방법)에 따라 서술했다. 최종적으로 학생과 교사가 함께 평가한 '학습 목표 평가' 부분과 교사의 '학생 평가에 대한 교사 의견'을 덧붙여 가정에 통지했다.

⓪**4**

세계가 돌아가는 방식

01 탐구 단원 개요

　이번에 소개할 탐구 단원(Unit Of Inquiry: UOI) 사례는 '세계가 돌아가는 방식(How the world works)'이라는 초학문적 주제를 담은 6학년 탐구 단원이다. 여기서 '돌아간다'는 세상을 움직이는 조직이나 사람을 뜻하는 사회적 개념이 아니고 과학적인 개념이다. 우리의 자연이 어떤 과학적 시스템으로 운영되는지를 탐구하는 탐구 단원인 것이다. 국가 교육과정 측면에서 살펴보면 '과학' '실과'와 관련된 초학문적 주제이다.

　'세계가 돌아가는 방식'의 소재를 고민하고 있을 때 저자는 세계가 돌아가는 방식의 특성에 따라 국가 교육과정 내 6학년 과학 부분부터 먼저 살펴봤다. 그러나 과학의 여러 단원은 솔직히 탐구 단원의 소재로서 큰 매력을 느끼지 못했다. 초등과정에서의 과학은 탐구 대상에 대한 원리를 자주 다루지 않고 대개 '현상'에 초점을 둔다.

예를 들어 보자. 6학년 과학 교육과정을 보면 산소를 발생시키고 관찰하는 내용이 있다. 이산화망가니즈와 과산화수소로 산소를 발생시키고, 색과 냄새, 향불을 이용해 산소를 관찰한다. 여기서 끝이다. 이산화망가니즈와 과산화수소가 만나면 왜 산소가 나오는지 다루지 않는다. 즉, 산소가 어떻게 꺼져 가는 불을 크게 만드는지 말하지 않는다. 당연하다. 앞서 말한 내용들은 초등학생 수준에서 이해하기 어렵기 때문이다. 저자는 6학년 과학 교육과정이 원리보다 현상을 다루는 것이 부당하다고 따지려는 게 아니다. 탐구 단원의 소재로서 6학년 과학 교육과정에 흥미를 느끼지 못한 개인적인 이유를 말하는 중이다.

탐구 단원의 소재는 그 소재를 탐구하여 중심 아이디어(central idea)를 구성할 수 있어야 한다. 중심 아이디어는 현상과 사실을 서술한 것이 아니다. 현상과 사실을 통해 구성된 개념과 개념의 관계를 서술하는 것이다. 따라서 중심 아이디어의 소재는 현상과 사실을 넘어서야 한다. 그런데 앞서 언급했듯 6학년 과학 교육과정은 현상에 집중한다. 그래서 저자가 6학년 과학 교육과정을 보고 탐구 단원 소재로서 매력을 느끼지 못했던 것 같다.

그럼 어떤 소재를 가져와야 할까 고민하던 차에 실과 교육과정을 뒤졌다. 빙고! 여기에서 좋은 소재를 발견했다. 이번 '세계가 돌아가는 방식' 탐구 단원의 소재는 실과 교육과정에 담긴 '발명'이다. 여기서 그치지 않고 발명과 비슷한 개념인 '발견'과 '개발'도 함께 탐구 단원의 소재로 삼았다.

다음으로 중심 아이디어를 설계했다. 실과 교육과정에서의 발명은 우리의 삶과 관련성이 깊다. 우리의 삶을 더 나아지게 만드는 발명에 대해 다루는 것이다. IB 교육 역시도 세상을 더 나아지도록 만드는 국제적 소양을 갖춘 인재를 양성하는 데 목적을 둔다. 그렇다면 이번 탐구 단원을 발명, 발견, 개발을 통해 사람들의 삶이 나아지는 데 초점을 두면 IB 교육의 목적과 국가 교육과정을 모두 만족시킬 수 있을 것이다.

따라서 저자의 '세계가 돌아가는 방식' 탐구 단원의 중심 아이디어를 '불편을 편리로 바꾸는 발명, 개발, 발견은 사람들의 생활 방식을 변화시킨다' 라고 설정했다.

〈표 4-1〉 '세계가 돌아가는 방식' 탐구 단원의 개요

초학문적 주제 (transdisciplinary themes)	세계가 돌아가는 방식 (How the world works)
중심 아이디어 (central idea)	불편을 편리로 바꾸는 발명, 개발, 발견은 사람들의 생활 방식을 변화시킨다
주요 개념(명시된 개념) [key concepts(specified concepts)]	변화(change), 관점(perspective), 기능(function)
탐구 주제 목록 (Lines Of Inquiry: LOI)	• 발명, 발견, 개발에 의한 생활 방식의 변화 (변화) • 과학 기술 진보에 대한 다양한 관점(관점) • 사회 변화에 기여하는 발명의 실천(기능)
관련 개념(추가 개념) [related concepts(additional concepts)]	발명, 발견, 개발, 생활 방식
학습 접근 방법 (Approaches To Learning: ATL)	• 조사 기능(research skills) • 의사소통 기능(communication skills) • 대인 관계 기능(social skills)
IB 학습자상 (IB learner profile)	• 소통하는 사람(communicators) • 원칙을 지키는 사람(principled) • 생각하는 사람(thinkers)

02 동기유발

동기유발(provocation)은 탐구 단원의 본격적인 탐구가 시작되기 전, 학생들과 탐구 주제를 확인하고 탐구 방향을 설정하는 활동을 말한다. '세계가 돌아가는 방식'의 중심 아이디어는 '불편을 편리로 바꾸는 발명, 개발, 발견은 사람들의 생활 방식을 변화시킨다'이다. 중심 아이디어의 초점은 발명, 개발, 발견 등이 우리 생활 방식을 '변화'시킨다는 점이다. 그래서 이번 동기유발은 학생들의 머릿속에 '발명이나 발견, 개발은 무엇을 변화시키지?' 하는 핵심 질문을 품게 해야 한다.

주요 학습 활동	• 예술 작품 분류하기로 탐구 질문 만들기 • 주요 개념 만다라트로 탐구 단원 설계하기 • 탐구 단원 탐구 준비하기

▌예술 작품 분류하기로 탐구 질문 만들기

본격적인 동기유발에 대해 설명하기 전에 저자가 구성하여 실천했던 스탠드 얼론(stand alone)[1]에 대해 잠시 살펴보자. 저자가 진행했던 스탠드 얼론은 현대 미술에 대한 탐구였다. 몬드리안, 모네, 쿠사마 야요이,

탐구를 위한 TIP

1 스탠드 얼론은 IB 월드 스쿨에서 실시하는 탐구 단원 외의 탐구 수업을 말한다. 초학문적 주제를 담진 않지만 개념 기반으로 수업해야 한다는 점은 변함이 없다. 공교육 속 IB PYP 교육은 탐구 단원에 담지 못한 성취 기준들을 주로 스탠드 얼론으로 구성하여 실시한다.

피카소, 칸딘스키, 프리다 칼로, 샤갈의 작품에 대해 살펴보고 이 예술가들의 스타일에 따라 작품을 만들어 봄으로써 그들의 작품 세계를 이해하고자 했다. 그리고 학생들은 스탠드 얼론의 중심 아이디어인 '위대한 예술가는 자신의 방식으로 예술의 관점을 변화시킨다'를 구성하고 이해했다.

이제 동기유발 탐구 과정을 소개하겠다. 학생들에게 탐구 단원의 시작을 알리고 '세계가 돌아가는 방식'이라는 초학문적 주제를 탐구한다는 점도 말했다. 다만, 어떤 소재를 탐구하는지는 말하지 않았다. 동기유발 수업을 통해 학생들이 탐구 단원의 소재를 찾도록 하기 위해서이다.

이제 동기유발 탐구로 들어가 보자. 교사는 학생들에게 탐구 자료를 제공한다. 탐구 자료는 여러 예술 작품의 사진을 크게 제시하고 아래에는 작품 제목과 작가의 이름, 작품이 만들어진 연도를 적은 학습지이다.

학생들에게 제공한 예술 작품은 다음과 같다.

- 피카소의 〈우는 여인〉(1937)
- 앙리 마티스의 〈라 제르브〉(1953)
- 쿠사마 야요이의 〈호박〉(1994)
- 루벤스의 〈마리 드 메디치의 생애〉 연작 중 일부(1525)
- 렘브란트의 〈데이만 박사의 해부학 강의〉(1656)
- 프랑수아 부셰의 〈마담 퐁파두르〉(1756)
- 밀레의 〈이삭 줍기〉(1857)
- 칸딘스키의 〈구성Ⅷ〉(1923)
- 모네의 〈수련〉(1904)
- 몬드리안의 〈빨강, 노랑, 파랑, 검정이 있는 구성〉(1921)

교사는 학생들에게 이 예술 작품들을 분류하게 한다. 모둠별로 분류 기준을 정하고 기준에 따라 분류하는 것이다. 모둠별로 서로 다른 분류 기준과 결과가 나왔고, 학생들의 분류 결과는 싱킹 맵(thinking maps)의 한 종류인 트리 맵(tree map)[2]으로 정리했다. 저자의 반에는 세 모둠이 있다. 각 모둠의 분류 기준과 결과를 살펴보자.

첫 번째 모둠의 분류 기준은 수업 시간에 배운 예술 작품과 배우지 않은 예술 작품이다. 여기서 배웠다는 것은 스탠드 얼론으로 배운 내용을 말한다. 학생들은 몬드리안, 모네, 칸딘스키, 쿠사마 야요이, 마티스, 피카소의 작품은 스탠드 얼론으로 배운 작품으로, 나머지는 배우지 않은 작품으로 분류했다.

두 번째 모둠의 분류 기준은 1900년 이전 작품과 1900년 이후 작품이다. 분류 기준을 작품이 만들어진 시기로 정했는데, 그 기준이 1900년인 것이다. 학생들은 루벤스, 렘브란트, 프랑수아 부셰, 밀레의 작품은 1900년 이전 작품으로, 그 외 예술가의 작품은 1900년 이후 작품으로 나누었다.

세 번째 모둠은 보이는 그대로 그린 그림과 자신만의 방식으로 그린 그림으로 분류 기준을 세웠다. 이 분류 기준은 스탠드 얼론의 영향이 크다. 현대 미술을 주제로 한 스탠드 얼론에서 학생들이 탐구했던 다양한 예술가가 추구하는 자신만의 방식에 따라 예술 작품을 만들었기 때문이다. 학생들은 보이는 그대로를 그린 그림으로 루벤스, 렘브란트, 프랑

탐구를 위한 TIP

2 싱킹 맵은 학생들의 사고를 가시적으로 드러내는 탐구 전략이다. 학습 접근 방법 중 사고 기능과 관련이 깊다. 싱킹 맵은 다양한 방식이 있는데, 그중 트리 맵은 대상을 어떤 기준으로 분류한 결과를 담는 싱킹 맵이다.

수아 부세, 밀레 작품을 꼽았다. 그리고 나머지 작품은 예술가들이 자신만의 방식으로 그린 그림으로 분류했다. 이때 학생들은 큰 논쟁에 빠졌다. 모네의 작품은 있는 그대로 그린 그림인가, 자신만의 방법으로 그린 그림인가? 모둠 내에 학생들은 두 입장으로 나뉘어 논쟁을 벌였다. 먼저, '보이는 그대로 그린 그림이다'라는 주장부터 살펴보자. 예술가 자신만의 방식으로 그린 그림들은 형태를 전혀 알기 힘든 작품이 많다. 몬드리안의 작품을 보면서 표현한 대상을 특정할 수 있을까? 전혀 할 수 없다. 그런데 모네는 작품에서 호수와 수련을 그렸다는 것이 명확하다. 그러니 모네의 작품은 있는 그대로 그린 작품이란 것이다. 반대의 주장도 살펴보자. 모네는 빛의 화가라고 불리며 빛이 만드는 순간의 인상을 그렸다. 빛이 주는 인상은 있는 그대로가 아니며 현상을 왜곡할 수 있으므로 모네의 작품은 자신만의 방식으로 그린 그림이라고 주장했다.

솔직히 둘 다 일리 있는 말이다. 앞선 정도의 차이일 뿐 모든 화가는 자신만의 방식을 가지고 예술 작품을 만든다. 보이는 대로 그린 그림도 사실은 화가의 예술에 대한 철학을 프레임 삼아서 보이는 것을 변형한

[그림 4-1] 예술 작품 분류 결과

자신만의 인식을 그리는 것이다. 모네는 자신만의 방식이 보이는 그대로의 모습에서 크게 벗어나는 방식이 아닐 뿐이다. 논쟁의 결과는 모네의 작품을 있는 그대로의 그림과 예술가 자신만의 방법으로 그린 그림 사이에 두기로 하는 것으로 마무리되었다.

학생들의 예술 작품 분류가 끝나면 이제 교사가 예술 작품을 배치한다. 저자는 세 모둠의 분류 중 두 번째 모둠의 분류 기준을 그대로 따르기로 했다. 1900년 기준으로 이전 작품과 이후 작품으로 나눈 것이다. 다만, 1900년 기준으로 분류하고 난 뒤 1900년 이전과 이후 작품들을 둘 때는 작품이 완성된 연도의 순서대로 작품을 나열했다.

1900년 이전 작품	• 루벤스의 〈마리 드 메디치의 생애〉 연작 중 일부(1525) • 렘브란트의 〈데이만 박사의 해부학 강의〉(1656) • 프랑수아 부셰의 〈마담 퐁파두르〉(1756) • 밀레의 〈이삭 줍기〉(1857)
1900년 이후 작품	• 모네의 〈수련〉(1904) • 칸딘스키의 〈구성Ⅷ〉(1923) • 피카소의 〈우는 여인〉(1937) • 앙리 마티스의 〈라 제르브〉(1953) • 쿠사마 야요이의 〈호박〉(1994)

다른 모둠이 '어?' 하는 반응을 보인다. 왜냐하면 다른 모둠의 분류 결과와 같기 때문이다. 세 번째 모둠의 분류 기준과 결과를 한 번 더 조명해 보자. 세 번째 모둠은 있는 그대로 그린 작품과 예술가만의 방법으로 그린 작품으로 나누었는데, 정리하면 다음의 표와 같다.

결론적으로, 1900년을 기준으로 그 이전 작품들은 보이는 그대로 그린 작품이고 1900년 이후 작품은 예술가만의 방법으로 그린 작품인 것이다. 1900년을 기준으로 보이는 그대로 그리던 예술 작품이 예술가 자

있는 그대로 그린 작품	• 루벤스의 〈마리 드 메디치의 생애〉 연작 중 일부(1525) • 렘브란트의 〈데이만 박사의 해부학 강의〉(1656) • 프랑수아 부셰의 〈마담 퐁파두르〉(1756) • 밀레의 〈이삭줍기〉(1857)
예술가만의 방법으로 그린 작품	• 모네의 〈수련〉(1904) • 칸딘스키의 〈구성Ⅷ〉(1923) • 피카소의 〈우는 여인〉(1937) • 앙리 마티스의 〈La gerbe〉(1953) • 쿠사마 야요이의 〈호박〉(1994)

신만의 방식으로 그린 작품으로 바뀐 것이다. 모네의 작품은 시기적으로나 표현적인 면에서나 그 사이에 끼어 있었다. 그럼 학생들은 바로 이런 질문을 던진다. '1900년에 무슨 일이 있었기에 예술을 표현하는 방식이 바뀌었을까?'

학생들은 이리저리 가설을 던져 본다. '제1, 2차 세계대전이 1900년 이후이니 그 때문이 아닐까?' '보이는 대로 그리려면 그림을 의뢰해야 하는데 그 정도의 돈이 있는 사람들이 1900년 이후엔 없어졌을까?' 점차 문제 해결이 미궁에 빠질 때쯤 저자가 힌트를 던졌다. 특히 학생들이

[그림 4-2] 예술 작품을 시기 순서대로 나열한 결과

1900년 이후 예술가만의 방식으로 그린 그림에만 집중하고 있어 던진 힌트이기도 하다. '왜 1900년 이전에는 굳이 있는 그대로 그렸을까? 그래야만 하는 이유가 있지 않을까?' 학생들은 '그림으로 기록'했다는 생각에 도달했다. 이제야 여기저기에서 알겠다는 말이 나온다. 저자는 학생들이 각자의 생각을 공책에 적어 오도록 했다.

학생들은 공책에 "사진기의 발명 때문입니다."라고 적었다. 그렇다. 1800년대 중반부터 1900대 초반까지 이어진 사진기의 발명과 개발 때문에 그림으로 '기록'할 필요가 없어졌다. 그래서 예술은 보이는 대로의 그림 그리기 방식에서 예술가 자신만의 독특한 표현 방법에 초점을 맞춘 것이다. 학생들은 이 동기유발 활동을 통해 다음과 같은 이해에 도달했다.

"사진기의 발명은 예술을 변화시킨다."

▌주요 개념 만다라트로 탐구 단원 설계하기

이제 학생들은 탐구 주제를 말할 수 있다. 이번 탐구 단원의 주제는 '발명'이다. 저자는 학생들에게 '발명'에 대한 질문을 만들도록 했다. 이번 동기유발의 효과가 있었는지 상당수 학생이 '발명은 무엇을 변화시켰는가?'라는 질문을 던졌다. 물론 '발명이란 무엇일까?' '발명은 어떻게 하는 걸까?'라는 발명 자체에 대한 질문도 있었다. 또 '발명이란 모두 긍정적이기만 할까?'라는 다소 철학적인 질문도 빠지지 않았다.

이 질문들을 모아 '주요 개념 만다라트'[3] 활동을 했다. 주요 개념 만다라트는 학생들의 질문으로 탐구 단원의 학습 목표와 탐구 주제 목록을 구성하는 활동이다. 이 활동은 탐구가 질문으로 시작된다는 점, 각 탐구 단원의 탐구 주제 목록은 주요 개념[key concepts; 명시된 개념(specified concepts)]과 하나씩 연결된다는 점, 탐구 단원의 학습 목표는 학생들의 질문으로 만들며 탐구 주제 목록과 관련짓는다는 저자의 탐구 단원 구성의 특징을 잘 살릴 수 있다.

주요 개념 만다라트 활동을 통해 이번 탐구 단원의 설계 과정을 살펴보자. 먼저, 학생들에게 만다라트를 보여 주었다. 만다라트 중앙에는 이번 탐구 단원의 탐구 주제인 '발명'이 적혀 있다. 발명 주변에는 주요 개념인 '형태' '기능' '연결성' '인과 관계' '변화' '관점' '책임'과 '?(이하 자유)'가 적혀 있다. 각 주요 개념과 자유는 다시 작은 만다라트를 가진다. 주요 개념 만다라트의 생김새는 백 번 설명하는 것보다 [그림 4-3]을 참고하면 이해가 쉬울 것 같다.

학생들은 이미 써 둔 '발명'에 대한 질문을 주요 개념과 자유의 빈칸에 붙인다. 자기의 질문이 발명의 의미, 특징, 종류와 관련되었다면 '형태' 만다르트 부분에 붙인다. 자기 질문이 발명의 역할, 원리 등과 관련 있다면 '기능' 만다라트 부분에 붙인다. 혹은 발명과 연결된 무언가에 대한 질문이라면 '연결성', 발명의 변화와 관련된 질문이라면 '변화', 발명의 원인에 대한 질문이라면 '인과 관계', 관점에 대한 질문은 '관점', 발명에 대해 각자가 해야 할 일에 대한 질문은 '책임' 만다라트에 붙인다. 주요 개념과 관련 없는 질문들은 '자유'에 붙인다.[4]

탐구를 위한 TIP

3 주요 개념 만다라트는 학생들의 질문을 IB PYP의 주요 개념과 연결 지어 탐구 주제 목록과 학습 목표를 구성하는 전략이다. 이 전략을 통해 탐구 단원 구성에 영향을 준 질문 외의 다른 질문들은 탐구 단원 운영 틈틈이 개별 탐구를 통해 답을 찾아 간다. 다만 개별 탐구 사례는 이 책에서 굳이 소개하지 않는다.
4 [그림 4-3]의 주요 개념 중 '연결'과 '원인'은 2023년 IBO가 IB의 한글화 결과를 내놓으며 각각 '연결성'과 '인과관계'로 바뀌었다.

앞서 학생들의 질문들이 각각 어떤 주요 개념에 붙여졌는지 살펴보자. '발명은 무엇을 변화시켰는가?'라는 질문은 주요 개념, '변화' 만다라트에 붙였다. '발명은 어떤 역할을 할까?'라는 질문은 '기능' 만다라트에, '발명이란 모두 긍정적이기만 할까?'는 '관점' 만다라트에 붙였다.

[그림 4-3]을 살펴보자. 학생들의 질문은 변화와 인과관계, 기능, 관점, 자유에 많이 모였다. 이 중 저자는 변화와 관점, 기능의 질문들을 가져와 학습 목표(learning goal)와 탐구 주제 목록(Line Of Inquiry: LOI)을 다음과 같이 구성했다.

[그림 4-3] 주요 개념 만다라트 활동 결과

〈표 4-2〉 학습 목표 내용과 관련 탐구 주제 목록

학습 목표 순서	학습 목표 내용	관련 탐구 주제 목록
학습 목표 1	우리는 발명, 발견, 개발과 사람들의 생활 방식의 개념을 구성하고 이해할 수 있다.	발명, 발견, 개발에 의한 생활 방식의 변화(변화)
학습 목표 2	우리는 발명, 발견, 개발이 사람들의 생활 방식에 어떤 변화를 가져오는지 이해할 수 있다.	
학습 목표 3	우리는 인간의 관점이 발명, 발견, 개발에 주는 영향을 사례를 통해 설명할 수 있다.	과학 기술 진보에 대한 다양한 관점(관점)
학습 목표 4	우리는 사람들의 생활 방식을 긍정적으로 변화시키는 독창적인 발명품을 제작할 수 있다.	사회 변화에 기여하는 발명의 실천(기능)

학생들은 탐구 주제 목록을 하나씩 끝낼 때마다 스스로의 탐구를 성찰하여 각 탐구 주제 목록과 관련된 학습 목표에 잘 도달했는지를 평가했다. 학습 목표는 학생들에게 탐구 가이드이자 성찰의 기준으로 활용되었다.

▌탐구 단원 탐구 준비하기

탐구 단원에 대한 본격적인 탐구를 진행하기 전, 탐구를 준비하는 시간을 가졌다. 저자의 탐구 단원 준비를 살펴보자. 첫 번째에서 세 번째까지의 탐구 단원 준비는 이전 탐구 단원 사례인 '우리 자신을 조직하는 방식'과 같으므로 간단하게 적어 둔다.

첫 번째 준비는 학생들에게 이번 탐구 단원의 IB PYP 수업 요소를 알려 주는 것이다. '우리 자신을 조직하는 방식' 탐구 단원 때처럼 버블맵으로 이번 탐구 단원의 IB 요소를 적어 게시한다.

두 번째 준비는 도서 구비이다. 이번 탐구 단원의 관련 개념[related concepts; 추가 개념(additional concepts)]과 관련된 도서들을 교실 한쪽에 북 세션이란 코너로 전시해 둔다.

세 번째 준비는 학습 접근 방법 평가지이다. 저자는 '세계가 돌아가는 방식' 탐구 단원의 학습 접근 방법, 관련 하위 기능과 하위 기능의 도달을 입증하는 행동들을 문장으로 만들어 학습 접근 방법 평가지를 만들었다.

학습 접근 방법에 대한 준비는 평가지 배부 말고 더 있다. 이 부분을 이번 탐구 단원 탐구 준비하기에서 초점을 맞추고 이야기해 보고자 한다. 이번 탐구 단원의 학습 접근 방법 중에서는 사고 기능(thinking skills)이 있다. 특히 이 사고 기능의 하위 기능인 분석하기 기능은 탐구 단원 전반에 활용할 기능이다. 따라서 탐구 단원 준비 단계에서 학생들이 미리 사고 기능 – 분석하기에 대해 알았으면 했다.

분석하기의 의미를 저자가 학생들에게 직접적으로 알려 주면 교육적으로 큰 의미가 없다. 특정 교과의 성취 기준들을 활용하면 교육적 의미도 얻을 수 있고 수업 시수도 많이 아낄 수 있다. 사고 기능의 분석하기 기능을 가르칠 교과와 단원은 6학년 1학기 과학 교과의 '식물의 구조와 기능' 단원이다. 해당 단원 자체가 식물을 분석적으로 탐구하도록 유도하기 때문이다.

학생들에게 식물 그림이 있는 학습지를 나누어 준다. 그리고 6학년 1학기 과학 교과의 식물 '식물의 구조와 기능' 단원의 목차를 훑어보게 한다. 저자는 학생들에게 해당 단원의 목차에서 찾을 수 있는 식물의 부분들을 적도록 한다. 학생들은 뿌리, 줄기, 잎, 꽃 등을 찾아 학습지에 적는다. 교과서마다 내용의 차이가 좀 있긴 하지만 대부분 6학년 과학 교과서에는 식물을 뿌리, 줄기, 잎, 꽃으로 나누어 탐구하도록 되어 있다.

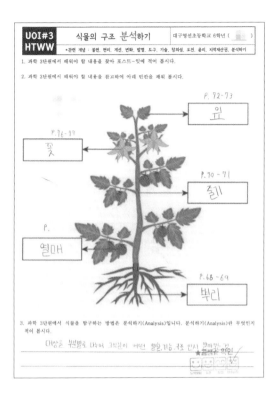

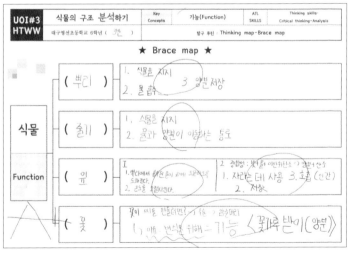

[그림 4-4] 식물의 구조 분석하기 활동 결과

저자는 학생들에게 식물을 뿌리 모둠, 줄기 모둠, 잎 모둠, 꽃 모둠으로 나누고 각 모둠별로 각 식물의 부분을 맡아 탐구하게 했다. 수업의 주요 개념을 '기능'으로 삼아 탐구의 초점을 '식물 각 부분들의 기능'에 두었다. 모둠별로 탐구가 끝나면 갤러리 워크로 탐구 결과를 공유했다. 그리고 학생 개인별로 식물 부분별 기능을 정리하도록 했다. 저자는 학생들에게 싱킹 맵 중 하나인 브레이스 맵(brace map)[5]이 담긴 학습지를 제공하여 탐구 결과를 정리하는 것을 돕고 이야기를 나누었다.

"식물이라는 탐구 대상을 뿌리, 줄기, 잎, 꽃으로 나누어 탐구했지요. 이런 탐구 과정을 분석하기라고 한답니다. 분석하기란 무엇인지 적어 볼까요?"

학생들은 분석하기를 '한 탐구 대상을 기준에 따라 부분으로 나누어 살펴보는 탐구 과정'으로 정리했다. 저자는 사고 기능을 하는 분석하기를 이번 탐구 단원에 이용할 것임을 이야기하고 이에 대해 알아보는 과정을 마무리했다.

탐구를 위한 TIP

5 싱킹 맵는 학생들의 사고 과정과 결과를 간단한 그림으로 드러내는 탐구 전략이다. 싱킹 맵는 그 목적에 따라 다양한 형태가 있는데, 브레이스 맵은 탐구 대상을 분석적으로 탐구할 수 있도록 돕는 싱킹 맵이다.

탐구 주제 목록 ①
발명, 발견, 개발에 의한 생활 방식의 변화(변화)

주요 학습 활동	• 발명, 개발, 발견과 생활 방식 개념 구성하기
	• 중심 아이디어 구성하기
	• 성찰을 위한 에세이 쓰기

첫 번째 탐구 주제 목록부터 중심 아이디어를 구성한다. 저자는 탐구 단원을 운영할 때 으레 탐구 단원의 중·후반, 실천을 하기 전에 중심 아이디어를 구성한다. 탐구 주제 목록으로 따지면 중심 아이디어를 구성하는 탐구 주제 목록은 두 번째 부분이다. 하지만 이번 탐구 단원은 유독 첫 번째 탐구 주제 목록부터 중심 아이디어를 구성했다. 두 번째 탐구 주제 목록은 '발명이란 모두 긍정적이기만 할까?'라는 학생들의 질문을 해결하는 시간으로 남겨 두고 싶었기 때문이다.

다만, 첫 번째 탐구 주제 단원에서 중심 아이디어 구성까지 하려면 이번 탐구 단원의 관련 개념(related concepts) 구성을 먼저 해야 한다. 중심 아이디어는 관련 개념들의 관계를 서술한 문장이기 때문이다. 이번 수업에서 구성한 관련 개념은 발명, 개발, 발견 그리고 생활 방식이다.

▌ 발명, 개발, 발견과 생활 방식 개념 구성하기

발명과 발견, 개발에 대한 개념 구성에 있어 첫 번째 활동은 과학 교과서를 활용했다. 초등학교 과학 교과서에는 으레 단원별로 배운 과학적 원리가 실생활에 사용되는 사례를 담아 둔다. 이 '실생활에서 사용되는 사례'는 과학의 원리를 활용한 발명이나 개발을 말한다. 저자는 학생들에게 학습지를 나눠 주고 과학 각 단원에 담긴 발명이나 개발에 대해 적도록 했다. 예를 들어 보자. 6학년 과학 교과서를 살펴보면 볼록렌즈가 품고 있는 자연 원리를 활용하여 사진기를 만들었다는 내용이 있다. 학생들은 이 내용을 학습지에 정리함으로써 사진기의 발명에 볼록렌즈의 자연 현상과 볼록렌즈를 가공하는 기술을 썼다는 점을 이해했다. 이를 토대로 학생들은 발명의 개념을 '자연의 원리를 발견하여 활용하고 기존 기술을 이용해 새로운 물건을 만들어 내는 것'이라 구성했다. 학생들은 발명의 개념을 구성하며 발견의 개념도 함께 이해했다. 발명의 토대가 되는 자연의 원리를 찾는 것이 발견이다.

다음은 개발의 의미를 찾아야 한다. 그런데 개발의 의미는 조금 어렵기 때문에 한두 개의 사례로는 학생들이 이해하기 쉽지 않다. 학생들이

[그림 4-5] 발명, 개발, 발견의 프레이어 모델 활동 결과

개발의 의미를 이해할 수 있도록 학습지를 좀 더 활용했다.

학습지에는 발명, 발견, 개발의 사례들이 적혀 있다. 학생들은 이 사례 중 발명과 발견을 찾아 표시했다. 발명도 발견도 아닌 것은 표시하지 않는다. 학생들은 발명의 의미에도, 발견의 의미에도 맞지 않는 것을 모아 본다. 저자는 이 사례들을 '개발의 사례'라 말하고 학생들에게 개발의 의미를 정리하도록 했다. 학생들은 개발의 의미를 ① 소프트웨어나 앱, 사회적 시스템 등 물건이 아닌 대상을 만드는 것, ② 이미 발명된 제품을 개량하여 더 나아지게 만드는 것이라 정리했다.

이렇게 학생들은 발명, 발견, 개발의 개념을 이해했다. 하지만 저자는 여기서 끝내지 않고 학생들이 발명, 발견, 개발의 개념을 스스로 정리할 수 있도록 했다. 이때 활용한 탐구 전략은 프레이어 모델(frayer model)[6]이었다. 프레이어 모델은 개념을 탐구하거나 이해한 개념을 정리하기에 적합한 탐구 전략이다. 활용 방법은 간단하다. 종이 가운데에 탐구 대상을 쓰고 네 구역으로 나눈다. 각 구역마다 탐구 대상의 정의, 특징, 예, 예가 아닌 것을 쓴다. 학생들은 발명, 개발, 발견 각각의 정의, 특징, 예, 예가 아닌 것을 쓰며 이해한 개념을 정리했다.

다음으로 학생들이 이해할 개념은 사람들의 '생활 방식'이다. 생활 방식 개념 구성은 먼저 저자가 생활 방식의 정의를 알려 주고 학생들이 정의에 합당한 예를 찾도록 했다. 저자는 생활 방식을 '사람들이 살아가는 다양한 부분에 대한 방법'이라고 정의했다. 학생들은 이 정의를 바탕으

탐구를 위한 TIP

6 프레이어 모델은 개념을 이해하는 데 적합한 탐구 전략이다. 저자는 여러 활동을 통해 개념을 구성하고 이를 정리하는 과정에서 프레이어 모델을 활용했지만 상당수의 교사는 학생들이 대상의 개념을 구성하는 과정에서 프레이어 모델을 사용한다.

로 사람들의 생활 방식을 사례로 모았다. 학생들이 모은 생활 방식에는 음악을 듣는 방식, 놀이 방식, 전쟁 방식, 잠자는 방식, 등교 방식, 공부하는 방식, 돈 버는 방식이 있었고 심지어 산업 구조와 주식 투자 등도 있었다.

▌중심 아이디어 구성하기

이제 본격적으로 중심 아이디어 구성 수업이다. 그전에 독자들에게 알려 줄 것이 있다. '세계가 돌아가는 방식' 탐구 단원의 중심 아이디어를 구성하는 이번 수업이 대외 공개 수업이었다는 것이다. 이 수업이 대외 공개 수업이었다는 사실을 모르고 글을 읽다 보면 선뜻 이해하기 어려운 부분들이 있기에 미리 밝혀 둔다.

대외 공개 수업을 해 본 교사들이 으레 난감함을 겪는 순간이 있다. 바로 수업 시작 전의 공백이다. 외부 공개 수업을 하면 참관 교사들을 위해 이전 수업 시간과의 틈을 길게 둔다. 다시 말해, 평소엔 쉬는 시간이 10분이라면 공개 수업 때는 20~30분씩 확보한다. 외부 교사들이 각자 자신의 수업이 끝나고 나서야 공개 수업을 보러 오기 때문에 그 이동 시간을 배려하는 것이다. 이 20~30분에 공개 수업을 하는 교사들이 난감해한다. '이때 무엇을 하지?' 학생들더러 그냥 쉬라고 하기에는 너무 시간이 길고, 뭔가를 하기에는 촉박한 시간이다. 이때 교사들에게 권해 줄 만한 탐구 전략이 있다. 바로 '퀴즈, 퀴즈, 트레이드(quiz, quiz, trade)'이다.

퀴즈, 퀴즈, 트레이드[7]는 이미 배운 내용을 확인하고 다지는 탐구 전략이다. 탐구 전략 과정을 살펴보자. 먼저, 학생들마다 이번 탐구 단원에서 지금껏 배운 내용을 바탕으로 퀴즈를 만든다. 되도록 단답형 문제로 만드는 것이 좋으며, 반드시 종이에 문제와 답을 함께 써 두어야 한다. 이 종이를 '퀴즈 종이'라 부르자. 학생들은 퀴즈 종이를 들고 다른 친구들을 찾아 나선다. 1:1로 친구를 만나 서로 문제를 낸다. 서로의 문제를 풀어 보고 맞건 틀리건 퀴즈 종이를 맞바꾼다. 물론 친구가 자신이 낸 문제를 틀리면 정답을 알려 주어야 한다. 학생들은 바꾼 퀴즈 문제를 들고 또 다른 친구를 찾아간다. 퀴즈 종이는 돌고 돈다. 이 과정을 수행하다 보면 학생들은 다양한 문제를 접하고 잘 몰랐거나 헷갈렸던 지식을 바로 알게 된다. 더불어 앞서 말했던 20~30분의 난감한 시간도 순식간에 사라진다.

이제 본격적인 수업 모습을 살펴보자. 수업이 시작되고 저자는 학생들에게 지난 탐구 내용을 상기하고 이번 수업의 탐구 목표와 평가 기준, 탐구 방향과 탐구 대상, 학습 접근 방법을 안내했다.

먼저, 지난 탐구 내용을 상기했다. 발명, 발견, 개발과 생활 모습에 대한 개념 구성이 지난 시간 탐구 내용이었다. 이번 수업이 중심 아이디어를 구성하는 수업이고 중심 아이디어는 개념과 개념의 관계를 서술한 문장이므로 지난 탐구에 대한 상기는 이번 수업을 위해 꼭 필요한 과정이었다.

그 다음으로 탐구 목표를 학생들과 이야기한다. 우리 학교의 학생들은 개념 기반 탐구의 흐름으로써 탐구 단원을 오랫동안 경험했기에 관련 개념이 구성된 후에 진행하는 다음 수업의 목표가 중심 아이디어 구

탐구를 위한 TIP

7 퀴즈, 퀴즈, 트레이드는 지식을 알고 다지는 탐구 전략이다. IB PYP 수업이 개념에 대한, 개념을 통한 탐구를 지향하지만 학생들이 지식을 알고 다지는 것도 소홀히 하지 않기에 이런 류의 전략도 많이 쓴다.

성이란 점을 쉽게 알아챘다. 평가 기준은 탐구 목표와 연동된다. 탐구 목표가 중심 아이디어 구성인 만큼 평가 기준 역시도 '이번 탐구 단원의 중심 아이디어를 구성할 수 있는가?'로 설정했다.

탐구 방향은 당연히 중심 아이디어 구성을 향한 탐구지만, 저자가 주요 개념을 정하여 탐구 방향을 더 정교화해 주는 것도 잊지 않았다. 이번 주요 개념은 변화이다. 학생들은 탐구 자료들을 변화의 개념적 렌즈로 탐구하며 중심 아이디어를 구성했다.

탐구 대상에 대해 이야기하려면 본 수업 전날을 언급해야 한다. 저자는 탐구 단원을 수업할 때 그 전날 학생들의 탐구 대상을 정하기 때문이다. 이는 학생들의 주도성을 보장하면서도 교사의 자료 수합, 제작, 정선의 시간을 확보하기 위해서이다. 이번 수업 전날, 저자는 이번 수업에서 생활 방식을 탐구할 것이라고 학생들에게 말했다. 그리고 학생들이 모둠별로 많은 생활 방식 중 하나씩 선택할 수 있도록 했다. 학생들은 모둠별로 산업 구조, 놀이 방식, 일하는 방식을 탐구 대상으로 선정했다. 저자는 학생들이 하교한 오후에 학생들이 선택한 탐구 대상에 맞는 자료를 찾거나 만들었다.

이제 다시 본 수업 장면으로 돌아오자. 학생들에게 탐구 대상을 상기시키고 주요 개념과 연결하여 모둠별 탐구 방향을 '산업의 구조, 놀이 방식, 일하는 방식에 대해 탐구하고 그 변화를 찾도록 합니다.'라고 다시 한번 안내했다.

마지막으로 학습 접근 방법도 정했다. 이번 수업의 학습 접근 방법은 조사 기술이며 하위 기술은 정보 문해력이다. 조사 기술—정보 문해력을 기르기 위해서 학생들은 이번 수업에서 여러 가지 정보를 표나 그래프, 싱킹 맵 등 다양한 방법으로 표현했다. 또한 탐구를 통해 알게 된 정보를 해석해서 중심 아이디어를 도출할 수 있도록 했다.

이제 본 수업의 탐구 과정을 소개한다. 학생들은 모둠 단위로 탐구했기에 탐구 과정도 모둠별로 소개한다. 첫 번째 소개할 모둠은 '일하는 방식의 변화'를 탐구하는 모둠이다. 해당 모둠은 저자로부터 과거 일하는 방식과 최근 일하는 방식이 담긴 이미지를 받았다. 이 두 사진을 살펴보고 비교해 봄으로써 일하는 방식의 변화를 찾아내는 것이다.

과거 일하는 방식을 담은 사진과 최근 일하는 방식 사진을 살펴보는 데는 '보이는 것-생각나는 것-궁금한 것(see-think-wonder)' 탐구 전략을 활용했다. 보이는 것(see), 생각나는 것(think), 궁금한 것(wonder) 중 이번 탐구에서는 보이는 것에 집중하도록 했다. 보이는 것은 과거 일하는 방식과 현재 일하는 방식을 비교할 요소로 활용하기에 적절하기 때문이다. 학생들은 과거 일하는 방식에서 '많은 서류가 보인다' '각자의 책상이 있다' '많은 서랍이 있다' 등을 적었다. 현재 일하는 방식에서는 '스마트폰이 있다' '노트북이 있다' '한 책상에서 서로 이야기한다' 등을 썼다.

학생들이 본 내용을 기반으로 과거 일하는 방식과 현재 일하는 방식을 비교했다. 이때 썼던 탐구 전략은 싱킹 맵, 그중에서도 '더블 버블 맵(double bubble map)'[8]이다. 더블 버블 맵은 두 대상을 비교하는 사고 과정을 드러내는 싱킹 맵이다. 그런데 이 더블 버블 맵의 형태가 학생들에게 익숙하지는 않다. 그래서 저자는 우리가 통칭 벤 다이어그램이라 부르는 형태로 변형하여 사용했다.

일하는 방식의 과거와 현재를 사진으로 비교한 결과를 살펴보자. 두

탐구를 위한 TIP

8 싱킹 맵은 학생들의 사고 과정과 결과를 간단한 그림으로 드러내는 탐구 전략이다. 싱킹 맵은 그 목적에 따라 다양한 형태가 있는데 더블 버블 맵은 두 탐구 대상을 비교하는 것에 도움을 주는 싱킹 맵이다.

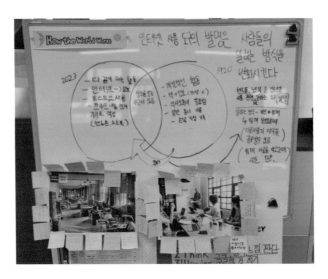

[그림 4-6] 일하는 방식 변화 탐구 결과

사진의 공통점은 '정보를 얻는 수단이 있다'는 것이다. 차이점은 이 수단의 구체적인 대상이다. 현재의 정보를 얻는 수단은 노트북, 스마트폰 등 인터넷을 쓸 수 있는 도구이다. 과거의 정보를 얻는 수단은 서류나 책이었다. 그렇다면 이 일하는 방식의 변화는 노트북, 스마트폰의 개발에 기인한다. 이 모둠은 이번 수업 탐구 과정을 통해 '노트북, 스마트폰 등 인터넷 사용 도구의 발명과 개발은 일하는 방식을 변화시킨다'는 결론에 도달했다.

다음 모둠은 '놀이 방식의 변화'에 대해 탐구한 모둠이다. 이 모둠은 이 수업이 대외 공개 수업이라는 점을 십분 활용했다. 대외 공개 수업에는 많은 선생님이 참관을 온다. 다양한 나이대, 다양한 경험을 하신 분이 오기 마련이다. 놀이 방식의 변화를 탐구한 모둠의 학생들은 이 사실을 활용해 참관하러 온 선생님들을 대상으로 설문 조사를 실시했다. 질문은 두 가지이다.

"선생님이 초등학교 6학년이었을 때 무엇을 하고 놀았나요?"

"선생님의 나이는 어떻게 되시나요?"

무엇을 하고 놀았냐는 질문은 놀이 방식을 알기 위한 질문이었다고 할 수 있지만 나이는 왜 물었을까? 설문 대상이 되는 선생님들의 나이를 알아야 설문 내용을 정리하고 놀이 방식의 변화를 찾을 수 있기 때문이다. 놀이 방식의 변화를 탐구하는 모둠의 학생은 총 다섯 명인데, 이들은 각자 포스트잇과 연필을 들고 참관하러 온 선생님들에게 다가갔다. 그리고 앞선 두 질문을 하고 답변을 포스트잇에 적은 뒤 나이대별로 포스트잇을 분류했다. 물론 설문은 우리 반 학생들에게도 했다. 변화를 확인하려면 초등학교 6학년의 과거 놀이도 알아야 하지만, 오늘날 6학년의 놀이도 알아야 하기 때문이다. 학생들이 참관을 온 선생님을 설문하는 동안 저자는 이 설문의 결과를 대강 예측할 수 있었다. 학생들이 특정 나이대의 선생님과 설문이 길어지는 것을 보고 예측은 확신이 되어 갔다.

모둠의 학생들이 설문한 내용을 정리한 표를 보자([그림 4-7] 참조). 표에서 50대는 자치기, 공기놀이, 말타기 등 몸을 쓰는 놀이들을 많이 했다고 적혀 있다. 40대도 크게 다르지 않지만 팽이치기와 같이 간단한 도구를 활용한 놀이가 등장한다. 핵심은 30대이다. 30대들의 13세 때 놀이는 몸으로 하는 놀이나 간단한 도구를 활용하는 놀이가 아니다. 이때부터 '스타크래프트'가 등장한다. 저자가 예상한 설문 결과가 바로 이것이다. 30대들의 초등학교 6학년 시절은 스타크래프트 열풍이 시작되던 시기이다. 학생들이 유독 30대 선생님들과의 설문에서 시간이 많이 소요된 까닭도 여기에 있다. 지금 초등학교 6학년인 학생들은 스타크래프트를 모르기 때문이다. 참관 선생님들은 친절하게 스타크래프트에 대해 설명해 주셨고, 학생들은 이때부터 컴퓨터 게임이 아이들의 놀이에 들

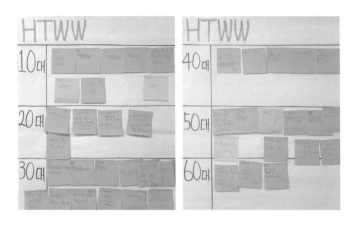

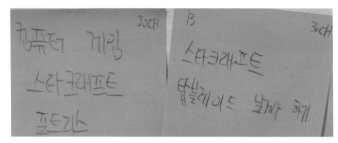

[그림 4-7] 놀이 방식 설문 결과

어왔다는 생각을 하게 되었다. 20대 참관 선생님들 대답에는 '싸이월드 미니홈피 꾸미기' '카트라이더' '메이플스토리' 등 온라인을 활용한 놀이가 대세를 이뤘다.

학생들은 놀이 방식에 대한 변화를 살펴보고 결정적인 변화의 시점을 찾을 수 있었다. 바로 30대, 간단한 도구로 놀던 초등학교 6학년은 30대가 초등학교 6학년이었던 시절 이후부터 스타크래프트로 대표되는 게임과 인터넷으로 놀게 되었던 것이다. 학생들은 자기 모둠의 탐구 결과를 '게임과 인터넷의 개발은 놀이 방식을 변화시켰다'라고 정리했다.

마지막 모둠이다. 이 모둠은 '산업 구조 변화'를 탐구하는 모둠이다.

저자는 이 모둠에게 1999년도부터 2021년도까지 미국 시가 총액 순위 데이터를 제시했다. 산업의 구조 변화는 기업들의 시가 총액과 그 기업들이 어떤 산업에 속해 있는지를 보면 그 추이가 파악되기 때문이다. 다만, 왜 하필 한국의 시가 총액이 아닌 미국의 시가 총액 순위 데이터를 들고 왔을까? 우리나라의 시가 총액 순위는 미국만큼 다이나믹한 변화가 없다. 특히 오랫동안 우리 산업에 반도체가 큰 영향력을 가지고 있었기에 시가 총액의 변화를 발명, 개발, 발견과 연관 짓기란 쉽지 않았다.

이 모둠의 학생들은 교사가 제시한 미국 시가 총액 순위 데이터를 그래프로 변환했다. 변화를 알고자 하는 그래프이기에 꺾은선 그래프를 그리기로 했다. 그 과정에서 미국 시가 총액 순위를 더 면밀히 살펴보고 변화의 흐름을 시각적으로 감지할 수 있는 것이다. 다음의 [그림 4-8]이 바로 데이터를 그래프로 변환한 결과이다.

제너럴 일렉트릭은 빨간색, 월마트는 주황색, 엑슨은 분홍색으로 표현했고, 애플은 초록색, 페이스북은 파란색, 아마존은 보라색으로 나타냈다. 다시 말해, 전기(제너럴 일렉트릭), 유통(월마트), 석유(엑슨)과 같

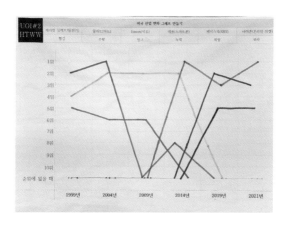

[그림 4-8] 산업 구조 변화 그래프

이 1999년도에 강세를 보였던 회사들은 붉은 계열로, 스마트폰(애플),
SNS(페이스북), 온라인 상점(아마존)과 같이 최근 강세를 보이는 회사들
은 초록색-파란색 계열로 표시했다.

이 모둠의 학생들은 꺾은선 그래프를 그리자마자 그래프 분석을 마
쳤다.

"제너럴 일렉트릭, 월마트, 엑슨 등은 시가 총액 순위가 2004년부터
떨어지고 애플, 페이스북, 아마존 등은 시가 총액 순위가 2009년부터
급격히 오르기 시작했어요. 그러니까 2009년도가 변화 시점이고 애플,
페이스북, 아마존 등이 변화를 이끌어 갔어요."

교사는 이때를 놓치지 않고 물었다.

"애플, 페이스북, 아마존은 어떤 공통점이 있어?"

"스마트폰이요. 이 회사들은 스마트폰을 만들거나, 스마트폰을 이용
한 앱을 개발하거나, 온라인 상점을 운영하거든요."

그렇다. 스마트폰과 관련된 회사들이 2009년부터 시가 총액 순위가
급등했고 이들이 종사하는 스마트폰, 앱, 온라인 산업들이 미국의 주류
산업으로 자리 잡았던 것이다. 저자는 여기서 한 걸음 더 나아갔다.

"그렇다면 애플, 페이스북, 아마존이 성장할 수 있었던 건 왜일까? 무
엇이 미국 회사의 시가 총액 순위를 변화시키고 주류 산업을 바꾸었을
까?"

"스마트폰의 발명이요."

당연히 그럴 것이다. 애플은 스마트폰을 만드는 회사고, 페이스북과
아마존은 스마트폰을 기반으로 수익을 창출하는 회사니까. 그런데 여
기서 중대한 문제가 생겼다. 미국의 산업이 2009년을 전후로 해서 큰
변화가 있었고 이 변화가 스마트폰 때문이라는 것은 결론이 아니라 가
설이다. 스마트폰이 2009년 이전에 발명되었음이 확인되어야 이 가설

은 비로소 결론이 된다. 학생들은 스마트폰의 발명 시기를 검색했다.

　개인적으로 인터넷 검색을 활용한 조사는 이런 상황에서 이루어져야 한다고 본다. 즉, 정확하고, 단순하며, 명확한 지식이나 데이터를 찾아야 하는 상황 말이다. 학생들에게 인터넷 검색으로 탐구 대상 전체를 조사하도록 해선 곤란하다. 이는 자칫 학생들을 탐구하는 사람으로 기르는 것이 아니라 베껴 쓰는 사람으로 성장시킬 수 있다. 학생의 탐구는 있는 그대로를 가져오는 것이 아니라 데이터를 찾아 분석하고 해석하는 과정이어야 한다. 따라서 데이터나 단편적인 지식 수집은 인터넷에 맡기되 이를 분석하고 해석하는 것은 오롯이 학생들의 몫으로 남겨야 한다.

　잠시 이야기가 다른 곳으로 샜다. 다시 탐구 장면으로 돌아가 보자. 학생들이 검색한 결과는 현재 우리가 인식하는 형태와 기능의 스마트폰은 2007년 애플이 개발했다는 것이다. 따라서 2009년 이전에 현재 개념의 스마트폰은 만들어져 있었던 것이다. 학생들의 가설은 이 간단한 검색으로 입증되었다.

　이 탐구를 통해 학생들은 배운 내용을 '스마트폰의 발명과 개발은 산업 구조를 변화시켰다'라고 스스로 정리했다.

　자, 이제 각 모둠의 탐구 결과를 합칠 때이다. 각 모둠별로 탐구한 결과, 즉 사진을 비교한 데이터, 설문 데이터, 산업에 대한 데이터를 해석한 결과들을 모았다.

- 노트북, 스마트폰의 발명과 개발은 일하는 방식을 변화시켰다.
- 게임과 인터넷의 개발은 놀이 방식을 변화시켰다.
- 스마트폰의 발명과 개발은 산업 구조를 변화시켰다.

이를 종합해 보니 게임과 인터넷, 노트북, 스마트폰은 발명이나 개발에 속한다. 발명과 개발은 발견에 기반하므로 앞선 문장 속 '발명이나 개발' 사이에 발견을 끼워 넣어도 된다. 일하는 방식, 놀이 방식, 산업 구조는 생활 방식에 속한다. 그러니까 발명, 개발, 발견은 생활 방식을 변화시키는 것이다. 이렇게 이번 탐구 단원에서 가장 중요한 중심 아이디어가 완성되었다.

"발명, 개발, 발견은 사람들의 생활 방식을 변화시킨다."

중심 아이디어를 구성할 때는 학생들이 각자 개별적으로 구성하도록 지도했다. 학생들의 사고 기회를 확보하기 위해서이다. 중심 아이디어 구성에 있어 몇몇 학생이 발표를 하고 주도하기 시작하면 나머지 학생들은 사고를 멈춘다. 옆에서 그냥 동의하는 척하면 되기 때문이다. 그래서 자료를 분석 및 해석하고 이를 종합하여 중심 아이디어로 도출해 내는 과정은 학생들 개개인이 생각할 수 있도록 했다.

▌성찰을 위한 에세이 쓰기

학생들에게 성찰을 위한 에세이를 쓰도록 지도했다. 교사가 에세이 질문을 만들어 주면 학생들이 그에 맞는 답을 서술하는 것이다. 저자가 낸 에세이 문제를 살펴보자.

① 발명, 개발, 발견의 정의를 적어 봅시다.

② ①의 결과를 입증하는 사례를 수업 중 자신이 탐구한 결과 중에서 골라 써 봅시다.

③ 중심 아이디어를 적어 봅시다.

④ 중심 아이디어를 입증하는 사례를 수업 중 자신이 탐구한 결과 중 한 가지를 써 봅시다.

학생들은 스스로의 탐구를 돌이켜 보고 에세이 문제의 답을 적어 나갔다. 물론 에세이는 오픈 북 형식으로, 학생들은 공책이나 탐구 자료를 참고해도 된다. 에세이를 쓰는 이유는 학생들이 자신의 탐구 과정과 결과를 성찰하고 자신의 '이해' 정도를 확인하는 것이지, 지식의 암기가 목적은 아니기 때문이다. 학생들은 오픈 북 형식을 통해 자신이 이해했던 내용을 돌이켜 보고, 그 이해를 에세이로 다시금 구성하는 것이다. 당연히 탐구에 성실하게 참여하지 않고 개념과 중심 아이디어를 완벽하게 이해하지 않은 학생들은 이 에세이를 제대로 쓰지 못한다.

그러한 까닭에서 이 에세이를 평가에 활용하기도 했다. 자신이 탐구한 근거에 따라 서술한 학생들의 에세이를 보며 학생들의 중심 아이디어에 대한 이해의 정도를 평가했다.

04 탐구 주제 목록 ②
과학 기술 진보에 대한 다양한 관점(관점)

주요 학습 활동	• 관점에 따라 달라지는 발명의 쓰임과 가치 • '줄다리기' 활동하기 • 자신의 주장을 담은 논설문 쓰기

'발명, 개발, 발견은 사람들의 생활 방식을 변화시킨다'라는 중심 아이디어를 학생들과 곱씹어 봤다. 그리고 동기유발 때 제시되었던 질문, '발명, 개발, 발견으로 인한 변화는 항상 긍정적이기만 할까?'라는 질문을 가져왔다. 학생들은 '그렇다'고 쉽게 말하지 못했다. 사례를 들어 설명하지는 못하지만 학생들도 발명, 개발, 발견이 만드는 변화가 꼭 긍정적이라 확신할 수는 없던 것이다. 이렇듯 이번 탐구 주제 목록의 탐구는 '별명, 개발, 발견으로 인한 변화는 긍정적이기만 할까?'라는 질문으로 시작했다.

▮ 관점에 따라 달라지는 발명의 쓰임과 가치

먼저, 발명이 발명하는 사람, 사용하는 사람의 관점에 따라 쓰임과 가치가 달라질 수 있다는 점을 학생들이 인식하게 하는 수업을 진행했다. 사람의 관점은 그 사람이 추구하는 삶의 가치에서 나온다. 그래서 6학년 1학기 국어 교과의 '인물의 삶을 찾아서' 단원 수업을 통해 삶의 가치에 대해 먼저 공부했다. 인물이 추구하는 삶의 가치란 어떤 것이 있는지, 왜 삶의 가치가 중요한지, 어떻게 인물이 추구하는 삶의 가치를 찾는지를 국어 수업을 통해 살펴본 것이다.

학생들은 인물이 추구하는 삶의 가치는 인물이 처한 상황에서 인물이 했던 말과 행동을 통해 알 수 있다는 것을 알았다. 이후 저자는 학생들에게 알프레드 노벨의 전기를 각색해서 나누어 주었다. 학생들은 국어 시간에 배운 내용을 활용해서 노벨이 추구하는 삶의 가치를 찾았다.

학생들은 노벨이 처한 상황에서 했던 행동과 말을 통해 추구하는 삶의 가치를 추측했다. 교사는 도전, 노력, 자주, 존중, 성찰, 변화 등 여러 가지 가치를 칠판에 제시해 준다. 학생들이 이런 가치를 말하지 못하겠나 싶지만 학생들 입장은 그렇지가 않다. 노벨이 어떤 상황에 처했는지도 알겠고, 어떤 말과 행동을 했는지도 알아냈고, 어떤 삶의 가치를 가졌는지도 추측되는데, 그 가치가 입 밖으로 나오지 않는다. 이게 학생들이 처한 현실적인 어려움이다. 그렇다면 학생들이 참고할 가치들을 교사가 칠판에 적어 주어야 한다. 학생들은 나열된 가치들을 보면서 자신의 앎과 추측 결과를 연결했고, 그제야 노벨이 추구하는 삶의 가치를 명료하게 말할 수 있었다.

참고로 나열된 가치들은 색깔별로 출처가 다르다. 노란색은 도덕 교육과정에서의 가치, 파란색은 도덕 교육과정의 가치 중 핵심가치, 초록색은 IB 학습자상과 관련된 가치, 분홍색은 교사가 직접 제시한 가치이다.

많은 학생은 노벨이 추구하는 가치를 평화, 안전, 생명 존중, 노력 등으로 꼽았다. 노벨이 안전한 공사를 위해 다이너마이트를 만든 것이나 다이너마이트가 전쟁에서 활용되지 않도록 노력한 점 등을 보고 이러한 결론을 내렸다. 정리해 보면 평화, 안전, 노력의 가치를 삶의 가치로 삼은 노벨은 다이너마이트를 사람들의 안전을 보장하는 발명품으로서 바라봤던 것이다.

다음으로는 노벨과 반대의 가치를 가진 사람들을 살펴봤다. 저자는 노벨이 살던 시대, 전쟁을 수행했던 군인들을 노벨과 반대의 가치를 가진 사람으로 꼽았다. 군인들이 추구하는 가치는 애국이다. 자국의 안전과 발전을 위해 전쟁에 참전하는 사람들이다. 물론 전쟁이 실제 그 나라의 안전과 발전을 보장하는가에 대해선 우선 논외로 치자. 당시 군인은 전쟁을 통해 나라가 발전하고 외부의 적으로부터 안전해진다고 여겼다.

애국이란 가치를 수행하기 위해 전쟁하는 군인들은 다이너마이트를 어떻게 볼까? 당연히 전쟁 도구로 볼 것이다. 즉, 군인들은 자신이 추구

[그림 4-9] 학생들이 참고할 가치들

하는 가치에 의해 다이너마이트에 전쟁 도구라는 쓰임을 부여했다.

정리해 보자. 노벨과 군인들은 다이너마이트라는 같은 발명품을 다른 가치로 보고 다른 쓰임으로 쓴다. 이는 노벨과 군인이 추구하는 삶의 가치가 각자 다르기 때문이다. 학생들은 '인물이 추구하는 삶의 가치는 사람들로 하여금 대상을 바라보는 관점이 달라지게 만든다'는 결론에 도달했다.

▌'줄다리기' 활동하기

앞서 탐구를 통해 학생들은 사람이 추구하는 삶의 가치는 관점을 가지게 하고, 관점은 같은 대상도 다르게 보게 만든다는 점을 이해했다. 이번에는 각자의 관점으로 발명이나 개발, 발견에 대해 가치를 부여해보는 시간을 가졌다. 탐구의 대상은 AI(인공지능)이다. AI는 최근 우리 사회의 가장 뜨거운 논쟁거리이다. 어떤 사람들은 AI가 인간의 삶에 굉장히 유용하므로 적극적으로 개발에 나서야 한다고 말하고, 몇몇 사람은 AI의 위험성을 경고하기도 한다. AI는 사람들에게 긍정적인 효과를 가져올까? 그저 위험한 도구에 불과할까? 학생들과 '줄다리기(tug and war)' 탐구 전략을 써서 살펴봤다.

줄다리기 탐구 전략은 토론·토의 수업 기법이다. 먼저, 토론·토의 대상에 대한 주장을 정리하고 학생들 각자 어떤 주장에 동의하는지 밝힌다. 주장을 칠판에 쓰고 학생들이 자신이 따르는 주장 하단에 이름표를 붙여 자신의 의사를 비치는 것이다. 다음엔 자신의 주장을 뒷받침하는 근거를 찾는다. 그리고 근거를 토대로 자신의 주장을 펼친다.

친구들의 주장을 듣고 생각이 바뀐 학생들이 있다면 바뀐 주장의 하단으로 자신의 이름표를 옮긴다. 물론 생각이 안 바뀌면 이름표를 그대로 둔다. 주장이 바뀌건 그대로건 주장에 대한 근거를 다시 찾는다. 주장이 그대로인 학생은 앞서 찾은 근거 외에 다른 근거를 찾거나 반대 주장을 편 학생들의 근거를 반박할 근거를 찾는다. 주장이 변화된 친구들은 변화된 주장에 맞게 새로운 근거를 찾아야 한다. 그리고 자신의 주장과 그에 따른 근거를 펼친다.

다음 흐름은 충분히 추측되리라 본다. 다시금 자신이 따를 주장이 바뀌면 이름표를 옮기고 바뀌지 않으면 그대로 둔다. 자기 주장에 대한 근거를 찾고 근거를 담은 주장을 발표한다. 줄다리기 탐구 전략은 이 과정이 반복되는데, 주장을 정하고 근거를 찾아 발표하는 것을 한 사이클이라고 보면 된다.

줄다리기 탐구 전략을 이번 수업에 적용해 보자. 주제는 'AI는 규제가 먼저일까? 개발이 먼저일까?'이다. 그러니까 AI의 위험성에 주목하여 규제를 먼저 해야 할지, AI의 유용성을 기반으로 개발을 지지할지에 대한 내용이다.

먼저, 칠판에 네 가지 주장을 적은 다음, 학생들은 자신이 따르는 주장 밑에 본인의 이름을 써 붙인다. 네 가지 주장은 다음과 같다.

- AI는 모두 없애야 한다(개발해서는 안 된다).
- AI는 규제가 먼저이다.
- AI는 개발에 집중해야 한다.
- AI의 규제는 모두 없애야 한다.

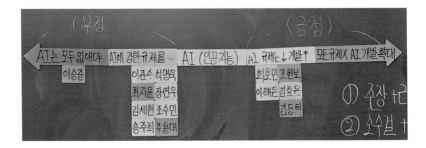

[그림 4-10] AI에 대한 줄다리기 활동 결과

앞서 이야기했던 대로 자기 주장에 맞는 근거를 찾는다. 이때는 교사
가 근거를 상당수 찾아 주는 것이 좋다. 저자는 패들렛에 근거와 관련된
기사의 링크를 게시해 두었다. 학생들은 이 패들렛에서 자신의 주장에
근거가 될 만한 기사들을 찾는다. 학생들은 이 기사들을 자기 주장의 근
거로 삼아 발표한다. 발표 뒤에 몇몇 친구가 주장을 바꾸기도 했다. 앞
서도 언급했듯 줄다리기 탐구 전략은 여기까지가 한 사이클이다. 저자
는 이 사이클을 세 번 반복한 뒤 학생들에게 몇 가지 질문을 던졌다.

- 최종적으로 어떤 주장을 따르는가?
- 자신의 주장을 어떤 근거로 뒷받침할 수 있는가?
- 내 주장과 반대되는 주장은 무엇인가?
- 내 주장과 반대되는 주장의 근거는 무엇인가?

토론의 목표는 화려한 언변과 논리로 상대를 압도하는 것이 아니다. 다양한 주장과 그에 따른 근거를 확인하여 자신의 주장과 근거를 분명히 하는 것이다. 또한 나와 다른 주장을 가진 사람들도 나름의 근거가 있음을 알고 다른 주장을 존중하는 마음가짐을 가지는 것도 토론의 목표이다. 그렇기에 토론의 마지막에는 옳은 주장, 합의된 주장은 거의 없으며 승리자는 더더욱 있을 수 없다. 토론의 승리자가 있다면 앞서 저자가 던진 세 질문에 답할 수 있는 학생들이다.

▍자신의 주장을 담은 논설문 쓰기

토론의 목표가 자신의 주장과 근거를 분명히 하는 것이라면, 이를 정리해 볼 필요가 있다. 저자는 6학년 1학기 국어 '주장과 근거를 판단해요' 단원을 활용하여 AI에 대한 자신의 주장을 논설문으로 풀어 보게 했다. 논설문이 필요한 이유, 논설문의 구조, 논설문을 쓸 때 주의점 등은 국어 교과서로 공부했다. 그리고 줄다리기 탐구 전략을 통해 명확히 한 주장과 근거를 담아 논설문을 썼다.

학생들이 이미 줄다리기 탐구 전략을 통해 AI에 대한 주장과 근거를 갖추었으니 학생들은 논설문을 쉽게 쓸 수 있지 않을까 생각할지도 모르겠다. 그러나 오랫동안 초등학생을 가르친 경험으로 말하건대, 대부분의 학생은 논설문을 쉽게 쓰지 못한다. 주장과 근거, 심지어 근거를 뒷받침하는 자료까지 있어도 한번에 논설문을 써 내려 가는 학생은 10명에 1명 정도이다.

왜냐하면 학생들은 문장을 구성하는 능력 자체가 부족하기 때문이다. 머릿속에 아무리 명확한 주장이 있고 구체적인 근거와 자료가 넘쳐 나도 이를 글로 쓰는 능력과는 다른 문제이다. 그럼 글쓰기 능력을 기르는 수업이나 전략은 뭘까? 많은 선생님이 저마다 학생들의 글쓰기 능력을 기르는 방법을 소개하지만 결국 핵심은 많이 써 보고 피드백을 많이 받는 것이다. 글쓰기 능력 성장의 관건은 글을 써 본 경험이기 때문이다.

자, 그럼 문장 구성이 어려워 주장과 근거가 명확히 있어도 논설문을 못 쓰고 있는 학생들에게 어떻게 해야 할까? 교사가 1:1로 계속 첨삭해 주면 된다. 처음 논설문을 쓰는 대부분의 학생은 주장 한 문장, 근거 하나당 한 문장씩 쓰고 논설문을 완성했다고 한다. 그럼 여기서 어떻게 살을 붙이는지는 교사가 학생들에게 계속 이야기해 주어야 한다. 힌트도 주고 반문도 하고 예시도 보여 주며 학생들이 써 오도록 한다. 학생들을 믿고 그냥 알아서 써 오라고 한다면 학생들의 글쓰기 능력은 전혀 성장하지 않는다.

 05 탐구 주제 목록 ③
사회 변화에 기여 하는 발명의 실천(기능)

주요 학습 활동	• 불편을 편리로 바꾸어 줄 발명품 만들기 • 발명 박람회

발명, 개발, 발견은 사람들의 생활 방식을 변화시킨다. 그리고 이 변화는 긍정적일 수도 부정적일 수도 있다. 이 긍정과 부정의 가치는 발명하는 사람, 사용하는 사람의 삶의 가치, 관점에 따라 달라진다. 지금까지 달려온 '세계가 돌아가는 방식' 탐구 단원의 탐구를 요약한 결과이다.

이제 학생들이 탐구하고 이해한 내용을 다른 맥락에 적용해 본다. 즉, 실천(action)을 실시하는 것이다. 이번 실천은 '발명 박람회'이다. 발명 박람회는 학생들이 각자 만든 발명품을 전시하고 관객들에게 소개한다. 이것을 역으로 생각해 보자. 발명 박람회를 열려면 발명품이 필요하다. 발명품을 만들려면 만드는 이유가 있어야 한다. 발명품은 사람의 삶을 긍정적이게도 부정적이게도 변화시킨다. IB 교육은 '세상을 긍정적으로 변화시키는 국제적 인재를 기른다'는 큰 목표를 둔다. 그러니까 사회의 긍정적 변화를 가져올 발명품을 만들어야 한다.

그런데 그저 '긍정적 변화를 가져올 발명품을 만들어 오라'라고 이야기하면 학생들은 큰 혼란을 겪을 것이다. 저자가 함께하는 학생들은 초등학생이다. 많은 사고를 해야 하는 추상적인 과제는 학생들을 힘들게만 할 뿐이다. 과제는 분명하고 세밀하게 제시되어야 한다. 그럼 그냥 '긍정적 변화를 가져올 발명품'이 아니라 '누군가가 처한 이 상황을 보고 그 사람의 생활 방식을 긍정적으로 바꿀 발명품을 만들어 오라'라고 해야 한다. 그럼 이 누군가는 누구여야 하고 처한 상황은 어떤 상황이어야 할까? 저자는 동화책을 통해 학생들이 발명품을 만들어야 하는 상황을 제시했다.

그럼 시간 순서대로 이번 실천의 흐름을 정리해 보자. 먼저, 동화책을 읽고 등장인물의 불편을 찾는다. 학생들은 등장인물의 불편을 해소할 발명품을 만든다. 마지막으로, 발명 박람회를 열어 발명품을 여러 사람에게 선보인다.

▌ 불편을 편리로 바꾸어 줄 발명품 찾기

동화책 속에서 불편을 겪는 등장인물을 찾는다. 동화책은 두 가지인데, 각각『우리 마을이 사막으로 변해 가요』와『눈보라』이다.『우리 마을이 사막으로 변해 가요』는 주인공의 마을이 사막화되어 가는 과정과 그속에서 겪는 어려움을 다룬 동화이다. 주인공의 마을이 사막으로 바뀌면서 물이 고갈되고 더러워졌다. 주인공은 깨끗한 물을 길러 오기 위해멀리 걸어가야 했고, 그 때문에 학교도 가지 못한다.

『눈보라』의 주인공은 북극곰이다. 지구온난화로 인해 먹이가 없어지자 북극곰은 마을로 찾아가 먹이를 구한다. 북극곰은 북극곰대로 마을로 내려가야 하는 어려움을 겪고, 마을 사람들은 그들대로 북극곰을무서워한다.

학생들은『우리 마을이 사막으로 변해 가요』와『눈보라』의 주인공 혹은 다른 등장인물의 불편을 해소할 발명품을 만들었다.

분명하게 말하면 발명품을 만드는 것이 아니라 발명품의 모형을 만든다. 동화 속 불편을 편리로 바꿀 수 있는 도구, 즉 사회를 긍정적으로변화시킬 아이디어가 담긴 도구를 모형으로 표현하는 것이다.

발명품 모형을 만들 때 먼저 어떤 불편을 편리로 만들고 싶은지 정한다. 그리고 불편을 편리로 바꿀 아이디어를 냈다. 이 아이디어를 설계도를 통해 구체화하고 아이디어를 모형으로 만들 준비물들을 모았다. 마지막으로, 재료들을 모아 아이디어를 구체화한 발명품 모형을 만들었다.

▌ 발명 박람회

발명 박람회를 통해 학생들이 만든 발명품 모형을 공개한다. 발명 박람회는 콘퍼런스처럼 진행되는데 1교시부터 3교시까지 진행했으며 1교시에는 학년의 학생들끼리, 2~3교시에는 다른 학년 학생들에게 발명모형을 공개했다. 단순히 모형만 보여 주는 것이 아니고 발명가인 학생들이 자신의 발명품을 직접 소개했다.

몇 가지 발명품을 보면서 이번 탐구 주제 목록에 대한 글을 줄일까한다.

첫 번째로 소개할 발명품 모형은 증발을 이용한 정수 시설로,『우리 마을이 사막으로 변해 가요』의 주인공의 불편을 해결해 주는 발명품이다([그림 4-11]의 ① 참조). 사막은 낮과 밤의 온도차가 크다. 이 점을 이용하여 오염된 물에 시설물을 설치한다. 낮에 올라가는 온도와 햇빛에 물이 증발하면 이 증발된 물을 받아 모으는 시설물이다. 증발하는 물은 깨끗하다는 점을 이용했다.

두 번째로 소개할 발명품 모형은『눈보라』에 등장하는 마을 사람들의 불편을 해결해 주는 발명품이다([그림 4-11]의 ② 참조). 얼굴 인식 기술을 이용한 것인데, 기본적으로는 마을의 큰 문이다. 문 앞에 북극곰이 오면 닫히고 사람이 오면 열리는 문이다. 사실, 저자는 학생이 이 아이디어를 가져왔을 때 말이 안 된다고 이야기했다. 북극곰과 사람을 어떻게 구별하느냐는 것이다. 그런데 이 아이디어를 낸 학생은 엔트리 프로그래밍을 해서 저자에게 가져왔다. 학생이 크롬북으로 저자의 얼굴을 찍자 엔트리에는 '닫힘' 글자가 켜졌고, 학생이 자기 얼굴을 찍자 '열림'이란 글자가 켜졌다. 저자는 학생의 아이디어를 바로 인정했다.

세 번째로 소개할 발명품은 곰 낚싯대이다([그림 4-11]의 ③ 참조). 평범한 낚싯대와 비슷한 형태이며 낚싯대 끝에 곰의 먹이를 붙여 내리는 것이다. 이 발명품은 아마 건물 옥상에서 쓰는 것 같다. 북극곰은 어차피 먹을 것 때문에 마을로 내려오는 것이니 이 발명품으로 북극곰에게

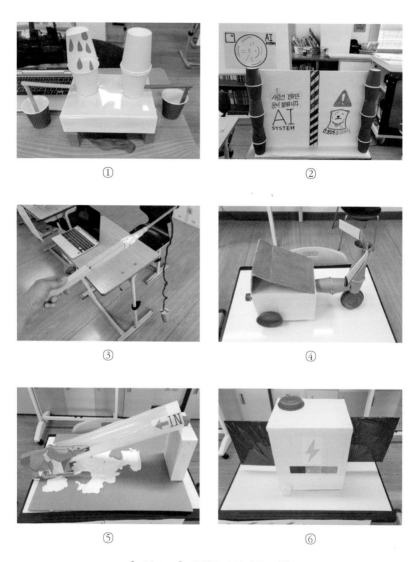

[그림 4-11] 학생들의 발명품 모형

먹을 것을 주면 사람들의 불편도 줄지 않을까 하는 생각에서 만든 발명
품이다.

네 번째로 소개할 발명품은 물통 킥보드이다([그림 4–11]의 ④ 참조). 아주 단순한 발명품인데, 킥보드에 물통을 달아 이동을 쉽게 하는 것이다. 당연히『우리 마을이 사막으로 변해 가요』의 주인공을 위한 발명품이다.

다섯 번째로 소개할 발명품은『눈보라』의 사람들과 북극곰을 위한 발명품이다. [그림 4–11]의 ⑤와 ⑥은 각각 다른 발명품인데, 원리가 같아 같이 소개한다. 둘 다 경사면을 따라 곰에게 줄 먹이를 내려 곰이 멀리서도 먹이를 먹을 수 있도록 했다.

06 평가

지난 '우리 자신을 조직하는 방식' 탐구 단원에서는 학생들과 교사가 함께 평가하고 평가 결과를 서술한 '학생 배움 성장보고서'를 만들어 탐구 단원의 탐구 결과를 가정에 통지했다. 이번 '세계가 돌아가는 방식' 탐구 단원은 통지 방식이 '우리 자신을 조직하는 방식'과는 다르다. 이번 탐구 단원의 통지 방식은 '콘퍼런스 방식'을 활용했다.

콘퍼런스 방식도 평가 과정은 학생 배움 성장보고서 때와 비슷하다. 학생들이 탐구 주제 목록이 끝날 때마다 자신의 탐구가 학습 목표에 얼마만큼 도달했는지 성찰했다. 교사도 학생들을 평가하고 학생들의 자기 평가와 차이가 나면 학생들을 상담했다. 차이가 나는 점은 학생 평가에 대한 의견 부분이다. 학생 배움 성장보고서는 교사가 학생들의 탐구 과정과 그 결과를 '학생 평가에 대한 교사 의견'에 적어 통지했다면, 콘퍼런스 방식은 학생들의 실천인 발명 박람회의 장면을 패들렛에 담아

가정에 보내는 것이었다. 학생들의 실천 자체가 중심 아이디어에 대한 전이이기 때문에 학생들의 실천이었던 발명 박람회의 모습을 가정에 공유하는 것으로 '학생 평가에 대한 교사 의견'을 대신할 수 있었다.

물론 실천의 '장면'을 공유하는 것만으로는 통지에 부족함이 있다. 학부모 입장에서는 실천하는 장면만으로 학생들의 탐구를 모두 이해하기 어렵기 때문이다. 그래서 이 탐구 단원 이후의 콘퍼런스는 실제 학부모들을 '실천하는 날'에 초대하는 것으로 변경했다. 학부모들이 교실에 와보면 학생들의 실천뿐만 아니라 탐구 결과물들도 살펴볼 수 있기 때문이다.

저자와 학생들이 함께했던 '우리는 누구인가' 탐구 단원에서는 재능을 소재로 탐구했고 재능 박람회를 실천으로 삼았다. 학부모들은 재능 박람회에 참여하여 학생들의 실천을 살펴보고 탐구 결과물도 공유했다.

혹시 독자들도 IB PYP 교사로서 콘퍼런스를 통한 통지를 기획한다면 학부모들에게 온라인 도구로 실천 결과를 공유하는 방식보다 학부모들이 실천 과정에 참여할 수 있도록 하면 어떨까 한다.

⓪5
우리 자신을 표현하는 방법

01 탐구 단원 개요

　이번에 소개할 탐구 단원(Unit Of Inquiry: UOI) 사례는 '우리 자신을 표현하는 방법(How we express ourselves)'이라는 초학문적 주제를 담은 6학년 탐구 단원이다. '우리 자신을 표현하는 방법'이라는 초학문적 주제는 학생들이 예술을 창조하고 감상하는 과정에서 창의성과 심미적 능력을 일깨우는 데 초점을 맞춘다.

　이번 탐구 단원의 주제는 '우리 자신을 표현하는 방법'이라는 초학문적 주제의 의도에 맞게 '예술'로 정했다. 다만, 이번 탐구 단원에서는 예술 그 자체보다 '국제적 문제를 표현한 예술'을 다루고자 했다. IB 교육의 목표가 국제적 소양을 갖춘 평생 학습자를 기르는 것이기에 학생들이 세상을 바라보는 창으로서 예술에 접근했으면 좋겠다는 생각에서이다.

물론 현실적으로 이번 탐구 단원에 6학년 사회 2학기 2단원에서 다루는 국제적 문제와 관련된 성취 기준을 담아 수업 시수를 확보하고자 하는 의도도 있었다.

국제적 문제를 표현한 예술을 이번 탐구 단원의 탐구 주제로 정한 만큼 중심 아이디어(central idea) 구성도 이에 맞게 '예술은 국제적 문제에 대한 자신의 지식, 생각, 신념을 표현할 수 있다'로 설정했다. 이 중심 아이디어는 예술과 국제적 문제의 관계를 서술하고 있으므로 이번 탐구 단원에서 가장 중요한 관련 개념[related concepts; 추가 개념(additional concepts)]은 예술과 국제적 문제이다.

〈표 5-1〉 '우리 자신을 표현하는 방법' 탐구 단원의 개요

초학문적 주제 (transdisciplinary themes)	우리 자신을 표현하는 방법 (How we express ourselves)
중심 아이디어 (central idea)	예술은 국제적 문제에 대한 자신의 지식, 생각, 신념을 표현할 수 있다
주요 개념(명시된 개념) [key concepts(specified concepts)]	형태(form), 연결성(connection), 책임(responsibility)
탐구 주제 목록 (Lines Of Inquiry: LOI)	• 예술과 국제적 문제의 종류(형태) • 예술과 국제적 문제의 관계(연결성) • 국제적 문제를 표현하는 예술 제작(책임)
관련 개념(추가 개념) [related concepts(additional concepts)]	예술, 국제적 문제, 기후 변화, 국제적 갈등 등
학습 접근 방법 (Approaches To Learning: ATL)	• 사고 기능(thinking skills) • 의사소통 기능(communication skills) • 자기관리 기능(self-management skills)
IB 학습자상 (IB learner profile)	• 소통하는 사람(communicators) • 균형 잡힌 사람(balanced) • 사고하는 사람(thinkers)

02 동기유발

주요 학습 활동	• 〈게르니카〉 감상으로 탐구 질문 만들기
	• 탐구 단원 탐구 준비하기

　'우리 자신을 표현하는 방법'의 중심 아이디어는 '예술은 국제적 문제에 대한 자신의 지식, 생각, 신념을 표현할 수 있다'이다. 그렇기에 이번 동기유발(provocation)은 '예술은 왜 만드는 것이지?' '예술이 표현하고자 하는 것은 무엇이지?' 하는 질문이 학생들의 머릿속에 떠오르게 할 필요가 있었다.

▌〈게르니카〉 감상으로 탐구 질문 만들기

　'우리 자신을 표현하는 방법'의 동기유발은 피카소의 〈게르니카〉(1937)를 감상하는 활동이다. 학생들에게 〈게르니카〉를 살펴보도록 했다. 대략적으로 보는 것이 아니라 매우 구체적으로 살펴보고 보이는 것과 그에 대한 생각을 적도록 했다. 불타는 건물, 고통스러워 보이는 소와 말, 사람들의 신체 일부, 한 사람을 붙잡고 울부짖는 사람까지. 학생들이 〈게르니카〉를 구체적으로 볼수록 작품의 제작 의도에도 다가갈 수 있었다. 학생들은 〈게르니카〉가 전쟁의 피해를 표현한 것이라는 추측을 했다. 그리고 〈게르니카〉에 대한 간단한 검색을 통해 추측을 확신으로 만들었다. 이를 통해 학생들은 이번 탐구 단원 주제가 〈게르니카〉와 같은 '예술'임을 확인했고 '예술'이 무언가를 표현한다는 것을 짐작하게 되었다.

탐구 단원의 핵심 주제가 '예술'인 만큼, 학생들에게 이 예술에 대한 질문을 만들어 보도록 했다.

- 예술에는 어떤 것들이 있나요?
- 예술은 무엇을 표현하나요?
- 우리는 예술을 어떻게 표현할 수 있나요?

이 외에도 많은 질문이 나왔지만 그 의미는 앞선 세 가지 질문과 비슷한 맥락이었다. 이미 〈게르니카〉를 통해 예술은 무언가를 표현한다는 점을 인식했기 때문에 '예술은 무엇을 표현하나요?'라는 질문이 많이 도출되었다. 교사는 이 질문들을 이번 탐구 단원의 핵심 질문으로 정하고 이 질문들을 탐구 단원의 학습 목표(learning goal)로 만들어 탐구 단원을 시작했다.

〈표 5-2〉 학습 목표 내용과 관련 탐구 주제 목록

학습 목표 순서	학습 목표 내용	관련 탐구 주제 목록
학습 목표 1	우리는 다양한 예술 작품을 살펴보고 예술에 대한 나름의 생각을 말할 수 있다.	예술과 국제적 문제의 종류 (형태)
학습 목표 2	우리는 다양한 예술 작품을 해석하여 예술과 국제적 문제의 관련성을 이해할 수 있다.	예술과 국제적 문제의 관계 (연결성)
학습 목표 3	우리는 국제적 문제에 대한 자신의 생각을 담은 예술적 표현을 할 수 있다.	국제적 문제를 표현하는 예술 제작(책임)

▌탐구 단원 탐구 준비하기

'우리 자신을 표현하는 방법' 탐구 단원도 어느 탐구 단원처럼 탐구를 준비하는 단계를 거쳤다. 탐구 단원 IB PYP 수업 요소를 알려 주거나, 도서 코너를 만들고 학습 접근 방법의 평가지를 만들어 배부하는 것은 벌써 두 번이나 언급했기에 이 장에서는 '우리 자신을 표현하는 방법' 탐구 단원의 준비만 언급하고자 한다.

이번 탐구 단원은 예술이 탐구 소재이다. 많은 사람이 예술을 감상하고 체험하는 경험이 중요하다고 하지만 실제로는 학생들이 예술을 접할 기회가 많지 않다. 그래서 이번 탐구 단원이 시작되기 한 달 전부터 '알고 있어?(Do you know?)'[1] 탐구 전략을 이용해 예술을 잠깐씩이라도 느끼도록 했다. '알고 있어?' 탐구 전략은 솔직히 탐구 전략이라 하기도 민망하다. 그냥 학생들이 익숙하지 않은 대상을 전시해 두는 것이 전부이기 때문이다. 하지만 이 기법은 교육적으로 상당한 효과를 가진다. 학생들이 탐구 소재를 처음 받았을 때 이 소재가 생소한지 몇 번 눈으로라도 익혔는지에 따라 소재를 대하는 태도부터 달라지기 때문이다. 저자는 '알고 있어?' 탐구 전략을 이용해 예술 작품을 복도에 지속적으로 전시했다. 물론 이번 탐구 단원의 해당 탐구에 '짠!' 하고 공개해야 하는 예술 작품들은 전시하지 않았다. 하지만 탐구 과정에서 눈에 익숙해졌으면 하는 예술 작품이나 학생들의 교양에 도움이 될 만한 그 외의 작품

탐구를 위한 TIP

1 '알고 있어?' 탐구 전략은 본격적인 탐구 전에 학생들이 탐구 대상에 익숙해지도록 하는 탐구 전략이다. 어떤 개념도 되고 실물도 상관없다. '알고 있어?' 앞에 탐구 대상을 적고 학생들이 자주 다니는 길목에 전시해 두면 된다.

들은 미리미리 전시해 두었다.

03 탐구 주제 목록 ①
예술과 국제적 문제의 종류(형태)

주요 학습 활동	• 예술 개념 구성하기 • 예술 체험하기 • 국제적 문제 개념 구성하기

이번 탐구 주제 목록(Line Of Inquiry: LOI)은 예술과 국제적 문제에 대한 개념을 구성하는 단계이다. 저자가 운영하는 탐구 단원의 기본 맥락인 '사실 → 개념 → 개념적 이해(중심 아이디어) → 전이(실천)' 과정에서 사실에 대한 탐구로 개념을 구성하는 부분이라 볼 수 있다.

▎예술 개념 구성하기

'예술에는 어떤 것들이 있나요?'라는 질문에서 시작한 탐구이다. 예술의 종류에 대해 살펴봄으로써 예술에 대해 깊이 있게 이해하도록 했다. 예술 자체에 대해 탐구하는 과정이기에 주요 개념[key concepts; 명시된 개념(specified concepts)]은 형태로 정했다.

먼저, 학생들에게 이미 알고 있는 예술의 종류를 생각해 보게 한다. 평소에 들어 본 예술의 종류를 적어서 포스트잇에 적는 것이다. 그런데 상당수의 학생은 '예술 = 미술'과 같은 도식을 머릿속에 담고 있다. 그래서 알고 있는 예술의 종류를 말하라고 하면 '그림'밖엔 나올 것이 없다. 이때는 교사가 예술은 미술을 넘어서며 우리가 읽은 동화나 음악도 예술이 될 수 있다고 이야기해 주어야 한다. 즉, 학생들이 가진 '예술 = 미술'이란 고정관념을 해체해 놓아야 학생들이 더 다양하게 사고할 수 있다.

학생들이 자신이 알고 있는 예술의 종류를 포스트잇에 적으면 이제 친구들과 예술의 종류에 대해 공유할 시간이다. 이 공유는 '만날 약속 (clock buddy)'[2] 탐구 전략을 활용했다. 학생들끼리 예술의 종류에 대한 정보 공유가 끝나면 알게 된 예술의 종류를 발표하게 했다. 저자는 학생들의 발표 내용을 칠판에 기록해 두었다. 학생들이 시각적으로 보지 않는다면 공유에 대한 기억은 쉽게 날아가 버리기 때문이다.

공유된 예술의 종류는 생각보다 더 다양했다. 물론 전문적인 지식이 가미된 정보들은 아니다. 그저 학생이 가진 수준에서의 예술 종류일 뿐이다. 하지만 해당 수준에서 구성된 지식 또한 교육적 가치가 크다. 어쩌면 자신에게 맞는 수준에서 찾은 예술이기에 학생들이 이해하기도 더 쉬울 것이다.

칠판에 적힌 예술의 종류는 회화, 서예, 조각 등 전통적인 것들도 있었지만 설치 미술, 인상주의 미술, 입체파 미술, 개념 미술, 초현실주의 미술, 행위 예술 등 현대적인 미술을 적은 학생들도 있었다. 또 미술을 넘어 시, 동화, 연극 같은 국어 관련 예술은 물론, 가창(합창), 오케스트라, 뮤지컬, 오페라 등 음악 관련 예술도 칠판의 한편을 차지했다. 저자

탐구를 위한 TIP

2 '만날 약속' 탐구 전략이란 시계 그림에 각 시각별로 만날 친구를 서로 약속하고 짝 활동 때 교사가 시각을 이야기해 주면 학생들이 그 시각의 친구들과 함께 활동하는 짝 활동 전략이다.

는 생각지도 못했지만 무용이나 댄스 등 신체를 활용한 예술도 언급되었고 뮤직비디오도 제법 많이 나왔다.

학생들이 알고 있는 예술을 한데 모아 두는 것으로 학생들이 예술을 전부 이해했다고 볼 수 없다. 칠판에 적힌 예술은 학생들이 공통적으로 아는 것이 아니라 한 명이라도 알면 적어 붙였기 때문이다. 그래서 탐구의 방향을 예술의 종류를 훑어보는 것에 그치지 않고 몇몇 예술이라도 학생들이 직접 체험해 보는 것으로 했다.

각각의 예술을 경험해 보려면 그 개념이 대략적으로 형성되어야 한다. 먼저 학생들이 이야기를 나누었던 예술과 관련된 대표적인 작품들을 찾았다. 칠판에 적힌 예술의 종류에 해당하는 대표작을 찾은 것이다. 예를 들어, 조각은 〈비너스〉상, 입체파 미술은 피카소의 〈우는 여인〉, 뮤지컬의 경우 〈캣츠〉 등이 꼽혔다. 대표작들은 사진이나 영상 등의 형태로 패들렛에 모아 학급에서 공유했다. 학생들은 패들렛에 올라온 여러 작품을 살펴보며 각각의 예술이 어떤 것인지 어렴풋이나마 이해해 갔다.

학생들의 경험 내에서지만 예술의 종류와 각 예술의 대표작을 살펴봤다. 이제 학생들이 몇 가지의 예술을 직접 경험해 봄으로써 예술에 대한 이해를 깊이 할 시간이다. 예술에 대한 경험은 감상보다 더 큰 이해를 가져오기 때문이다. 이어지는 내용은 학생들과 저자가 함께 경험했던 예술 중 일부이다.

▮ 예술 체험하기

첫 번째 예술, 설치 미술　6학년 수학 교과의 '원의 넓이' 단원에서 '원주'의 개념을 활용해 설치 미술을 만들어 봤다. 먼저, 수학 시간에 원주에 대한 개념을 학생들에게 가르쳤다. 그리고 원 제도기를 활용해 종이로 된 원을 만들도록 했다. 원 제도기는 원의 지름을 알아야 그에 맞는 원을 만들 수 있는 도구이다. 저자는 학생들 각자에게 서로 다른 원주를 제공했다. 학생들은 수학 시간에 배운 원주의 원리를 활용해 지름을 구한 뒤, 원 제도기로 각자의 원을 만들었다.

학생들이 만든 원을 천장에 띄워 두고 저마다의 의미를 부여했다. 학생들은 '폭죽' '밤하늘의 별' 등 다양한 제목으로 작품에 생동감을 더했다. 학생들에게 설치 미술은 무엇이라 생각하는지 의견을 묻자 '물건들을 배치하고 작품에 의미를 부여하는 과정'이라는 결론을 냈다.

[그림 5-1] 원주의 원리를 활용한 설치 미술

두 번째 예술, 연극　〈리어왕〉의 장면들을 보고 연극의 특징들을 찾았다. 학생들은 '대사가 있다' '배경이 있다' '이야기가 있다' 등 교과서적인 반응들부터, '대사에 맞는 표정을 짓는다' '인물들끼리 대화하는데 앞을 본다' '혼잣말을 대사 하듯 한다' '동작이 크고 과장되었다' 등 세세한 부분까지 이야기했다. 학생들과 함께 찾은 연극의 특징을 정리하고 학생들이 실제 연극을 만들어 보도록 했다.

IB 월드 스쿨에서 탐구 단원를 운영하는 교사들은 크게 공감하겠지만 탐구 단원 운영에서 가장 어려운 점은 국가 교육과정 성취 기준을 달성하는 것이다. 탐구 단원를 계획하고 운영하면서 국가 성취 기준을 함께 다루는 것은 쉬운 일이 아니다. 갑자기 이런 이야기를 꺼내는 이유는 학생들이 만드는 연극의 내용 때문이다. 연극을 만들어 보는 것 자체도 국어 성취 기준 중 하나를 달성하는 것이긴 한데, 저자는 여기에 만족하지 않고 국어 성취 기준 하나를 더 넣었으면 했다.

국어 수업 시간, 학생들에게 속담이나 관용 표현이 무엇인지에 대한 교육을 하고 속담이나 관용 표현을 담은 연극을 만들도록 했다. 연극에 대해 배우는 과정에서 연극 성취 기준은 물론, 6학년 2학기 국어 교과의 '관용 표현을 활용해요' 단원을 이용하여 국어 성취 기준 두 가지를 달성하겠다는 속셈이었다.

세 번째 예술, 현대 미술　　현대 미술이란 예술의 종류가 따로 있는 것은 아니다. 1900년대 예술에 대한 새로운 방향성을 한데 묶어 현대 미술이란 용어를 쓸 뿐이다. 저자는 현대 미술을 스탠드 얼론(stand alone) 수업으로 구상했다. 수업에서는 몬드리안, 모네, 쿠사마 야요이, 샤갈, 피카소, 앙리 마티스 등 새로운 예술의 방향을 제시한 1900년대 이후 예술가들을 따라 해 보는 활동으로 현대 미술에 대해 경험하는 기회를 마련한 것이다. 그리고 이 경험을 바탕으로 '위대한 예술가는 자신만의 방식으로 예술의 관점을 바꾼다'라는 스탠드 얼론의 중심 아이디어를 이해했다. 현대 미술을 주제로 한 스탠드 얼론은 이번 탐구 단원에 귀속되지는 않았다. 시기적으로도 이번 탐구 단원은 2학기에 진행되었는데, 스탠드 얼론은 1학기 전반에 걸쳐 진행되었다. 즉, 이번 탐구 단원이 진

[그림 5-2] 학생들과 함께 만든 현대 미술 작품

행될 때 이미 학생들의 현대 미술과 관련된 경험이 이루어진 뒤였다. 탐
구 단원 수업 때는 이미 진행했던 현대 미술 부분을 상기하는 식으로 현
대 미술에 대해 정리했다.

네 번째 예술, 개념 미술　　개념 미술은 시기적으로 볼 때 현대 미술에
포함된다. 다만, 현대 미술이 기존과 다른 예술적 표현을 시도했다면 개
념 미술은 예술에 대한 기본적 틀조차 깨는 작품들이란 차이로 인해 현
대 미술과는 다른 범주로 탐구했다.

탐구 시작과 동시에 개념 미술에 대한 별다른 설명 없이 마르셀 뒤샹
의 〈샘〉, 피에로 만초니 〈Merda d'artista〉, 데미안 허스트의 〈살아 있는
자의 마음속에 있는 죽음의 육체적 불가능성〉, 이 세 작품을 사진으로
제시해 주며 예술사적으로나 금전적 가치로나 매우 뛰어난 작품임을
알려 준다. 학생들은 당연히 납득하지 못한다. "저건 그냥 변긴데요?"
"웬 통조림?" "상어가 멋지고 무서워 보이긴 하는데 저게 예술인가요?"
황당하다는 반응뿐이었다. 여기서 "웬 통조림?"이라는 반응이 온 작품
은 피에로 만초니의 작품이다. 저자는 그의 작품에 대해 통조림에 적힌
'Merda d'artista'라는 이탈리아어를 번역해 보라고 학생들에게 첨언해

주었다.

학생들은 황당함을 넘어 부정적인 반응을 보인다. Merda d'artista의 의미는 '예술가의 똥'이기 때문이다. 학생들은 급속도로 'Merda d'artista'에 대해 관심을 가지기 시작했고 통조림에 적힌 정보들을 더 면밀하게 살펴봤다. 통조림에는 신선하게 보존되어 있다는 둥 몇 g 정도 담겨 있다는 둥 문구가 적혀 있었다. 통조림 안에 피에로 만초니의 똥이 담겨 있는 것이다.

결국 저자가 학생들에게 보여 준 작품은 변기, 똥, 상어 시체이다. 저자는 이 세 작품에 담긴 의미와 작가의 의도를 생각해 보게 했다. 학생들은 작품에 대한 다양한 의견을 제시했다. '답을 찾는다'라기보다 그냥 자신의 생각을 쏟아 내는 느낌이었다. 작품 자체가 변기, 똥, 상어 시체이다 보니 학생들도 무언가의 의미를 맞혀야 한다는 생각을 포기한 느낌이 들었다. '예술에 대해 부정적인 생각이 들어서 이렇게 만들었다' '살아 있음을 소중히 하라고 상어 시체를 작품으로 내세웠다' '이미 만들어진 물건도 예술이 될 수 있다는 생각을 표현하려고 변기를 가져왔다' '사람의 소화기관으로 만드는 것도 예술이 될 수 있다고 생각해서 예술가의 똥이란 작품을 만들었다' 등의 의견도 있었지만, '솔직히 저건 예

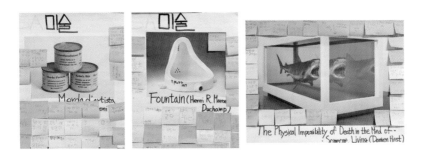

[그림 5-3] 개념 미술에 대한 학생들의 탐구 결과

술이 아닌 것 같다'는 의견도 보였다.

저자는 학생들에게 지금껏 미술 시간에 많은 예술 작품을 보았지만 이처럼 작가의 의도, 작품의 의미에 대해 많은 생각을 펼친 적은 없었다는 점을 먼저 강조했다. 작품을 보고 예술이 아니라는 근본적인 부정까지 의견으로 냈을 정도니까 말이다. 학생들은 저자의 강조점에 동의했다. 그리고 이를 바탕으로 학생들과 개념 미술은 '보는 사람의 상상력과 사고를 자극하는 미술'이라는 정의를 내렸다.

이후 학생들이 개념 미술을 만들어 봤다. 기존의 여러 물건 중 하나에 약간의 공정을 통해 작품을 만드는 것이다. 핵심적인 조건은 많은 친구가 다양한 사고를 할 수 있도록 자극하는 것이다. 솔직히 쉽진 않았지만 나름의 작품들이 만들어졌다.

사례들을 살펴보자. 한 학생은 2주일 동안 방치한 우유를 작품으로 내세웠다. 작품에는 '신선하게 썩히고 있음'이란 문구를 덧붙였다. 학생들은 '우유 좀 잘 마시자' '우유 디자인 자체로도 예쁘다' 등 다양한 반응을 보였다. 어떤 학생은 테이프를 이용하여 포장을 뜯지 않은 빵 하나를 그대로 벽에 붙였다. 왠지 이 학생은 바나나를 벽에 붙이는 예술 작품을 보고 따라 한 듯했다. 더 재밌는 건 그중 한 학생이 빵을 벽에서 뜯어 친구들과 나누어 먹었다. 그러고는 '빵을 먹으라고 만들었을 것'이라고 이야기했다.

다섯 번째 예술, 시   국어 성취 기준을 활용하여 시에 대한 이해를 넓혔다. 6학년 1학기 국어 교과의 '비유적 표현' 단원을 통해 비유적 표현의 필요성과 표현 방법을 알고 시를 작성하는 것이다. 먼저, '곰 같은 우리 선생님' 학습지를 통해 학생들이 저자를 관찰하고 다른 무언가와 빗대어 표현했다. 이 과정에서 학생들은 비유적으로 표현하는 방법을 알았다. 다음으로는 다양한 동시 시집에서 모은 비유적 표현이 담긴 시들을 읽어 보며 알게된 내용을 다졌다.

마지막으로, 학생들은 각자 자신들의 삶과 그 주변을 살펴보고 소재를 찾아 시를 적었다. 당연히 비유적 표현을 반드시 포함하도록 했다. 학생들은 가족, 반려동물, 등하굣길의 풍경, 자신의 꿈 등 다양한 소재를 시로 표현했고 이를 통해 시에 대해 더 많이 이해하게 되었다.

학생들은 시에 대한 탐구들을 마무리 짓고 '시는 여러 가지 표현 방법으로 내 삶을 드러내는 문학 중 하나'라고 정리했다.

지금까지 예술의 종류를 알고 다양한 예술의 모습을 이해하는 탐구 과정을 살펴보았다. 예술은 의미를 구성하여 이해하기 힘든 개념이다. 예술가마다, 아니 사람들마다 예술을 규정하는 시각이 다르기 때문이다. 그만큼 예술에 다가가는 데 있어서 중요한 것은 예술이란 정확히 무엇인가, 예술의 종류는 무엇을 기준으로 분류하는가 하는 명확한 지식

[그림 5-4] 비유적 표현이 담긴 시

이 아니다. 학생들이 예술에 대해 스스로 생각하고 정의할 수 있는 경험이다. 그래서 이번 탐구 주제 목록은 예술의 의미에 대해 최종적으로 결론 내리지 않고자 했다. 학급에서의 최종 결정은 학생들에게 '예술은 이것이다'라는 선입관을 부여하기 때문이다. 예술에 대한 체험을 바탕으로 학생들이 각자 예술의 정의를 내려 보도록 했다.

▌국제적 문제 개념 구성하기

국제적 문제 개념을 구성했다. 국제적 문제 개념 구성도 예술의 개념을 구성하던 것처럼 종류에 초점을 맞추었다. 국제적 문제의 종류를 살펴보기 위해 저자와 학생들은 SDGs를 활용했다. SDGs란 Sustainable Development Goals의 준말로, UN에서 정한 지속 가능한 지구를 위해 빨리 해결해야 할 열일곱 가지의 지구적 문제를 말한다. SDGs 속 열일곱 가지의 문제 자체가 현재 국제적 문제가 되는 것이다.

학생들과 국제적 문제로서 SDGs 속 열일곱 가지의 문제들을 살펴보기 위해 전제되어야 할 것이 있다. 학생들에게 SDGs 자체를 탐구시켜야 한다는 것이다. 학생들 입장에선 SDGs란 말 자체가 생소하기 때문이다.

SDGs 자체에 대해 알아보는 수업부터 살펴보자. 먼저, 저자는 학생들에게 SDGs 홍보영상들을 모둠별로 다르게 나누어 줬다. 학생들은 자기 모둠이 맡은 SDGs 홍보영상을 시청하고 SDGs를 드러내는 단어들을 찾았다. SDGs 홍보영상은 기본적으로 SDGs에 대해 설명하고 있는 부분이 주류를 이루기에 학생들이 SDGs를 드러내는 단어를 찾는 것은 그리 어렵지 않았다. 학생들이 찾은 SDGs를 드러내는 단어를 확인해 보자.

- UN
- 지속 가능한 발전
- 열일곱 가지
- 세계적(지구적) 문제
- 2030년
- 목표

저자는 학생들에게 이 단어들을 모아서 SDGs의 의미를 한 문장으로 나타내 보게 했다. 학생들은 SDGs를 '2030년까지 지속 가능한 발전을 위해 해결해야 할 UN이 정한 열일곱 가지 문제이자 목표'라고 서술했다.

SDGs에 자체에 대한 이해를 완성하고 난 뒤, SDGs의 열일곱 가지 목표에 대한 탐구를 시작했다. 학생마다 모든 열일곱 가지 SDGs 목표를 탐구하기보다는 열일곱 가지 SDGs 목표 중 학생들 각자가 관심 있는 SDGs 목표 한 가지를 선정하고 이에 대해 깊이 있게 살펴봤다. 만약 관심사가 같은 학생들이 있다면 모둠을 만들어 탐구해도 되었는데, 실제로 대부분 학생이 스스로 모둠을 구성하여 탐구를 진행했다. 탐구 중간중간에 탐구 과정을 공유하는 시간도 가졌다. 서로의 탐구 내용을 살펴봐야 배움의 폭이 넓어지기 때문이다.

학생들의 SDGs 목표에 대한 탐구는 저자가 학생들과 진행한 'IB 발표회(exhibition)'[3]와 연동된다. IB 발표회의 탐구 역시 학생들 각자가 자신이 관심 있는 국제적 문제를 탐구한다. 저자는 IB 발표회 때 탐구하는 국제적 문제를 SDGs로 삼았다. 즉, '우리 자신을 표현하는 방법' 탐구

탐구를 위한 TIP

3 IB 발표회는 IB PYP의 꽃이라 불린다. 초등학교 6년 동안 36개의 탐구 단원을 통해 탐구 능력을 길러 온 학생들이 스스로 관심 있는 탐구 주제를 설정하고 탐구하여 그 과정과 결과를 교육공동체에 공유하는 활동이다.

단원 속 국제적 문제 탐구와 IB 발표회의 탐구 내용이 동일하다. 이렇게 탐구 단원의 일부와 IB 발표회의 탐구를 겹치게 하는 이유는 공교육 학교로서 진도 문제 때문이다. 탐구 단원과 IB 발표회를 일부 겹치게 하는 것이라도 하지 않으면 IB PYP에서 제시하는 초학문적 주제와 국가 교육과정의 성취 기준을 모두 다루기란 쉽지 않은 일이다. '최대한 많은 성취 기준을 탐구 단원에 재구성하여 집어넣으면 되잖아?'라고 생각할지 모르겠다. 하지만 탐구 단원에 성취 기준을 많이 넣는다고 능사는 아니다. 탐구 단원에 많은 성취 기준이 얽혀 있을수록 초학문적 주제의 고유 특성이 퇴색되거나 성취 기준을 명확히 다루지 못할 가능성이 높아진다. 저자는 탐구 단원을 계획할 때 초학문적 주제에 완전히 밀착되는 성취 기준만 담는다. 진도를 이유로 탐구 단원에 성취 기준을 집어넣지는 않는다는 의미다. 오히려 탐구 단원끼리 겹치는 탐구 내용이 있으면 이 상황을 활용하는 것이 교육적으로 더 유의미하다고 본다.

탐구 단원 속 성취 기준 포함 문제는 여기서 각설하고 이제부터는 저자의 학생들이 어떤 SDGs 목표를 탐구 대상으로 설정하고 탐구했는지 개략적으로 살펴보도록 하자. 여기서는 지면상 세 가지 SDGs 목표 탐구만 제시한다.

첫 번째 SDGs 목표, 양성평등   SDGs의 다섯 번째 목표에 해당하는 양성평등(gender equality)을 탐구한 모둠은 '양성평등 모둠'이라고 이름을 정했다. 양성평등 모둠은 성 불평등의 실태와 원인, 양성평등을 향한 노력을 탐구하는 데 초점을 맞추었다. 주요 개념은 형태와 원인, 책임이다.[4] 학생들은 GGGI 데이터와 양성평등을 향한 역사적 노력을 탐구했다.

GGGI는 Global Gender Gap Index의 준말로, World Economic

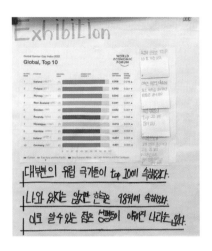

[그림 5-5] GGGI 분석 결과

Forum에서 발표하는 세계 양성 간 차이를 드러낸 수치이다. GGGI는 네 가지 하위 항목을 두는데, 이 네 가지 항목이란 '경제적 참여와 기회' '교육 참여' '건강과 생존' '정치적 영향력'이다. 양성평등 모둠은 GGGI 를 통해 경제, 교육, 건강, 정치 전반에 걸쳐 성 불평등이 존재한다는 점을 확인했다. 그리고 정치적 불평등과 경제적 불평등이 특히 심각하다는 점을 파악했다. 양성평등 모둠은 정치적·경제적 성 불평등의 실태에 대해 좀 더 깊이 알아보기 위해 G20 사진과 ILO(국제노동기구)의 자료를 살펴봤다. 먼저 G20의 각국 정상들이 함께 찍은 사진을 보고 세계 선진국 20개국의 정상은 대부분 남성이라는 점을 찾았다. ILO가 출판한 자료를 통해서는 학생들은 여성이 남성보다 일자리를 구하는 기회

탐구를 위한 TIP

4 IB 발표회는 모둠별로 주요 개념 등 IB PYP 수업 요소들을 스스로 선정한다. 여기서 모둠별 주요 개념은 이때 선정한 것이다.

가 적으며 상대적 수입도 턱없이 부족함을 파악했다.

  양성평등 모둠은 양성 간의 이러한 차이가 단기간에 형성되지 않았으리라 봤다. 인류의 오랜 역사 시간 동안 축적된 일이라 판단한 것이다. 양성평등 모둠은 각종 도서를 통해 양성평등을 위한 노력 연대표를 만들었다. 또한 성 불평등의 원인을 찾고, 나아가 양성평등을 위해 할 수 있는 일을 유추하고자 했다. 해당 모둠이 양성평등을 위한 노력과 좌절을 탐구할 때 활용한 시대별 키워드를 정리하면 다음과 같다.

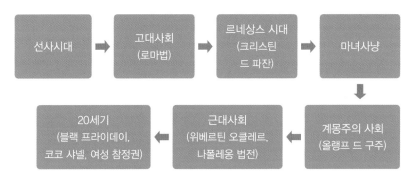

[그림 5-6] 양성평등을 위한 노력과 좌절의 시대별 키워드

[그림 5-7] 양성평등을 위한 노력 탐구 결과

또한 각 시대별로 GGGI 수치가 어땠을지 추측해 봤다. 물론 선사시대나 르네상스 시대의 수치는 없었다. 다만 양성평등 모둠 학생들이 당시 있었던 사례들을 통해 미루어 짐작할 뿐이다. 객관적인 통계가 될 수는 없지만 각 시대별로 가상의 GGGI를 매겨 보는 것만으로도 당시 양성평등의 수준을 추론해 볼 수 있었다. 이렇게 양성평등을 위한 시대별 노력과 좌절을 탐구하고 이를 가상의 GGGI로 묶은 것을 '양성평등을 위한 노력 연대표'라고 명명했다.

양성평등 모둠은 양성평등을 위한 노력 연대표를 원인과 책임의 주요 개념으로 바라봤다. 원인이라는 주요 개념으로 성 불평등의 원인을 찾았고, 책임이라는 주요 개념으로는 성 불평등을 양성평등으로 나아가게 하는 방법을 찾았다.

양성평등 모둠은 성 불평등의 원인을 제도적 원인(예: 로마법, 나폴레옹 법전)과 왜곡된 종교적 원인(예: 마녀사냥), 신체적 차이와 고착화된 역할(예: 선사시대의 역할 차이)이라 보았다. 다만 이 원인들은 현재에는 통용되지 않는다는 공감대를 가졌다. 그 예로 선사시대의 신체적 차이는 사냥과 수렵이라는 역할 차이를 불러왔지만 현대 사회는 신체적 차이가 역할을 구분 지을 이유가 되지 않는다는 것이다. 양성평등 모둠은 올랭프 드 구주, 코코 샤넬, 위베르틴 오클레르의 활동을 통해 양성평등을 위해 우리가 해야 할 노력을 찾았다. 성 불평등의 원인이 오늘날 사회에 통용되지 않는 만큼 올랭프 드 구주나 위베르틴 올클레르, 코코 샤넬의 노력처럼 불평등한 사회를 개혁하는 노력을 끊임없이 해야 한다는 것이다. 이렇게 양성평등 모둠은 성 불평등에 대한 실태, 원인, 양성평등을 위한 노력 방향을 짚어 보며 탐구를 마무리했다.

두 번째 SDGs 목표, 불평등 해소 SDGs의 열 번째 목표에 해당하는 불평등 해소(reduced inequalities)를 탐구한 모둠은 '불평등 해소 모둠'이라고 모둠 이름을 정했다. 불평등 해소 모둠은 주요 개념을 형태, 원인, 책임으로 삼았다.

형태에서는 다양한 분야에서의 불평등을 찾았는데, 불평등 해소 모둠이 탐구한 분야는 성, 건강과 보건, 환경, 기아, 인프라, 평화, 교육, 경제였다. 성 분야에서는 양성평등 모둠과 같이 GGGI를, 건강과 보건 분야에서는 Our World In Data(OWID)에서 가져온 2021년 100명당 투여

[그림 5-8] 세계의 여러 가지 불평등에 대한 탐구 결과

하는 코로나19 백신의 용량(COVID-19 vaccine doses administered per 100 people)을 세계지도상에 표시한 자료를 살펴봤다. 환경 분야에서는 세계 대륙별 쓰레기 폐기량(Throwaway world regional waste generation, tonnes)의 세계지도 자료와 2023년 기후 변화 성과 지수 보고서(Climate change performance report, 2023)를 탐구했다. 기아 분야 탐구에서는 세계 기아 지수(Global hunger index 2023)를, 인프라 분야 탐구에서는 품질 인프라 지수(Quality infrastructure index)를 참고했다. 평화 분야에서는 세계 평화 지수 보고서(Global peace index report)를, 경제 분야는 세계 소득과 불평등 보고서(Global income and wealth inequality report)를 활용하여 탐구했다.

불평등 모둠은 다양한 분야의 탐구를 통해 탐구한 모든 분야에서 불평등이 존재한다는 결과를 냈다. 또한 각 분야 속 불평등을 원인의 개념적 렌즈로 탐구해 본 결과 불평등의 기저에는 경제적 불평등이 존재한다는 결론을 냈다. 이에 맞게 불평등 해소 모둠은 세계 여러 분야에 걸친 불평등은 경제적 불평등을 해소할 때 가능하다는 점을 피력했다. 아울러 우리 정부나 세계 각국이 얼마나 경제 불평등을 줄이기 위해 노력하고 있는지 탐구했다.

세 번째 SDGs 목표, 해양생태계 보존   SDGs의 열네 번째 목표에 해당하는 해양생태계 보존(life bellow water)을 탐구한 모둠은 '후쿠시마 오염수 모둠'이라고 이름을 정했다. 후쿠시마 오염수 방류 문제를 소재로 삼았기 때문이다. 후쿠시마 오염수 모둠은 주요 개념을 형태, 관점, 책임으로 정했다.

이 모둠은 형태의 관점으로 동일본 대지진부터 후쿠시마 오염수 방류까지 과정을 먼저 탐구했다. 각종 매체 속 뉴스를 통해 탐구했는데,

그 과정에서 후쿠시마 오염수 방류의 원인을 짚어 볼 수 있었다. 나아가 후쿠시마 오염수 방류의 과정을 살펴보며 같은 현상을 두고도 사람마다 관점이 다르다는 사실을 확인할 수 있었다.

이 모둠은 후쿠시마 오염수가 해양생태계와 우리의 삶에 매우 위험하다는 학자들과 이를 지지하고 정책적으로 뒷받침하려는 정치가들을 살펴봤다. 반대로 후쿠시마 오염수 속 방사능 물질로 인식되는 다양한 물질이 생각보다 우리에게 영향을 주지 않을 것이라는 학자들과 이를 지지하는 정치가들에 대해서도 조사했다. 후쿠시마 오염수에 대한 서로 다른 관점과 그에 대한 근거들을 찾아본 것이다.

처음에 학생들은 같은 사건을 두고 이렇게 반대되는 입장이 있을 수 있다는 것에 의아해했다. 심지어 후쿠시마 오염수 속 물질에 대한 연구는 과학 영역이기에 이런 의아함은 깊어졌다. 저자도 학생들이 후쿠시마 오염수를 소재로 탐구하겠다고 했을 때 좀 망설여졌다. 과학은 사실의 영역인데, 여기에 관점이 있다는 점이 학생들에게 혼란을 가져다주지 않을까 해서이다. 하지만 막상 탐구가 진행되자 이러한 우려는 기우였다는

[그림 5-9] 후쿠시마 오염수 방류 문제에 대한 탐구 결과

것이 드러났다. 처음엔 학생들도 과학에 관점이 있다는 현실을 당황스러워했지만 곧 받아들이게 되었다. 오히려 세상에 절대적인 진리는 없으며 그래서 평생 학습자로서 성장해야 한다는 점을 이해했다.

후쿠시마 오염수 모둠은 후쿠시마 오염수가 안전하다는 입장과 위험하다는 입장 중에서 어느 것이 옳다고 모둠 차원의 결과를 내지 않았다. 그저 개개인의 입장을 명확히 했다. 다만 각 입장에서 어떤 노력을 해야 할지 고민했다. 후쿠시마 오염수에 대한 양쪽의 입장 모두 그 목적이 해양생태계와 사람들의 안전에 있기에 이를 염두해 둔 고민이었다.

 04 탐구 주제 목록 ②
예술과 국제적 문제의 관계(연결성)

| 주요 학습 활동 | • 중심 아이디어 구성을 위한 모둠 탐구하기 |
| | • 중심 아이디어 구성하기 |

앞서 탐구 주제 목록 ①이 예술과 국제적 문제에 대해 알아봤다면, 이번 탐구 주제 목록 ②에서는 예술과 국제적 문제 두 개념의 관계인 중심 아이디어를 탐구한다.

저자는 IB 수업이나 개념 기반 탐구 수업에 대한 강의를 종종 다닌다. 강의에서는 이 책처럼 중심 아이디어를 많이 강조한다. 그리고 중심 아이디어 혹은 개념적 이해를 학생들과 구성하는 수업에 대해 설명할 때엔 이 수업을 사례로 든다. 저자와 마찬가지로 탐구 단원의 핵심이 중심 아이디어의 구성이라고 생각하는 독자들은 이번 수업을 잘 읽어 보기를 바란다.

▌중심 아이디어 구성을 위한 모둠 탐구

중심 아이디어를 구성하는 수업을 본격적으로 시작하기 하루 전, 각 모둠의 역할을 정한다. 즉, 각 모둠별로 탐구할 대상과 방법을 선택하는 것이다. 저자가 제시한 탐구 대상과 방법은 다음 네 가지이다.

- 예술 감상하기
- 예술 따라 하기
- 국제적 문제 분석하기 1
- 국제적 문제 분석하기 2

탐구 대상이라고 해 봤자 '예술'과 '국제적 문제'이고, 방법이라고 해 봤자 '감상하기'와 '따라 하기' 그리고 '분석하기'이다. 이는 너무 추상적이다. 아니나 다를까 학생들이 질문을 던진다.

"선생님, 감상할 예술이 뭐예요?"

"선생님, 따라 할 예술은요?"

"국제적 문제는 한두 개가 아닌데 무엇을 탐구해요?"

저자는 한결같이 같은 대답을 던졌다.

"그건 수업 시간에 확인해 보자."

다음 날, 중심 아이디어를 구성하는 수업을 시작하면서 제일 먼저 지난 탐구에서 이해했던 예술과 국제적 문제에 대한 학생들의 이해를 점검했다. 그리고 이 시간이 중심 아이디어를 이해하여 구성하는 수업임을 학생들과 확인했다. 저자의 학생들은 이미 4년간 IB PYP 수업을 받아 왔다. 공교육 IB PYP 입장에서는 아주 베테랑 IB PYP 학생인 것이다. 탐구 단원 수업에서 개념을 이해하고 나면 개념과 개념의 관계인 중심 아이디어를 구성한다는 것쯤은 알고 있다. 그러다 보니 수업 중 별다른 동기유발을 할 필요가 없었다. 오히려 개념 구성 후에 중심 아이디어를 구성하지 않고 다른 탐구를 먼저 하면 이것저것 설명할 게 많다.

아마 우리 학생들은 어른이 되어서도 이렇게 탐구하고 이해할 것이다. 개념부터 명확히 하고 이를 통해 이해할 문구를 구성하는 것 말이다. 이것이 IB PYP에서 말하는 평생 학습자가 아닐까 싶다. 저자의 학생들은 IB PYP 수업을 몇 년에 걸쳐 탐구하며 비슷한 탐구의 방향을 반복한 덕에 평생 써 먹을 탐구 흐름을 체득한다.

원래의 논지로 돌아가자. 이번 수업이 중심 아이디어를 구성하는 수업임을 학생들과 확인하고 이 수업의 평가 기준은 중심 아이디어를 구성하는 것이라고 설명했다. 평가 기준을 명확히 함으로써 학생들은 이번 탐구 내내 중심 아이디어를 구성해야 한다는 목표에 따라 사고할 수 있었다.

여느 수업이었다면 주요 개념을 제시했을 것이다. 주요 개념은 개념적 렌즈로 활용되기 때문에 저자는 탐구의 초점을 맞추기 위해 주요 개념을 수업 초반에 항상 제시하는 편이다. 이번 수업의 주요 개념은 '연결성'이다. 하지만 이번 수업만큼은 주요 개념을 수업 초반에 제시하지 않았다. 개념적 렌즈로서 연결성이 수업 중반 때부터 활용되기 때문이다.

학습 접근 방법도 제시했다. 이번 탐구의 학습 접근 방법은 의사소통기술, 그중에서도 정보교환으로 삼는다. 저자는 '다른 사람이나 모둠이 주는 정보나 관점을 존중하며 듣는다'라는 행동을 제시하여 학생들이 이번 탐구에서 의사소통 기술을 개선하는 데 명확한 기준을 제시해 주었다. 이번 학습 접근 방법을 구체화하는 탐구 전략은 '갤러리 워크'였다. 학생들에게 갤러리 워크 탐구 전략에 대해 이야기해 주었다. 갤러리 워크는 저자의 교실에서 자주 쓰는 탐구 전략이지만 쓸 때마다 전략을 활용하는 방법을 알려 주어야 한다. 그래야 학생들은 수업 시간에 탐구 전략을 정확히 활용할 뿐만 아니라 다음 수업에도, 다음 학년에도, 나아가 평생에 걸쳐 해당 탐구 전략을 쓸 수 있기 때문이다.

이제야 이번 수업 탐구와 관련된 IB 수업 요소들에 대한 안내가 끝나고 학생들의 탐구가 시작된다. 저자는 학생들과 미리 약속된 모둠별 탐구 내용에 맞게 탐구 자료를 나누어 주었다. 지금부터 이야기할 탐구는 모둠별로 서술하기로 한다.

첫 번째, 예술 감상하기 모둠은 말 그대로 예술을 감상하는 모둠이었다. 탐구 자료는 당연히 예술 작품으로, 올라퍼 엘리아슨(Olafur Eliasson)의 〈Weather Project〉와 〈Ice Watch〉 두 작품이다. 예술 감상하기 모둠은 이 두 작품을 살펴보고 보이는 것(see)과 생각나는 것(think)을 포스트잇에 적어 붙였다.

저자는 탐구 자료를 주고 다른 모둠에 피드백을 하러 갔다. 저자가 왔

[그림 5-10] 올라퍼 엘리아슨의 작품 감상 결과

다 갔다 하는 동안 예술 감상하기 모둠은 보이는 것과 생각나는 것에 대해 고민했다.

〈Weather Project〉에서 보이는 것은 '노란색 원이 보인다' '원 아래 많은 사람이 있다' 등이 있었다. 〈Ice Watch〉에서는 '얼음이 12개이다' '길거리에 얼음을 두었다'였다. 생각나는 것(think)을 살펴보자. 〈Weather Project〉의 생각나는 것은 주로 '지구온난화를 표현하는 것 같다'가 많았다. 작가의 예술 표현 의도를 짚은 것이다. 〈Ice Watch〉도 마찬가지이다. '얼음이 녹는 것을 표현해 지구온난화를 알리려는 것 같다'는 짐작을 했다.

두 번째, 예술 따라 하기 모둠은 아침부터 복작복작했다. 전날, 학생들이 모두 하교하고 나서 예술 따라 하기 모둠 옆에 저자가 노란색 끈 스티커로 큰 네모를 그려 놓았기 때문이다. 학생들 사이에선 온갖 추측이 난무했다. 저자는 여느 때와 다름없이 "수업 시간 때 보자."라는 말만 되뇌었다.

자, 이제 다시 수업 시간. 저자는 예술 따라 하기 모둠 학생들에게 일회용기, 비닐 등 플라스틱 재질의 쓰레기들을 선물했다. 물론 학생들이 마음껏 쓸 수 있도록 깨끗이 씻었다. 또한 플라스틱들에는 특이하게도 노끈이 달려 있었다. 저자는 이 플라스틱들을 학생들에게 선물하고 재빨리 다른 모둠을 보러 갔다. 그동안 예술 따라 하기 모둠은 '이걸 어쩌라는 걸까?' 하고 추측하고 있었다.

교사가 돌아와서 그 플라스틱을 노란 네모 칸에 적절이 배치하라고 했다. 학생들 중 한 명이 "아, 설치 미술이군요!" 하며 친구들과 함께 플라스틱을 배치하기 시작했다. 저자가 또 다른 모둠들을 살펴보고 돌아오니 어느덧 나름의 질서를 갖춘 설치 미술이 완성되어 있었다.

이제 교사의 능력을 발휘할 때가 왔다. 저자는 미리 준비한 사다리를

[그림 5-11] 〈플라스틱 바다〉 예술 따라 하기 결과

가져왔다. 그리고 학생들이 노란 네모 칸 안에 배치해 놓은 플라스틱을 그대로 천장에 붙였다. 사실, 노란 네모 칸은 플라스틱의 '가(假)배치'용으로 쓰이는 것이고 진짜 배치는 '가배치'한 것을 그대로 천장에다 플라스틱을 붙이는 것이다. 아까 플라스틱에 노끈을 달아 놓았다고 했다. 강한 자석을 달아 천장에 설치된 천장나사에 붙이면 노끈과 그에 매달린 플라스틱이 천장에 주렁주렁 매달린다. 물론 그 배치는 학생들이 바닥에 했던 그대로이다.

저자는 학생들에게 다음과 같이 물었다.

"이 작품을 보고 작가가 이런 작품을 만든 의도를 생각해 보세요."

그리고 저자는 다른 모둠으로 또 가 버린다. 남은 예술 따라 하기 모둠원들은 '이걸 왜 만들었지?' 하며 고민하고 서로 이야기한다.

저자가 돌아왔다. 학생들은 저마다 한마디씩 했다. 대부분의 학생이 '플라스틱이 나뒹구는 모습 아닐까?' 하는 추측을 했다.

이번엔 저자가 예술 작품의 이름을 공개한다. 하늘에 둥둥 떠 있는 이 플라스틱들은 학생들과 저자가 만든 예술작품이지만 사실은 기존 예술을 '따라' 한 것이란 걸 기억해 두자. 예술 작품의 이름은 〈플라스틱 바다〉이다. 플라스틱 바다. 학생들은 '아!' 하는 감탄사를 내지른다. "바다 위 플라스틱 쓰레기를 표현한 거구나."

세 번째, 국제적 문제 분석하기 1 모둠의 탐구를 살펴보자. 국제적 문제 분석하기 1 모둠에게는 영국 기상청(Met Office)에서 제공한 1850년 이후 온도 변화 그래프와 나사(NASA) 고다드 우주비행센터에서 제공한 1993 년부터의 해수면 변화 그래프(Our World In Data: OWID)를 출처로 한 이 산화탄소 증가량 그래프(National Snow and Ice Data Center: NSIDC)에서 측정한 북극 면적 변화 데이터를 탐구 자료로 쥐여 준다. 그리고 각 자료를 분석해 보고 사건을 인과 관계에 따라 전후를 배치해 보라고 한다. 늘 그렇듯 저자는 학생들에게 과제만 부여하고 다른 모둠을 보러 간다.

학생들은 저자의 기대보다 잘했다. ① 이산화탄소가 증가한다, ② 온도가 올라간다, ③ 북극 얼음이 녹는다, ④ 해수면이 높아진다. 이 순서대로 그래프들을 배치했다. 그러면 저자는 과제를 하나 더 부여한다. "이 도표들은 어떤 국제적 문제를 드러내나요?" 학생들이 교사에게 대답했다. "이 그래프는 지구 온난화의 원인과 실태를 드러내요."

[그림 5-12] 지구온난화 문제 탐구 결과

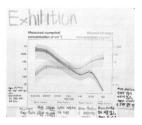

[그림 5-13] 해양 플라스틱 문제 탐구 결과

네 번째, 국제적 문제 분석하기 2 모둠의 탐구를 살펴볼 차례이다. 이 모둠에게도 각종 데이터 자료로 제공한다. 국제적 문제 분석하기 2 모둠에게 부여한 자료들은 깨끗한 바다를 위해 노력하는 The Ocean Clean Up 단체의 사이트에서 발췌했다. 이 자료들은 바다에 버려진 플라스틱들이 해류를 따라 모여 만들어진 플라스틱 섬을 나타낸다. 또한 플라스틱의 분류, 플라스틱 분류에 따른 생태계 피해 등을 드러낸 자료도 있다.

교사가 이 자료를 학생들에게 주고 다른 모둠으로 가면 학생들은 이 자료들을 살펴보고 자료에 담긴 내용들을 찾아낸다. 당연히 해양 플라스틱 문제를 다루고 있음을 쉽게 찾아낸다.

▮ 중심 아이디어 구성하기

이제 모둠 탐구는 끝났다. 저자는 학생들의 시선을 한곳에 모으고 갤러리 워크의 시작을 알린다. 학생들은 다른 모둠의 탐구 결과를 갤러리 워크를 통해 보면서 "어?" "어라?" 하는 비슷한 반응들을 보인다. 저자는 잠시 학생들의 이목을 다시 모은 뒤, 왜 그러냐고 물었다.

"우리 모둠이 〈플라스틱 바다〉라는 작품을 살펴봤는데, 이 모둠이 플라스틱 문제에 대해 다뤘어요."

"우리가 탐구한 올라퍼 엘리아슨의 ⟨Weather Project⟩와 ⟨Ice Watch⟩ 작품과 이 모둠의 탐구 결과가 연결된 것 같아요."

저자는 이제야 이번 수업의 주요 개념을 말한다. 바로 '연결성'이다.

"예술을 살펴본 모둠과 국제적 문제를 분석한 모둠의 탐구 결과는 어떤가요?"

학생들은 올라퍼 엘리아슨의 두 작품은 국제적 문제 1 모둠의 탐구 결과와, ⟨플라스틱 바다⟩라는 작품은 국제적 문제 분석하기 2 모둠의 탐구 결과와 연결되어 있음을 확인한다.

그리고 저자는 핵심 질문을 던진다.

"예술은 왜 만드는 것 같습니까?"

핵심적이지만 지금의 학생들에게 어렵지는 않다.

"예술은 국제적 문제에 대한 생각을 표현하기 위해 만듭니다."

이 대답이 바로 이번 탐구 단원에서 예술과 국제적 문제 간 관계를 서술한 문장, 즉 중심 아이디어이다.

"예술은 국제적 문제에 대한 자신의 지식, 생각, 신념을 표현한다."

05 탐구 주제 목록 ③
국제적 문제를 표현하는 예술 제작(책임)

주요 학습 활동	• 실천 작품 만들기 • '예술 박람회'를 통해 실천 작품 공유하기

학생들과 중심 아이디어를 구성하면 이제 이를 다른 맥락에 전이하

는 실천(action)을 한다. 이번 탐구 단원의 실천은 국제적 문제에 대해 자신의 생각을 표현한 예술 작품을 만드는 것이다. 그러니까 중심 아이디어 맥락 그대로 활동하는 것이다.

먼저, 학생들은 탐구 주제 목록 ①에서 탐구했던 SDGs의 열일곱 가지 목표 중 가장 관심 가는 목표를 정했다. 또 이를 표현할 예술 방식도 선택했다. 지금부터 학생들이 국제적 문제에 대한 자신의 생각을 어떤 예술로 표현했는지 몇 가지 사례로 풀어 본다.

▌학생들의 실천 작품

첫 번째로 소개할 학생의 작품은 〈플라스틱을 먹는 바다〉이다. 이 작품은 행위 예술이다. 한 학생은 물고기 모양을 한 큰 탈을 쓰고 앉았다. 그럼 다른 학생이 와서 무덤덤한 표정으로 물고기 탈을 쓴 학생의 입에 플라스틱을 집어넣었다. 행위 예술을 매번 반복할 순 없어 영상으로 찍어 전시관에서 상영했다. 이 작품은 인간의 무지하거나 무책임한 행동

[그림 5-14] 플라스틱을 먹는 바다

들이 바다에 플라스틱 쓰레기를 늘린다는 것을 알리기 위해 만들었다. 특히 물고기에게 플라스틱을 먹이는 무미건조한 인간의 표정은 작품 의도를 오히려 생생하게 드러내는 역할을 한다.

두 번째로 소개할 학생의 작품 역시 해양 쓰레기 문제를 다룬 작품이다. 작품 이름은 〈플라스틱 물고기〉로, 이젤 패드 포장 비닐에 플라스틱 쓰레기를 가득 채워 물고기처럼 꾸민 작품이다. 인간이 플라스틱을 버리고 해양 생물은 이 플라스틱을 먹어 해양 생태계가 위험하다는 점을 표현한 작품이다.

세 번째 소개할 학생의 작품도 해양 쓰레기를 주제로 한 작품이다. 작품 이름은 〈거북〉이다. 설치 미술로 만든 작품으로 큰 거북이의 사진에 비닐을 감아 놓은 작품이다. 학생들은 이 작품을 통해 해양 쓰레기로 인한 엉킴 문제로 많은 생명이 희생되고 있음을 알리고자 했다. 학생들이 만든 작품들 중 해양 쓰레기를 다룬 작품이 많다. 그만큼 해양 쓰레기에

[그림 5-15] 〈플라스틱 물고기〉

[그림 5-16] 〈거북〉

대한 공감대가 학생들 사이에 널리 퍼져 있다는 게 아닐까?

네 번째로 소개할 학생의 작품은 〈지구 소멸〉이다. 이 작품은 환경 문제의 심각성을 다루고자 했다. 다만, 원래 기획은 행위 예술이었는데 종국에는 설치 예술로 바뀐 경우다. 좀 더 구체적으로 설명해 보자. 원래 〈지구 소멸〉을 기획한 학생들은 환경 문제로 인해 지구가 멸망하고 있음을 예술로 드러내고자 했다. 정확히 말하면 지구가 멸망하는 것이 아니고 인류가 멸망하는 것이지만 말이다.

학생들은 지구가 멸망하는 모습을 '파쇄'를 통해 표현하고자 했다. 다시 말해, 지구 그림을 여러 장 그려 두고 이를 세절기에 세절하는 모습을 보여 주어 지구가 파괴되는 모습을 있는 그대로 표현했다. '지구가 파괴된다'는 말 자체를 행위 예술로 표현한 것이다. 본격적으로 친구들에게 행위 예술을 보여 주기 전, 이 작품을 기획한 학생은 연습 삼아 지구가 그려진 종이를 세절하고 있었다. 이때, 옆에 앉아 있던 학생이 한마디 했다.

"네가 그러고 있는 게 지구를 더 파괴하고 있는데?"

즉, 괜히 예술을 한다고 종이를 낭비하면 지구가 더 파괴된다는 것이다. 예술을 기획한 학생은 이 의견을 즉각 수용했다. 세절하다 만 지구가 그려진 종이를 행위 예술에서 설치 미술로 바꾸어 버린 것이다. 참 재미

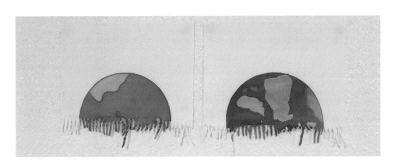

[그림 5-17] 〈지구 소멸〉

있는 에피소드이다. 예술 작품을 지적한 학생도, 이를 반영한 학생도 모두 환경 문제에 대한 관심이 일상화되었기에 있을 수 있었던 일이다.

다섯 번째로 소개할 학생의 작품은 〈전쟁〉이다. 이 작품은 소리를 활용한 예술로, 관객과 교감을 시도하는 시험적인 작품이다. 저자의 학교에는 작은 방이 있다. 교과서를 보관하는 창고로 쓰는 방인데, 창문이 전혀 없고 불도 밖에서 끄고 켠다.

〈전쟁〉이란 작품은 관객을 이 창고에 들어가게 하는 것에서 시작한다. 관객이 들어갈 때 작품을 기획한 학생들은 창고에 들어가서 이동하지 않도록 당부한다. 그리고 소리에 귀 기울이게 한다. 안전을 위한 조치이자 이 작품의 핵심인 '소리'이기에 집중하게 하려는 의도다. 관객이 창고로 들어가면 많은 총 소리와 비명 소리, 폭발 소리가 들린다. 말 그대로 전쟁의 소리다. 관객들은 아무것도 보이지 않는 어둠의 공포, 소리의 공포를 전쟁의 공포와 연결 짓는다. '전쟁은 참혹합니다' '전쟁을 하지 맙시다'라는 공허한 외침보다 〈전쟁〉이란 작품에서 느낀 공포의 감

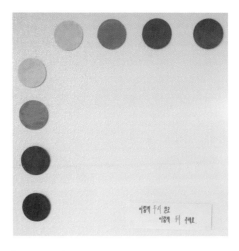

[그림 5-18] 〈이렇게 두지 말고, 이렇게 두세요〉

정이 학생들에게는 전쟁에 대해 더 와닿는 경험이 아닐까 한다.

마지막으로 소개할 학생의 작품은 〈이렇게 두지 말고, 이렇게 두세요〉이다. 이 작품은 다양한 명도로 색칠해 둔 살구색 원을 세로로 한 번, 가로로 한 번 나열해 둔 설치 미술이다. '이렇게 두지 말라'는 것은 세로로 두지 말라는 의미이고, '이렇게 두세요'라고 하는 것은 가로로 두라는 의미이다. 이 작품은 인종차별을 다룬 작품이다. 세계의 다양한 사람을 피부색에 따라 서열 짓지 말고 평등하게 대해 달라는 생각을 담았다. 언뜻 보기에 난해하지만 깊은 생각 끝에 의미를 알아낸다면 오래도록 기억에 남을 만한 작품이지 않을까 싶다.

▌예술 박람회 하기

학생들은 학교의 초학문적 주제 전시관 중 한 곳인 '우리 자신을 표현하는 방법 전시관'에 자신이 만든 예술 작품들을 전시했다. 그리고 다른 학년의 학생들에게 예술 작품을 보러 오게 했다. 이를 '예술 박람회'라고 칭했으며 학부모들 역시 언제든 참여해서 학생들의 탐구 과정과 결과, 예술 작품을 감상하도록 했다.

06 공유

이번 '우리 자신을 표현하는 방법' 탐구 단원의 평가 방식은 콘퍼런스이다. 콘퍼런스 방식에 대해서는 4장에서 설명했으니 이 장에서는 생략

하도록 한다. 다만, '우리 자신을 표현하는 방법' 탐구 단원에서 마지막
으로 언급하고자 하는 점은 '공유'이다. 저자는 실천을 할 때 되도록 다른
학년들이 참관하도록 한다. 특히 5학년은 웬만하면 와서 볼 수 있도록
한다. '세상이 돌아가는 방식' 탐구 단원의 실천인 '발명 박람회'에서도
같은 6학년은 물론이고 1학년에서부터 5학년 학생들까지 잠깐이라도 6
학년 교실에 들를 수 있도록 했다. 이번 '우리 자신을 표현하는 방법' 탐
구 단원의 실천인 '예술 박람회'에서도 다른 학년들을 초대했다.

　다른 학년의 학생들을 부를 때는 교사들끼리 시간 조율을 해야겠지
만 더 중요한 것은 우리가 하는 박람회를 알리고 다른 학년의 학생들이
'보러 가고 싶다'는 마음이 생길 수 있도록 해야 하는 것이다. 그래서 다
른 학년의 학생들을 실천에 초대할 때는 실천을 하기 전에 학생들이 포
스터나 초대장을 만들어 다른 학년의 학생들에게 나누어 주기도 했다.

[그림 5-19] 예술 박람회 포스터

실천을 할 때마다 다른 학년의 학생들을 불러 왜 이렇게 참관하게 할까? 군이 만들지 않아도 되는 포스터나 초대장까지 만들어 가며 말이다. 이유는 다양하다. 6학년 학생들의 발표 능력을 키우기 위한 것도 한 이유이다. 하지만 가장 큰 이유는 초학문적 주제의 연결성과 위계성을 이해하도록 하기 위해서이다. IB PYP는 학년마다 여섯 가지 초학문적 주제를 탐구한다. 탐구하는 주제가 매년 같다 보니 그 내용상 연결성과 학년 간 위계성을 매우 중요하게 여긴다. 다른 학년이라도 같은 초학문적 주제끼리는 그 내용이 서로 연결되어 있으면서도 탐구의 깊이에서 차이를 두어야 한다. 학생들은 콘퍼런스를 통해 다른 학년의 탐구를 엿볼 수 있고, 이를 바탕으로 초학문적 주제의 연결성과 위계성을 이해하는 것이다.

학생들이 서로 다른 학년의 탐구 단원을 공유하는 것은 IB 교육 프로그램 자체 철학에 기반한다. IB 교육에서는 학생들이 수업의 수혜자로서만 존재하길 바라지 않는다. IB 교육은 학생들이 수업에 대한 메타 인지를 가지고 수업 구성에 대해 능동적인 참여자로서 역할을 하기 바란다. 물론 초등학생들이 수업 구성에 있어 완벽한 능동적인 참여자가 되긴 어렵다. 다만, 교사에게 탐구에 있어 그 방향과 도구에 대해 몇몇 가지라도 제안할 수는 있지 않을까? 그러려면 학생들이 자신이 수행해야 할 탐구에 대해 어렴풋하게나마 인식하고 있어야 한다.

정리해 보자면 콘퍼런스 때 다른 학년을 초대하는 이유는 서로 간 탐구의 위계성과 연결성을 이해하도록 하고 다음 학년의 탐구를 미리 맛보게 하는 것이다.

⓪6

우리는 누구인가

01 탐구 단원 개요

　지금부터 소개할 탐구 단원(Unit Of Inquiry: UOI)은 '우리는 누구인가 (Who we are)'[1]라는 초학문적 주제를 기반으로 설계했다. 우리는 삶을 살아가는 주체로서 누구나 행복한 삶을 꿈꾼다. 그러나 행복한 삶의 기준은 모두 다르며 우리 자신의 마음속에 들어 있다. 그러므로 우리 스스로를 이해하는 것은 중요하다. 자신이 누구이며, 어떤 감정을 가졌고,

---

탐구를 위한 TIP

1　IB PYP의 여섯 가지 초학문적 주제 중 하나인 '우리는 누구인가'는 다섯 가지 설명으로 이루어져 있다. 다섯 가지 설명은 자아의 ① 본질, ② 신념과 가치관, ③ 개인적·신체적·정신적·사회적·영적 건강 상태, ④ 가족·친구·공동체 및 문화를 포함한 인간관계의 본질, ⑤ 권리와 책임 및 인간으로 존재한다는 것의 의미로 이루어진다.

왜 이렇게 행동하는지, 무엇을 좋아하는지 등이 여기에 속한다. 사람들은 이렇게 자기 자신을 이해하고 느낄 수 있는 능력을 지녔다.

하지만 사람들은 인생을 살아가면서 나이와 관계없이 늘 자신에 대한 고민을 한다. 내가 원하는 것이 무엇인지, 어떤 가치관을 가지고 있는지 고민하며 자신을 이해하는 것을 어려워한다. 그 이유는 우리의 인생에 가장 중요한 '우리 자신에 대한 고민을 할 기회'가 부족했기 때문이다. 여기서 '나'가 아닌 '우리'라고 하는 이유는 사람이 함께 살아가는 존재이기 때문이다. 나뿐만 아니라 어울려 살아가는 타인에 대한 이해가 바탕이 될 때 우리는 서로를 인정하고 삶이 보다 편안해진다. 그러므로 나를 포함한 우리를 들여다보는 시간이 필요하다. 우리는 자아의 본질, 신념과 가치관, 건강 상태와 인간관계, 인간으로서의 권리와 책임을 포괄하는 초학문적 주제인 '우리는 누구인가'에 대해 탐구할 필요가 있다.

초등학교 5학년 1학기 도덕 교과서는 정직, 감정과 욕구의 조절, 긍정적인 태도에 대해 다루는 세 개의 단원으로 구성되어 있다. 5학년 실과 교과서에서도 '아동기 발달과 성'이라는 단원을 두어 우리의 신체적 · 인지적 · 정신적 · 사회적 발달 특징과 건강한 발달을 위해 필요한 것을 알아본다. 5학년 체육 교과서에서는 '건강' 단원을 두어 성장에 따른 신체적 변화와 건강한 성장과 발달을 위한 생활양식을 살펴볼 수 있는 기회를 제공한다. 이렇게 세 교과에서 밀접하게 연결된 건강을 주제로 탐구하는 것은 '우리는 누구인가'에 대한 다섯 가지 설명 중에서 '개인적 · 신체적 · 정신적 · 사회적 · 영적 건강'과 잘 연계될 수 있다.

초학문적 주제와 교육과정의 연계성을 확인한 뒤에는 탐구 단원을 이끌어 가는 중심 아이디어(central idea)에 대한 고민을 시작했다. 먼저 도덕, 실과, 체육 교과의 단원 학습 내용과 성취 기준을 살펴보고 반복되는 단어를 찾아냈다. 그리고 초학문적 주제의 설명인 '개인적 · 신체적·정신적·사회적·영적 건강 상태의 본질'을 드러낼 수 있는 중요한 단어를 추려 냈다. 그 결과 '건강, 신체, 정신, 사회, 상호작용'의 관련 개념[related concepts; 추가 개념(additional concepts)]을 추출했다.

다음으로는 이 개념 간의 관계를 어떤 문장으로 서술하여 일반화할 수 있을지 생각했다. 처음 설정한 중심 아이디어는 '건강은 신체적·정신적·사회적 건강의 상호작용으로 이루어진다'였다. 도덕, 실과, 체육 교과에서 공통된 소재로 다루는 건강이 하나로만 이루어진 것이 아니고 상호 의존하는 것이기 때문이다. 하지만 '우리는 누구인가'라는 초학문적 주제가 '나는 누구인가(Who I am)'가 아닌 것처럼, 한 개인의 건강을 이야기하는 것이 아니라 우리라는 공동체의 건강에 대해 이야기하고 싶었다. 그것은 개인의 건강을 포함하면서도 더 거시적인 눈으로 사회의 건강까지 바라보는 것을 의미한다. 또한 아동의 성장 발달 과정에서 5학년은 자신을 둘러싼 또래와 공동체의 의미가 커지고 소속감을 느끼게 되는 시기이다. 그렇기 때문에 개인의 건강에서 한 걸음 더 나아간 개인과 사회의 건강을 함께 탐구하고자 했다. 이러한 고민 끝에 중심 아이디어를 '건강은 신체적, 정신적, 사회적으로 조화롭게 안정된 상태를 위해 개인과 사회가 함께 협력함으로써 이루어진다'로 새롭게 설정하였다.

'건강을 잃는 것은 모든 것을 잃는 것과 같다'는 말처럼 행복한 삶을 살아가는 데 건강은 필수이다. 우리는 건강이란 무엇인지 구체적으로 탐구하고 개인과 사회의 건강이 가진 관련성을 파악할 것이다. 이러한 이해를 바탕으로 개인과 사회의 건강을 위한 실천(action)에도 나설 것이다. 이번 탐구는 나와 타인의 건강을 살피고 더 나아가 우리가 살아가는 사회의 건강을 돌봄으로써 더 건강한 세상을 만드는 데 의의가 있다.

<표 6-1> '우리는 누구인가' 탐구 단원의 개요

초학문적 주제 (transdisciplinary themes)	우리는 누구인가(Who we are)
중심 아이디어 (central idea)	건강은 신체적, 정신적, 사회적으로 조화롭게 안정된 상태를 위해 개인과 사회가 함께 협력함으로써 이루어진다.
주요 개념(명시된 개념) [key concepts(specified concepts)]	형태(form), 연결성(connection), 책임(responsibility)
탐구 주제 목록 (Lines Of Inquiry: LOI)	• 개인의 건강을 구성하는 요소(형태) • 개인의 건강과 사회의 건강 간의 관계(연결성) • 우리의 건강을 위한 실천(책임)
관련 개념(추가 개념) [related concepts(additional concepts)]	건강, 신체, 정신, 사회, 감정, 소통, 변화, 태도
학습 접근 방법 (Approaches To Learning: ATL)	• 의사소통 기능(communication skills) • 대인 관계 기능(social skills) • 자기관리 기능(self-management skills)
IB 학습자상 (IB learner profile)	• 균형 잡힌 사람(balanced) • 원칙을 지키는 사람(principled) • 소통하는 사람(communicators)

02 동기유발
탐구 만나기

　동기유발(provocation)은 '도발' '자극'을 의미하는 단어로, 학생들이 탐구에 관심과 동기를 갖게 만드는 맥락을 구성하는 단계이다. 이번 탐구에서는 학생들의 글과 신문 기사를 통해서 탐구 주제에 대한 호기심을 키워 간다.

▌탐구 주제의 렌즈로 나의 삶 바라보기

'건강'을 주제로 한 새로운 탐구 단원을 시작하기 전에 학생들이 탐구 주제에 대해 관심을 가질 수 있도록 '건강한 주말 보내기'라는 미션을 미리 제시했다. 인증 샷을 찍어 올릴 수 있다면 학급 플랫폼인 '밴드'에 올려 줄 것을 부탁했다. 주말을 보내고 새로운 한 주를 맞이한 학생들과 건강한 주말이라는 주제로 간단한 글쓰기를 했다. 이 과정은 우리의 삶과 세상을 '건강'이라는 렌즈로 바라보는 탐구의 시작이었다. 학생들은 자신이 쓴 글을 짝과 공유하는 하브루타 대화를 실시했다. 그리고 우리 반 전체에서 주말에 있었던 일을 풀어놓으며 건강했던 순간, 건강하지 못했던 순간을 이야기했다. 학생들이 겪고 바라본 건강한 주말의 모습은 참 다양했다. 줄넘기, 배드민턴, 축구와 같은 운동이 있는가 하면 캠핑, 여행, 게임, 동식물과 함께하기와 같은 여가 활동도 있었고 맛있는 음식과 외식도 빼놓을 수 없었다. 또 건강하지 못한 사례를 얘기해 보니 동생과의 갈등, 가족과의 다툼, 학원 숙제에 대한 스트레스가 있었다. 학생들은 운동, 음식, 여행, 기분, 휴식, 관계, 갈등의 경험을 건강과 연결시켰다. 저자는 학생들의 발표를 들으면서 중요하다고 생각되는 단어들을 칠판에 적었다. 이렇게 학생들은 대화를 하고 칠판에 적어 둔 단어를 보면서 자연스럽게 건강의 다양한 측면에 대해 관심을 가지게 됐다.

학생들의 경험은 모두 달랐지만 이를 모아 분류해 보면, 건강의 세 가지 측면을 발견할 수 있었다. 신체적 건강, 정신적 건강, 사회적 건강이 바로 그것이다. 하지만 아직은 본격적인 탐구 전에 흥미를 유발하는 단계이므로 교사가 먼저 세 가지 분류로 나누거나 설명하지 않았다. 학생들이 건강에 대해 관심을 가지게 하는 것이 가장 큰 목적이었고, 이에 대한 발견이 학생 주도적으로 이루어지기를 기대했기 때문이다.

▌기사를 통해 탐구 주제에 다가가기

건강은 우리의 삶과 밀접하지만 학생들이 쉽게 관심을 가지는 주제는 아니다. 건강을 탐구의 주제로 삼기보다는 체육 활동으로 이루어야 하는 목표라고 생각하는 경우가 많다. 그러므로 건강에 대한 호기심을 가지고 탐구하고 싶다는 마음을 불러일으키는 것이 필요했다. 이를 위해 저자는 건강의 중요성을 일깨울 수 있는 기사를 준비했다. 기사를 선정할 때는 여러 가지 조건을 살폈다. 학생들의 흥미를 끌 만한 인물이나 소재가 등장하고, 비교적 최근에 일어난 일이며, 유해성이나 자극성의 관점에서 학생 수준에 알맞은 것이어야 한다. 저자는 건강 문제로 방송 활동을 중단한 연예인의 소식을 전하는 기사를 보여 주었다. 하지만 건강 문제가 무엇인지 구체적으로 드러나지 않은 기사를 의도적으로 선택했다. 이미 신체적 건강 외에도 건강의 다양한 측면에 대해 관심을 가진 학생들의 시야를 좁힐 필요가 없기 때문이다.

최근까지도 왕성한 활동을 해 온 유명한 연예인이라 학생들은 호기심을 느꼈다. 그리고 이내 호기심은 왜 그럴까 하는 의문으로 커졌다. 학생들은 함께 기사를 읽고 자유롭게 생각과 느낌을 나눴다. "정말 즐겁고 걱정이 없어 보였는데 건강이 안 좋다니 놀랐어요." "어디가 아파서 방송을 중단하는지 궁금해요." "다른 연예인도 이런 경우를 본 적 있어요. 공황장애 때문에 긴 시간 방송을 쉬었다고 했어요." 등 학생들은 기사에 제시된 단편적인 정보만으로도 자신의 이전 경험과 추측을 통해서 대화의 꽃을 피웠다.

다음으로는 건강의 중요성에 대해 직접 직면할 차례였다. 교사는 '세 가지의 왜(The 3 whys)'[2] 전략을 사용했다. '세 가지의 왜' 질문을 학생들에게 순차적으로 제시하면서 건강이 중요한 이유를 생각하게 했다.

- 건강이 나에게 중요한 이유는 무엇인가요?
- 건강이 내 주변 사람들(가족, 친구, 마을, 국가)에게 중요한 이유는 무엇인가요?
- 건강이 세계적 관점에서 중요한 이유는 무엇인가요?

학생들은 질문에 대한 자신의 생각을 학습장에 적었다. 하나씩 응답하는 과정에서 건강이 중요한 이유를 구성해 나갔고, 건강이란 주제가 단순히 유명 연예인뿐만 아니라 나와 내 주변의 사회, 그리고 모든 세계에 깊이 연결된 중요한 것이란 것을 깨달았다. 친구들과 공유하는 과정을 통해서 저마다 생각지 못한 건강의 중요성도 깨달았다. 드디어 학생들은 주도적으로 탐구에 참여할 마음가짐을 갖추게 되었다.

탐구 학습의 도입 단계에서는 주제와 내가 연결되어 있고 주제가 탐구할 만한 가치가 있다고 느끼는 것이 필요하다. 이때 개인, 사회, 세계로 범위를 넓혀 가며 사고를 확장시키는 '세 가지의 왜' 전략을 써 보기를 추천한다. 질문은 의도에 따라 역순으로 사용할 수도 있다.

▎탐구 질문과 탐구 주제 목록 만들기

앞선 활동들로 학생들은 건강을 이번 탐구의 주제로 인지하게 됐다.

탐구를 위한 TIP

2 '세 가지의 왜'는 하버드 교육 대학원 프로젝트 제로(Project zero)가 개발한 사고 루틴(thinking routine) 중 하나로, 세 가지의 이유를 묻는 질문 전략이다. '이 주제가 나에게 중요한 이유는 무엇인가요?' '내 주변 사람들에게 왜 중요할까요?' '그것이 세상에 중요한 이유는 무엇인가요?' 이렇게 세 가지의 질문을 순차적으로 던짐으로써 주제 또는 문제가 개인적, 지역적, 세계적으로 연결된 중요한 것임을 느끼는 데 목적이 있다.

저자는 학생들에게 탐구 주제인 건강과 관련된 초학문적 주제는 무엇일지 질문을 던졌다. 학생들은 보조칠판에 큰 글씨로 붙어 있는 6개의 초학문적 주제와 건강을 하나씩 연결해 보았다. 많은 학생이 '우리는 누구인가'와 가장 밀접한 관련이 있다고 대답했다. 이유를 물어보니 우리의 존재를 이루는 중요한 것이 건강이며, 건강해야 우리가 뜻대로 삶을 이끌어 갈 수 있기 때문이라고 대답했다. 저자는 초학문적 주제의 설명을 가져와서 이야기해 주었다. '우리는 누구인가'에 대한 설명 중 하나인 '개인적 · 신체적 · 정신적 · 사회적 · 영적 건강'에 대해 탐구할 것이라고 설명하니 학생들은 고개를 끄덕였다. 저자는 칠판에 탐구 주제인 건강과 초학문적 주제인 '우리는 누구인가'를 적고 추가 질문을 던졌다. "우리는 누구인가'라는 초학문적 주제에서 건강에 대해 탐구하는 이유는 무엇일까요?" 학생들은 COVID-19의 영향을 받은 경험 때문에 건강의 중요성을 알고 있었다. 그리고 건강은 우리의 몸과 관련이 있다는 점

[그림 6-1] 탐구 단원의 주제와 초학문적 주제 간의 연관성을 통해
탐구의 필요성 이해하기

도 인지하여 건강 상태를 알고 관리하는 것이 중요하다고도 말했다. 이런 대화는 우리가 어떤 주제를 탐구해 나가는지, 탐구의 목적과 맥락이 무엇인지를 각각 상기시켜 주었다.

저자는 건강을 탐구해 나갈 방향을 안내했다. 즉, 세 가지 탐구 주제 목록을 제시한 것이다. 그러고는 학생들에게 탐구 주제 목록에 대해 이미 알고 있는 것과 알고 싶은 것을 각각 떠올려 보도록 했다. 학생들은 개인 학습장에 스스로 떠올린 것을 쓰고 모둠을 꾸려 협의했다. 그리고 모둠마다 두 장의 포스트잇을 주고 '이미 알고 있는 것(know)'와 '알고 싶은 것(want to know)'에 각각 한 장씩 붙일 수 있도록 모둠원의 답변을 모으도록 했다. 모둠에서는 KWL 차트[3]에 포스트잇을 붙여서 공유했다. 학생들은 자기 모둠의 포스트잇을 붙이면서 다른 모둠 친구들은 어떻게 적었는지 궁금해하며 살펴봤다. 이렇게 KWL 차트를 통해 교사와 학생들은 서로가 가진 배경지식과 경험뿐만 아니라 궁금증을 알 수 있다. 이것은 탐구 단원을 진행할 때 학생의 눈높이를 이해하여 자료와 활동을 준비하는 데 큰 도움이 됐다.

특히 학생들이 건강에 대해 알고 싶은 것을 적은 질문들은 세 가지 탐구 주제 목록의 탐구 질문을 만드는 데 기초 자료가 됐다. 교사는 이를 빠짐없이 수합하고 목록화하여 정선하는 데 충분한 시간을 들였다. 모둠에서 이미 한 번 모은 질문도 학급에서 다시 모으니 의외로 중복된 질

탐구를 위한 TIP

3 KWL 차트는 학습을 돕기 위해 설계된 그래픽 조직자이다. 주제에 대한 탐구를 시작할 때 이미 알고 있는 것(Know), 알고 싶은 것(Want to know)을 확인하고 활용할 수 있다. 그리고 탐구를 마치면서 알게 된 것(Learned)을 정리할 수 있다. KWL 차트를 사용하면 학생의 관심과 질문에 따라 수업을 설계할 수 있다. 더불어 학생들은 사전 지식을 활성화하여 동기를 부여하고 관심을 높일 수 있다.

[그림 6–2] 초학문적 주제 및 탐구 주제에 대한 사전 지식과 궁금증을 적는 KWL 차트

문이 많았다. 학생들의 호기심과 의문은 비슷한 방향으로 가는 경향이 있다. 그래서 중복된 질문을 모으면 탐구 주제 목록마다 학생들의 탐구 질문은 5개 내외가 되었다. 각 탐구 주제 목록마다 학생들의 질문을 정리한 것을 인쇄하여 학생들에게 나누어 주면서 함께 살펴보는 시간을 가졌다. 저자는 이때 이 질문이 자신이 적어 낸 질문이면 옆에 각자의 이름도 표시해 보라고도 했다. 이 과정에서 학생들은 자신의 질문이 반영되는 것을 직접 느끼고 좋아했다. 교사는 학생들의 질문을 함께 탐구해 나갈 것이라 말했고 학생들은 질문 목록을 학습장에 붙였다. 교사는 학생들의 질문을 통해 탐구 주제 목록을 수정 및 보완하기 위한 시간을 가졌다. 학생들이 알고 싶은 것에 적은 내용을 반영하여 기존에 계획해 둔 탐구 주제 목록에서 수정할 점이 없는지 생각해 보았다. 학생들의 의견을 듣고 대화를 통해 탐구 주제 목록을 확정했다.

더불어 탐구를 진행하는 동안 사용할 개념적 렌즈인 주요 개념[key concepts; 명시된 개념(specified concepts)]과 학습 접근 방법, IB 학습자상을 보조칠판에 부착해 두었다. 이것은 학생들이 탐구에 활용할 수 있는 도구이자 탐구의 목표를 가리키는 나침반 역할을 한다.

03 탐구 주제 목록 ①
개인의 건강을 구성하는 요소(형태)

핵심 질문	건강한 사람은 어떤 모습인가요?
주요 학습 활동	• 매체 자료를 통해 건강의 의미 조사하기 • 고민 게시판을 통해 우리의 건강 상태 파악하기 • 다양한 요소를 포괄하는 건강의 의미 구성하기

　학생들의 탐구 질문 목록을 살펴보면서 첫 번째 탐구 주제 목록의 핵심 질문을 선정했다. 이는 학생들이 해당 탐구 주제 목록을 학습한 후 도달하기를 기대하는 이해로 이끄는 가장 핵심적인 질문이다. '형태'라는 주요 개념을 렌즈 삼아 건강을 바라보면, 건강의 의미나 건강을 구성하는 요소 등에 대한 질문들이 떠오를 수 있다. 따라서 첫 번째 탐구 주제 목록에서는 매체 자료를 활용한 조사 및 면담의 방법으로 건강의 의미를 구성해 나간다. 이때, 건강의 구체적인 장면과 모습에서 패턴을 발견하고 건강의 의미를 구성할 수 있도록 '형태'라는 주요 개념을 늘 염두에 두기로 약속했다.

▌매체 자료를 통해 건강의 의미 조사하기

　탐구를 시작하는 단계에서 건강에 대한 사전 인식을 확인하기 위해 '건강' 하면 떠오르는 이미지를 검색하여 공유했다. 공유된 이미지는 운동하는 모습, 세균 예방, 몸에 좋은 식재료와 음식 등으로 다양했다. 특히 운동이나 음식과 같은 신체적 건강에 대한 이미지가 많은 것으로 보아 '건강' 하면 가장 먼저 떠오르는 것이 신체적 건강이란 것을 알 수 있었다. 반면 다른 범주의 건강에 대한 학생들의 이해는 낮은 편이었다.

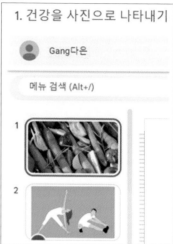

[그림 6-3] '건강' 하면 떠오르는 이미지를 공유하는 구글 슬라이드

학생들의 출발점 인식을 파악한 뒤 건강에 대한 의미를 확장시켜 줄 필요성을 느꼈다. 저자는 건강과 관련된 도서 목록을 준비하여 소개하고 학생들이 원하는 도서를 언제든 교실에서 가져가 탐독할 수 있도록 도서관에서 미리 대출을 해 두었다. 추가로 학생들이 알고 있는 도서가 우리의 탐구와 관련되면 추천할 수 있는 공간도 마련했다. 이렇게 학생들이 추천한 도서는 저자가 검토한 뒤에 학급에서 구입하거나 도서관에 구입 신청을 하였다.

학생들은 탐독한 책의 줄거리를 소개하고 이를 통해 건강에 대해 추가적으로 알게 된 사실을 공유했다. 학생들에게 가장 인기가 좋았던 책은 바이러스와 세균에 대해 다룬 책이었다. 아마도 지난 2년 동안 우리

[그림 6-4] 건강 관련 도서 목록과 　 　 [그림 6-5] 건강 관련 도서를 마련해 둔
　 　 　 　 추천 용지 　 　 　 　 　 　 　 　 　 　 교실 공간

의 생활에 큰 영향을 끼친 코로나 바이러스 때문이 아닐까 생각했다. 이렇게 신체적 건강에 대한 새로운 지식을 추가하는 것뿐만 아니라 『건강을 지키는 작은 한 걸음』 『우리는 모두 건강할 권리가 있다』 등의 책을 통해 정신적 건강과 사회적 건강에 대한 이해의 문을 열었다. 그러다 보니 자연스럽게 정신적 건강의 중요성에 대해 이야기가 시작되었다. 학생들은 탐구의 도입에서 본 연예인의 건강 기사에 대한 이야기를 다시 꺼내며 최근 정신적 건강이 현대인에게 큰 문제가 되고 있음을 이야기했다. 한 학생은 자신의 할아버지께서 치매로 인해 정신적 건강이 온전치 않아 힘들어하는 경험도 소개했다. "사회적 건강은 우리에게 어떤 영향을 줄까요?" 저자는 비교적 학생들의 인식 수준이 낮은 사회적 건강에 대해 질문했다. 학생들은 사회적으로 관계를 잘 맺는 것이 건강에 영향을 준다고 했다. 하지만 반응을 보니 신체적 건강과 정신적 건강에 비해 사회적 건강에 대한 이해가 깊지 않음을 느꼈다. 그래도 학생들은 책과 자신이 보고 들은 것을 토대로 건강은 다양한 요소로 이루어져 있음을 이해하게 되었다.

　학생들의 이해를 명확히 하기 위해 저자는 건강에 대해 가장 전문성

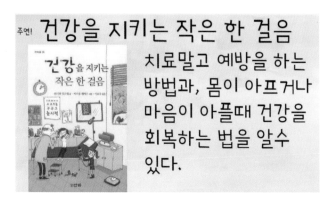

[그림 6-6] 건강 관련 도서를 읽고 알게 된 것을 소개하는 구글 슬라이드

있는 단체에서 정의한 건강의 의미를 찾아 소개했다. 그것은 바로 세계
보건기구(WHO)였다. 지난 2년간 지속된 코로나19 때문에 다양한 매체
에 등장한 세계보건기구는 학생들에게도 매우 익숙했다. "건강이란 단
순히 질병이 없고 허약하지 않은 상태만을 의미하는 것이 아니라 육체
적, 정신적, 사회적으로 안녕한 상태를 일컫는 것"이라고 칠판에 적었
다. 그러면서 학생들의 이해가 낮은 사회적 건강에 대해서도 주변인과
행복하고 안정된 관계 속에서 사회 생활을 해 나가는 상태란 것을 저자
가 보충했다. 세계보건기구가 정의한 건강의 의미에 학생들이 찾은 건
강의 요소가 포함되어 있는지 연결시켜 찾아보았다. 이미지와 도서를
통해 발견한 건강한 모습을 세 가지의 범주로 분류해 보았다. 그러니 우
리가 찾고 떠올린 것이 육체적·정신적·사회적 건강이라는 범주에 속
한다는 것을 알게 되었다.

건강이란 단순히 질병이 없고 허약하지 않은 상태만을 의미하는 것이 아니라 육체적 · 정신적 · 사회적 안녕이 완전한 상태를 말한다(Health is a complete state of physical, mental and social wellbeing and not merely the absence of disease or infirmity).

이 정의는 1948년 4월 7일에 발표한 보건헌장(A Magna Carta for World Health)에 나타난 개념이다. 이후 건강한 육체에 건강한 정신이 깃든다는 개념이 뒤를 이었으며, 20세기 중반부터는 일, 운동, 식사, 휴식, 수면 등의 일상적인 생활을 영위하는 데 아무런 지장이나 고통이 없는 상태를 말하는 생활 개념으로 바뀌게 되었다.

[네이버 지식백과] 건강의 정의(건강보건 관련 국제기구 지식정보원, 2009. 7. 31., 노영희, 홍현진)

▌고민 게시판을 통해 우리의 건강 상태 파악하기

확장된 건강의 의미에 대한 이해를 바탕으로 우리는 건강한 상태인지 확인해 보는 시간을 가졌다. 스스로의 신체적 · 정신적 · 사회적 건강을 돌아보고 우려되는 점을 '건강 고민 게시판'에 게시하도록 했다. 게시판은 익명으로 운영되기 때문에 학생들은 고민을 자유롭게 털어놓을 수 있었다. 각양각색의 글이 올라왔다. 저자는 학생들에게 이렇게 많은 고민이 있다는 사실에 놀랐다. 평소에 매일 얼굴을 보면서도 알아채지 못하고 상담을 해도 털어놓지 않던 내용들이 올라온 것이었다. 예를 들면, 집에서 자신에게 거는 기대에 대한 부담, 가족 안에서의 외로움, 가족과의 갈등, 힘이 없는 엄마에 대한 걱정, 신체에 대한 불만과 걱정, 나의 불안한 꿈과 미래 등이 있었다. 자신의 고민을 쓰고 나서 친구들의 고민을 읽고 공감 버튼을 누르거나 댓글을 달아 주는 시간을 가졌

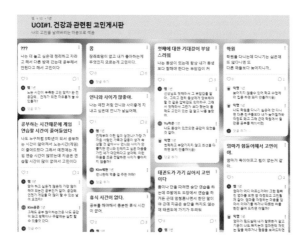

[그림 6-7] 익명으로 운영된 건강 관련 고민 게시판

다. 이때 희망하는 사람은 익명을 해제하고 댓글을 달 수도 있게 했다. 탐구의 과정으로써 학생들의 고민을 살피긴 했지만 저자는 학생들의 고민에 대한 안타까움을 느꼈다. 조그마한 위로가 되고 싶어서 모든 학생의 글에 댓글을 달아 격려했다. 학생들도 누구의 고민인지 모르지만 고민 자체에 대한 동질감을 느끼며 격려했다.

고민에 대한 이야기를 마친 뒤, 고민 게시판에 우리가 털어놓은 고민들이 건강의 어떤 측면에 해당하는 것인지 분류했다. 비슷한 것끼리 모아 보니 세 가지 유형으로 분류되었다. 첫째는 학원, 숙제, 진로, 경쟁 등 학업과 관련된 스트레스였다. 둘째는 부모, 형제, 친구 등 주변 사람과의 갈등 및 대인 관계에 대한 문제였다. 셋째는 외모, 성격, 콤플렉스로 인한 자존감 하락이었다. 그다음은 앞의 세 가지가 건강의 세 가지 구성 요소인 신체적·정신적·사회적 건강과 어떻게 연결되는지 물어보았다. 그 결과 신체적 건강에 대한 고민보다는 정신적 건강과 사회적 건강에 대한 고민이 주를 이룬다는 점을 발견했다. 또 알게 된 것은 스트레스, 대인 관계 문제, 자존감 하락 등이 건강의 특정 요소에만 영향을 미치는 것이 아니라, 신체적·정신적·사회적 건강 전반에 영향을 미친다는 사실을 알게 되었다. 예를 들어, 과도한 학원 수업과 숙제는 우리의 수면과 식습관에 영향을 미쳐 신체적 건강을 해치고, 놀이나 쉼의 욕구를 채우지 못해 정신적으로 힘들어지며, 친구 간 우정을 쌓을 시간 부족 및 경쟁심 과다로 교류의 기회를 박탈당해 사회적 건강에도 부정적 영향을 미칠 수 있다. 따라서 학생들은 건강을 구성하는 요소들은 우선순위를 매길 수 없으며, 서로 밀접히 연결되어 있음을 발견했다.

▌다양한 요소를 포괄하는 건강의 의미 구성하기

첫 번째 탐구 주제 목록을 마무리하면서 건강에 대한 이해를 정리하고 의미를 구성하는 단계이다. 건강이라는 추상적인 개념의 의미를 구성하기 전, 건강한 사람의 구체적인 모습들을 떠올려 보도록 했다. 이때 Y차트를 이용해서 '보이는 것−들리는 것−느끼는 것(See-Hear-Feel)'[4] 탐구 전략을 적용했다. 모둠원이 함께 도화지 중앙에 원을 그리고, 원의 중심에서 원을 삼등분하는 선을 도화지 끝까지 그렸다. 나누어진 원에 보이는 것(see), 들리는 것(hear), 느끼는 것(feel)을 각각 썼다. 도화지의 가장 위쪽에는 '건강한 사람의 모습'이라는 제목을 쓰도록 했다. 원의 나누어

탐구를 위한 TIP

4 '보이는 것−들리는 것−느끼는 것'은 주제에 대해 어떻게 보이는지, 어떻게 들리는지, 어떻게 느껴지는지를 떠올려 대상의 특징을 감각적으로 묘사하고 분석하게 하는 전략이다. 특히, '행복한 교실' '건강한 사람' 등과 같은 추상적인 주제를 대상으로 이 전략을 활용하면 대상에 대해 구체적으로 접근할 수 있게 되어 명료한 의미 구성이 가능하다.

진 공간에 건강한 사람의 모습을 묘사할 수 있는 단어나 구를 써 보았다. 보이는 것의 공간에는 규칙적인 하루 생활, 운동하는 모습, 주변 사람들과의 어울림, 평온하거나 웃는 모습 등이 있었다. 들리는 것의 공간에는 인정하고 칭찬하는 말, 공감하는 말, 긍정적인 말 등과 같이 언어와 관련된 것이 많았다. 마지막 느끼는 것의 공간에는 소속감, 신뢰, 안정, 평온, 즐거움, 행복, 사랑, 자신감, 자존감, 성취감 등이 있었다. 이렇게 하다 보니 건강한 사람이 갖추고 있는 모습에 대해 구체적으로 파악할 수 있었다.

교사는 주요 개념인 형태를 다시 한번 상기시키면서 핵심 질문을 던졌다. 학생들에게 구체적인 탐구 산출물을 살펴보거나 중요하게 떠오르는 단어들을 떠올려 연결해 보라는 조언을 해 주었다. 학생들은 저마다 시간을 가지고 개인별로 건강한 사람의 모습에 대해 한 문장으로 서술했다. 우리는 그것을 깨달음 문장[5]이라고 이름 붙였다. 탐구를 통해 깨달은 것을 한 문장으로 표현한 것이기 때문이다. 개인의 깨달음 문장은 모둠 친구들과 공유하여 의견을 수렴했다. 모둠의 깨달음 문장은 다시 교실 전체에 공유되어 우리 반의 깨달음 문장을 이끌어 냈다.

학생들과 함께 깨달음 문장을 만들고 며칠이 지났을 때 기억에 남는

핵심 질문	건강한 사람은 어떤 모습인가요?
깨달음 문장	건강한 사람은 신체적 · 정신적 · 사회적 건강을 조화롭게 갖추고 있다.

탐구를 위한 TIP

5 깨달음 문장은 탐구 주제 목록의 결론으로써 핵심 질문에 대한 답을 문장으로 서술한

[그림 6-8] 탐구의 깨달음 문장과 관련된 실생활 장면을 촬영해 게시한 학생의 사진

일이 생겼다. 바로 한 학생이 우리가 하고 있는 탐구의 깨달음 문장과 관련된 장면을 실생활에서 발견해서 사진을 찍어 공유한 것이다. 학생의 할아버지가 약국에서 받아 온 약 포장지에 "정신 건강 없이는 신체 건강도 없습니다"라고 적혀 있었다. 학생의 사진에 대해 친구들이 표정 기능과 댓글로 반응해 주었으며, 다음 날 교실에 모였을 때 저자도 TV로 사진을 띄워 소개했다. 우리의 학습이 삶의 장면에서 확인되는 순간, 그리고 그것을 함께 공유하고 다시 학습으로 환원되는 순간 탐구는 더욱 강력한 힘을 발휘하고 실제 생활과 연결되어 있다는 생각을 갖게 한다.

것이다. 학생들과 긴 탐구 단원의 여정을 마치고 한 번에 중심 아이디어를 도출하는 것은 쉽지 않다. 탐구 주제 목록별로 서술한 깨달음 문장은 우리의 탐구를 성찰하고 중심 아이디어를 귀납적으로 도출할 수 있도록 돕는 역할을 한다.

그래서 교사는 탐구 학습을 진행하는 동안 학생들에게 우리들의 학급 플랫폼에 우리 탐구 주제와 관련된 장면을 실생활에서 발견하면 사진을 찍어 올려 달라고 했다. 이것은 우리의 좋은 탐구 소재가 될 수 있다.

04 탐구 주제 목록 ②
개인의 건강과 사회의 건강 간의 관계(연결성)

핵심 질문	개인의 건강과 사회의 건강은 어떤 영향을 주고받나요?
주요 학습 활동	• 조사를 통해 건강한 사회의 모습 알기 • 개인과 사회의 건강 간 상호 연결성 이해하기

학생들과 협의하여 두 번째 탐구 주제 목록의 핵심 질문을 선정한다. 첫 번째 탐구 주제 목록이 개인의 건강에 초점을 맞추었다면 이번에는 그 시야를 사회로 넓혀 보기로 했다. 개인과 사회가 주고받는 영향을 살펴보고 그 관계를 파악하기로 한다. 이때 '연결성'이라는 주요 개념을 늘 염두에 두기로 약속한다.

▌조사를 통해 건강한 사회의 모습 알기

학생들과 함께 정한 첫 번째 깨달음 문장인 '건강한 사람은 신체적 · 정신적 · 사회적 건강을 조화롭게 갖추고 있다'를 다시 한번 주목했다. 그곳에서 '사회'란 단어에 동그라미를 치면서 물었다. "사회는 무엇을 가리키나요?" 우리는 사회라는 개념을 이해하고자 사전적 정의를 살폈다. 사회는 같은 무리끼리 모여 이루는 집단이었다. 우리가 접하는 사회는 가족, 학급, 학교, 마을, 지역, 국가, 세계 등 여러 단위로 존재한다. 이번에는 건강한 사람이 아닌 건강한 사회의 모습은 무엇인지 살펴보기로 했다.

건강한 사회의 모습을 학생 스스로 알아보기 위해서는 조사 활동이 필수적이다. 탐구의 기본 활동이 조사이고 학생의 주도적인 탐구를 위해 조사를 하는 주체는 학생이다. 하지만 주체적인 탐구와 조사를 위해서 학생들에게 조사 방법에 대해 가르쳐 줄 필요가 있다. 만약 그렇게 하지 않는다면 대다수의 학생은 스마트 기기를 통한 조사만 하기 때문이다. 교사는 조사 활동에 앞서서 학생들에게 정보를 수집하는 네 가지 조사 방법에 대해 알려 주었다. 영어의 앞 글자를 따서 MISO라고 하는 조사 방법이다. 매체(Media), 면담(Interview), 설문(Survey), 관찰(Observation)로 이루어진 MISO 조사 방법은 학생들에게 다양한 방법을 쉽게 설명해 줄 수 있다. 여기서 네 가지 방법을 그냥 말해 주기보다는 방법마다 장점이 있음을 알려 주고 상황에 어울리는 방법을 선택할 수 있도록 했다. 매체를 통한 조사는 가장 쉽고 간편한 방법으로 정보를 수집할 수 있다. 하지만 학생들이 편협한 시각으로 매체를 바라보지 않도록 해야 한다. 단순히 인터넷 도구 혹은 스마트 기기뿐만 아니라 도서, 신문, TV, 라디오 등에 대해서도 안내했다. 인터넷 검색 사이트와 요즘 학생들이 선호하는 유튜브를 통한 조사는 신뢰성이 낮을 수 있기 때문에 다른 매체와의 교차 조사가 필요하다는 말을 해 주었다. 면담은 전문가 혹은 자신보다 주제에 대한 지식이 뛰어난 사람을 만나서 정보를 수집하고 이야기를 나누는 것이다. 실제로 면담 대상자를 선택해 약속을 정하고 질문을 준비하는 것이 어렵게 느껴지지만 목적에 부합하는 면담 대상자를 만나면 더 넓은 식견을 통해 필요한 정보를 얻을 수 있는 장점이 있다. 설문은 다수를 대상으로 대중의 생각을 확인할 수 있는 장점이 있다. 선택형으로 문항을 만들어 정해진 답변 안에서 분포를 확인하고 통계를 낼 수도 있고 서답형으로 개개인의 생각을 짧은 글로 확인할 수도 있다. 마지막으로 관찰은 조사자가 직접 주제에 알맞은 사물이나 현장을 일정 기간 동안 주의 깊게 살펴보는 것이다. 학습 접근 방법중 특히 조사 기능을 자주 활용하는 만큼 기능을 잘 활용하는 방법에 대한 교육이 필요했다. 이것은 한 차시의 조사 활동을 지원하는 것을 넘어서 1년의 탐구 활동을 지원하는 역할을 했기에 시간을 들여 설명했다.

첫 번째 조사 활동은 매체와 관찰을 활용해서 건강한 사회의 모습을 알아보는 것이었다. 각 모둠끼리 협동하여 조사를 진행하고 슬라이드를 만들어 발표했다. 학생들이 설명한 건강한 사회의 모습은 건강한 사람의 모습이랑 비슷했다. 사람들이 운동을 하고 영양소를 잘 섭취하는 것, 사람들이 서로 돕는 것, 마음을 나누고 위로하는 것 등이 나왔다. 건강한 사람의 모습과는 달리 새롭게 느껴진 부분으로는 마스크를 잘 쓰는 것과 같이 사회의 규칙을 지키는 것, 쓰레기를 분리배출하고 환경을 지키는 것, 의료기술이 발달한 것, 경제적으로 풍족한 것 등이 있었다.

두 번째 조사 활동은 면담을 통해 진행했다. 건강한 사회는 어떤 요소

[그림 6-9] 매체와 관찰을 통해 발견한 건강한 사회의 모습

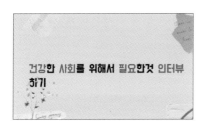

엄마와의 인터뷰결과

1. 건강한 사회를 위해서 필요한 것은 서로 배려하기다.
2. 건강한 사회를 위해서 필요한 것은 규칙잘지키기이다.

[그림 6-10] 건강한 사회를 위해 필요한 것에 대한 개인 면담 결과

를 갖추어야 할지에 대해 묻는 면담이었다. 건강한 사회에 대해 자신보다 더 이해가 높은 사람을 면담 대상자로 선택하여 요청하고 면담을 진행하도록 시간을 주었다. 면담의 생생함을 함께 공유할 수 있도록 동영상으로 찍어서 올리도록 했다. 단, 면담 대상자가 촬영에 거부감이 없도록 사전에 허락을 받아 얼굴은 드러나지 않고 음성이 잘 녹음되도록 해 달라고 했다. 각자 원하는 면담 대상자가 다르기 때문에 다양한 경험과 응답을 위해 개인 과제로 제시하였다. 결과를 보니 면담 대상자와 응답이 다양했다. 엄마, 아빠, 할머니, 영어 선생님, 사서 선생님, 작년에 같은 탐구 활동을 했던 선배 등 자신보다 삶의 경험이 많은 사람을 선택했다. 그리고 면담 대상자를 통해 얻은 결과는 놀라웠다. 배려, 규칙, 긍정적인 생각, 휴식, 환경 보호, 갈등 해결, 소통, 진실, 이해, 양보, 질서, 복지 제도 등이 나왔다.

건강한 사회를 하나의 의미로 정의하기는 어려웠다. 하지만 건강한 사회를 이루기 위한 요소들을 한곳에 모아서 정리해 보았다. 모둠에서 공통된 요소를 중심으로 '생각자석판'에 적어서 칠판에 붙였다. 그리고 학생들에게 이것을 보고 드는 생각을 물어보았다. "건강한 사회를 이루기 위해서는 너무나도 많은 것이 필요해요." "건강한 사회를 만들려면 노력을 많이 해야 해요." "건강한 사회를 만들기가 쉽지 않아 보여요."

조사 활동을 통해 알게 된 수많은 구성 요소가 학생들에게는 건강한 사회에 대한 부담으로 작용한 듯 보였다.

[그림 6-11] 건강한 사회를 위해 필요한 구성 요소를 칠판에 붙이고 분류한 장면

저자는 활동을 마치기 전에 '모든 것을 갖추어야만 건강한 사회일까?' 라는 하나의 질문을 던졌다. 학생들은 여러 생각을 주고받았다. 결론은 모든 것을 완벽하게 갖추기는 쉽지 않다는 것이었다. 한 사람만 보더라도 늘 하나 이상의 건강 문제와 어려움을 겪듯이 사회도 완벽한 상태를 가지지는 않는다. 어느 장면에서는 환경 보호를 위해 노력하지만 다른 장면에서는 환경을 파괴하고 있을 수도 있다. 그러므로 건강한 사회는 건강한 사회의 모습을 알고 이를 만들어 가기 위해 노력하는 사회로 결론을 냈다.

▌개인과 사회의 건강 간 상호 연결성 이해하기

첫 번째 탐구 주제 목록에서 Y차트를 이용해서 '보이는 것―들리는 것―느끼는 것' 탐구 전략으로 정리한 건강한 사람 모습을 다시 가져왔다. 그리고 방금 정리했던 건강한 사회의 모습을 가져와 칠판에 나란히 붙였다. 저자는 두 결과물을 가리키며 건강한 사람과 건강한 사회는 어떤 관계인지 물었다. TPS 활동[6]을 통해 사용했다. 먼저, 학생들은 혼자 생각(Think)할 3분의 시간을 가졌다. 자신의 생각을 학습장에 적어 가며 개인과 사회의 건강에 대한 관계를 분석했다. 그리고 짝과 대화(Pair)한 후 이를 전체 학급에 공유(Share)했다. "건강의 구성 요소인 신체적 건강, 정신적 건강, 사회적 건강이 건강한 사회에도 포함되는 것 같아요. 사회는 사람으로 이루어지는데, 건강한 사회도 건강한 사람으로 이루어지는 것 같아요." 학생들은 개인의 건강이 사회의 건강에 영향을 주는 것에 대해서는 쉽게 찾아냈다. 반대로 사회의 건강이 개인의 건강에 영향을 주는 것에 대해서는 언급이 적은 편이었다.

저자는 구체적인 탐구 자료를 직접 제시하여 개인과 사회의 건강에 대해 관찰할 기회를 주었다. 이때 제시한 탐구 자료는 〈우리들〉이라는 영화였다. 영화를 감상하기 전에 개인의 건강과 사회의 건강이 연결된다고 생각하는 구체적인 장면을 기록하도록 지도했다. 저자는 영화의 등장인물과 배경 등을 간략히 소개하고 학생들의 흥미를 유발했다.

탐구를 위한 TIP

6 TPS 활동은 주제에 대해 혼자 생각하고(Think), 짝과 대화(Pair)한 후 이를 학급 전체와 공유(Share)하는 아이디어 생성 및 표현 방식이다. 이를 통해 주제에 대해 충분히 생각할 기회를 얻게 될 뿐만 아니라 전체와 공유하기 전, 짝과 대화하는 단계에서 자신의 아이디어를 수정 및 보완하게 되어 확신을 가질 수 있다.

언제나 혼자인 외톨이 선은 모두가 떠나고 홀로 교실에 남아 있던 방학식 날, 전학생 지아를 만난다. 서로의 비밀을 나누며 순식간에 세상 누구보다 친한 사이가 된 선과 지아는 서로의 집을 오가며 행복한 여름 방학을 보낸다. 개학 후 학교에서 만난 지아는 어쩐 일인지 선에게 차가운 얼굴을 하며 어색하게 대한다. 지아는 선을 따돌리는 보라의 편에 서서 선을 외면하고, 선은 다시 혼자가 되고 싶지 않아 지아와의 관계를 회복하기 위해 여러 가지 노력을 해 본다. 그럴수록 오해가 쌓여 선은 결국 지아의 비밀을 폭로해 버리고 만다. 악화된 둘의 관계는 다시 회복될 수 있을까?

　　이 영화는 초등학교 4학년 학생들의 교실을 매우 사실적으로 묘사했다. 한 번쯤은 경험해 보았을 친구와의 문제와 그로 인해 생기는 복잡하고 미묘한 마음 상태에 학생들은 적극적으로 공감하는 모습을 보였다. 〈우리들〉은 영화이면서도 우리 반에 있는 나와 친구의 이야기처럼 느껴졌다. 영화를 보는 중간 쉬는 시간과 영화가 끝나고 마무리 시간 5분씩

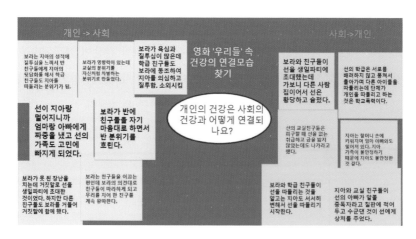

[그림 6-12]　영화 〈우리들〉에서 찾은 개인의 건강과 사회의 건강 간의 상관관계

개인과 사회의 연결성을 발견하고 구글 잼보드에 기록하는 시간을 가졌다. 잼보드는 학생들이 분류할 수 있도록 개인이 사회의 건강에 영향을 준 영역과 사회가 개인의 영역에 영향을 준 영역으로 미리 나누어 두었다. 학생들은 영화에 나오는 선, 지아, 보라와 그들의 학급, 가족이 서로의 건강에 어떤 영향을 주고받는지 정리하고 공유하는 시간을 가졌다.

학생들은 이 활동을 통해 자연스럽게 개인의 건강과 사회의 건강이 서로 영향을 주고받음을 이해할 수 있게 됐다.

학생들은 자유로운 매체 조사, 전문가 면담 조사, 교사가 의도적으로 제시한 선별된 자료를 감상하는 활동을 통해 탐구 주제에 대한 의미를 형성해 가고 있었다. 교사는 이 틈을 놓치지 않고 핵심 질문을 다시 상기시키고 학생들에게 응답할 수 있도록 시간을 주었다. 이렇게 핵심 질문을 통해 학생이 스스로 깨달음 문장을 만들어 가는 과정은 하나하나의 지식과 경험을 분석, 해석, 종합하여 개념과 일반화로 나아가는 과정이다. 이를 통해 학생은 고차원적인 사고 기능을 사용하고, 또 발전시킨다. 그리고 학습을 통해 머리와 마음속에 둥둥 떠다니는 추상적인 배움을 한 문장으로 명확히 표현함으로써 의미를 강화시킨다. 학생들은 5분 정도 스스로 답하는 시간을 가졌다. 다시 5분 정도 모둠원과 함께 의견을 공유하는 과정을 거친 뒤 모둠에서 하나의 깨달음 문장을 생성했다. 그리고 다시 학급 전체와 공유하여 합의한 깨달음 문장을 도출하였다. 이 과정은 소통과 분석, 종합의 연속이다. 학생들이 충분히 스스로 생각할 시간을 주고 학생들끼리 공유하는 시간을 가지는 것뿐만 아니라 전체에서 교사와 함께 종합하는 시간까지 포함하면 한 차시의 수업시간이 전부 필요했다. 학급의 깨달음 문장을 종합할 때는 모둠별 문장에서 중복되는 단어는 무엇인지, 핵심 질문의 답변으로 적절한 문장인지 등의 질문을 교사가 던져서 학생들이 점검할 수 있도록 해야 한다.

다음의 문장은 복잡하지만 의미 있는 과정을 거쳐 도출한 우리 반의 깨달음 문장이다.

핵심 질문	개인의 건강과 사회의 건강은 어떤 영향을 주고받나요?
깨달음 문장	건강한 개인의 노력이 건강한 사회를 만들고, 건강한 사회는 개인의 건강을 돕는다.

05 탐구 주제 목록 ③
건강을 지키기 위한 방법(책임)

핵심 질문	우리의 건강을 위해서 어떤 노력이 필요한가요?
주요 학습 활동	• 우리의 건강을 위한 실천 방법 제안하기 • 우리가 선택한 건강 활동 실천하기

학생들의 탐구 질문을 토대로 세 번째 탐구 주제 목록의 핵심 질문을 선정했다. 건강한 우리의 삶을 위해 개선이 필요한 부분을 찾아 개선 방법을 제안하고 실천하기로 한다. 건강을 위한 개인의 노력이 모여 건강한 사회를 만드는 것을 이해하기 위해 '책임'이라는 주요 개념을 늘 염두에 두기로 약속했다.

▌ 우리의 건강을 위한 실천 방법 제안하기

탐구 단원을 진행하는 동안 매년 3월 마지막 주 토요일에 전 세계에서 참여하는 캠페인인 어스아워(Earth Hour)를 맞이하게 됐다. 저녁 8시

30분부터 1시간 전등을 소등함으로써 기후위기와 자연파괴의 위기에 처한 지구를 위해 행동하는 캠페인이었다. 저자는 학생들에게 캠페인의 내용을 소개한 뒤 우리의 탐구와의 연결성에 대해 물었다. 학생들은 지구의 환경을 지키는 것이 사회의 건강을 지키는 행위이며 전 세계의 사람들이 참여하는 것이 사회의 건강을 위한 개인들의 참여와 노력이라고 말했다. 그리고 자연이 파괴된 지구에서 살아가는 개인은 건강할 수 없다고 이야기했다. 이를 통해 저자는 학생들이 개인의 건강과 사회의 건강이 가지는 연결성을 잘 이해했음을 확인할 수 있었다.

우리가 함께 하고 있는 탐구에 몰입이 되어서일까 학생들은 어스아워 캠페인에 흥미를 느끼고 참여하는 챌린지를 하자고 의견을 냈다. 그리고 우리 반의 학급 플랫폼에 인증 샷을 올리자고 했다. 챌린지에 함께 참여하는 것은 저자가 의도한 바이긴 하지만 더 이상 학생들에게 하자고 권유하거나 설득하지 않아도 됐다. 학생들은 이미 주도성을 가지고 있었다. 사실, 어스아워는 학교에서도 매년 소개하는 캠페인이었다. 하지만 이것을 안내장과 알림장으로만 안내할 때는 학생들의 관심과 참여가 이만큼 높지 않았다. 학생들은 지금 자신이 하고 있는 탐구와 자신의 삶이 연결될 때 아주 강력한 흥미를 느끼고 주도성이 높아진다. 그러므로 탐구의 흥미를 높이고 학생의 주도성을 발현하기 위해서는 지금 하고 있는 탐구와 관련된 일상의 이벤트들을 잘 연결해 주는 것이 중요하다. 평소 반복되는 학교와 지역의 행사, 외부 캠페인 혹은 국경일이나 공휴일이 있을 것이다. 이런 것들을 기억하고 같은 맥락을 가진 탐구와 연결해 준다면 두 가지는 서로 시너지를 발휘한다.

어스아워 캠페인이 있는 주말이 끝나고 학교로 모이자 1교시가 시작되기 전에 학생들은 캠페인 이야기를 했다. 자신이 참가한 이야기와 우리의 학급 플랫폼을 통해 본 친구들의 모습들로 수다가 시작됐다. 작은

[그림 6-13] 어스아워 캠페인에 참여한 학생들 인증사진

단위로 이어진 수다는 점점 퍼져 나갔다. 억지로 수업의 맥락을 찾을 필요가 없었다. 교사는 수업이 시작되기 전이지만 자연스럽게 교실의 TV를 켜면서 "여러분이 올린 사진을 한번 다 같이 볼까요?"라고 물었다. 학생들과 함께 사진을 보고 난 뒤 캠페인에 대한 참가 후기를 이야기했

다. 우리가 함께 탐구하고 있는 것에 대해 직접 참여하는 경험이 특별하다고 이야기했다. 또 다른 학생은 전 세계에서 동시에 지구의 건강을 위해 이렇게 참가하고 있다는 사실이 놀랍다고 말했다. 아쉽다고 말한 학생도 있었다. 자신이 불을 끄고 가족과 함께 초를 켜고 있었는데, 아파트를 통해 내다보니 많은 집에 불이 켜져 있어서 더 많은 사람이 참여했으면 하는 학생이었다.

우리의 탐구를 실천으로 옮기는 순간 실천에 대한 의지가 더욱 강해졌다. 한 학생이 우리 교실의 불도 끄자고 했다. 낮에는 환하게 밝기 때문에 불을 끄면 우리가 건강한 사회를 만드는 데 도움이 될 것이라며 다른 학생도 거들었다. 저자는 나머지 학생들의 생각을 물었고 학생들의 동의로 교실의 불을 꺼 보았다. 아주 작은 한 걸음이지만 이러한 의식적인 노력을 통해 학생 개인과 가정에도 퍼져 나갈 수 있다는 것을 교사는 알았다. 캠페인이 교실 불 끄기로 이어졌고, 이어 우리가 할 수 있는 다른 것도 실천하고 싶다는 이야기를 했다.

[그림 6-14] 건강을 지키기 위해 실천하고 싶은 것을 적은 패들렛

[그림 6-15] 우리가 실천할 행동에 대한 모둠 토의

[그림 6-16] 우리 반이 정한 건강을 위한 실천 활동과 구체적인 방법

    교사는 세 번째 탐구 주제 목록인 '건강을 지키기 위한 방법'을 가리키며 우리의 노력이 필요한 부분을 찾고 노력해 보자며 학생들의 목소리를 지원했다. 패들렛을 통해서 학생들이 우리의 건강을 위해 개인적으로 하고 싶은 활동과 우리 반과 함께 하고 싶은 활동을 적도록 했다. 학생들은 이미 개인의 건강과 사회의 건강을 위해 필요한 것들을 잘 알

고 있었고 그중에서도 스스로 중요하다고 생각하고 해 보고 싶은 활동을 적었다. 번호순으로 한 명씩 발표를 통해 자신의 생각을 공유한 뒤, 개인이 실천해 나갈 것은 스스로 실천하고 우리 반이 함께 해 나갈 것은 토의로 정하기로 했다.

학생들이 제안한 실천 방법 가운데 우리 반 안에서 할 수 있는 것에는 존댓말 쓰기, 1일 1 칭찬하기, 좋은 말로 상대 존중하기가 있었고, 우리 반 바깥에서 실천할 수 있는 것에는 학교와 지역사회를 다니면서 '줍깅' 실천하기가 있었다. 우리는 우리 반의 건강을 위해 한 가지, 우리 학교와 지역사회를 위해 한 가지를 각각 선정하여 함께 실천하기로 했다. 모둠마다 여러 아이디어를 수합하고 각각 한 가지 활동을 종합하여 추천했다. 그리고 우리 반 전체에서 추천된 활동을 모아서 다수결로 선정했다. 그 결과 우리 반에서 실천할 것은 존댓말로 친구를 칭찬하는 시간 갖기가 선정되었고 우리 학교와 지역사회를 위해서 실천할 것은 다 함께 '줍깅' 실천하기가 선정되었다. 그리고 실천을 위해 구체적인 방법도 함께 의논하고 체계적으로 실천할 수 있도록 정리했다.

학생들이 '줍깅'을 많이 추천하고 선택한 것은 최근 들어 우리 사회에서 '줍깅'을 함께해 나가는 활동을 목격했기 때문인 듯했다. '줍깅'은 걷거나 뛰면서 쓰레기를 줍는 활동인데, 스웨덴에서 시작된 신조어 '플로깅'이 우리나라에 오면서 '줍깅'으로 불리게 되었다. '줍깅'의 장점은 개인적으로 걷기 운동도 되면서, 사회적인 환경 운동을 함께 실천할 수 있다는 점이었다. 이런 장점 때문에 기업과 기관이 친환경 캠페인의 일환으로 주도하는 사례가 많았다. 이런 사회의 좋은 모습이 우리 반 학생들에게 영향을 끼치는 것을 보니 정말 건강은 개인과 사회 간에 끊임없이 영향을 주고받는다는 것을 깨달을 수 있었다.

학생들이 주도적으로 건강을 위한 활동을 제안하고 계획하는 모습을 저자는 뿌듯한 마음과 함께 필요한 물품을 지원해야겠다는 생각을 했다. 마침 학급 운영비가 나와서 학생에게 필요한 학습 물품을 구입할 수 있었다. 그래서 학생들에게 '줍깅'에 필요한 물품을 구입해 주었다. 우리 학교와 지역사회의 쓰레기를 주울 때 필요한 장갑과 쓰레기 봉투를 구입하고 집게는 학교에 있는 것들을 모아서 마련했다.

더불어 학급 학생들의 건강을 위해 필요한 물품을 학생들의 요구를 반영하여 구입해 주었다. 학생들은 빈백, 방석, 보드게임, 매트, 모둠용 책상, 반티, 좌식테이블 등을 제안했고 다수결을 거쳐서 방석이 최종적으로 선택됐다. 저자는 학생들이 원하는 방석을 학급 운영비로 구입했다. 그리고 보드게임과 모둠용 책상은 다른 교실에서 남는 것이나 저자의 집에서 가져와 학생들에게 제공했다. 학생들은 자신들의 목소리가 반영되고 지지받는 것을 보니 이번 탐구 단원이 참 즐겁다고 했다. 저자는 학생들이 우리의 건강을 위해 노력하는 만큼 선생님도 함께 노력하

[그림 6-17] 우리 반이 필요한 건강 물품 정하기

는 것이라고 이야기했다. 그리고 물품들은 우리의 건강을 위해 구입한
것이니 목적에 맞게 잘 사용해 달라고 부탁했다.

▌우리가 선택한 건강 활동 실천하기

우리 반이 함께 정한 두 가지 활동을 실제로 실천할 차례였다. 결정한
대로 일주일에 한 번 존댓말로 친구 칭찬하기와 '줍깅'을 3주간 규칙적
으로 실천하기로 했다.

존댓말로 친구를 칭찬하기와 관련된 5학년 1학기 국어 교과의 '대화
와 공감' 단원의 내용과 5학년 1학기 도덕 교과의 '긍정적인 생활' 단원
의 내용을 연계해서 학습했다. 이를 통해 나와 상대방의 긍정적인 모습
을 찾고 소통을 통해 표현하는 방법과 태도를 익혔다. 그리고 우리가 더
건강하고 긍정적인 생활을 위해 필요한 정직, 감정과 욕구 조절에 대한
내용도 함께 학습했다. 이는 도덕 교과의 '바르고 떳떳하게' 단원, '내 안
의 소중한 친구' 단원과 관련된 내용이면서도 건강을 위한 우리의 실천
에 꼭 필요한 내용이었다. 처음에는 친구 모두를 칭찬하는 것이 어색했
다. 하지만 두 번째는 훨씬 더 분위기가 부드러워졌고 자연스러웠다.
무엇이든 처음이 어려웠다. 세 번째로 나아가니 학생들은 조금 소외된
다고 느끼는 친구들도 의식적으로 칭찬하기 시작했다. 그리고 국어 교
과와 도덕 교과를 통해서 어떻게 하는 것이 좋은 행동인지에 대해 배우
고 익혀서인지 학생들은 조금 더 정직하게 행동하고 자기 조절을 하기
위해 노력하는 것이 보였다. 학생들의 긍정적인 모습과 발전이 서로를
더욱 칭찬할 수 있게 만들었다. 이 기간 동안 우리 반이 변하는 것이 보
였다. 칭찬하는 시간뿐만 아니라 서로를 대할 때 조금 더 긍정적인 태도
로 소통했다. 방과후에 저자가 발견한 학생의 쪽지에서도 그것을 느낄

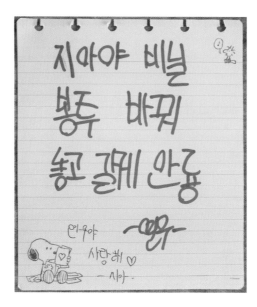

[그림 6-18] 친구와 긍정적으로 소통하고 칭찬하는 모습을 담은 쪽지

수 있었다. 두 학생은 1인 1역으로 쓰레기 비우기를 함께하는데, 한 학생이 미리 다 해 놓고 바쁜 친구에게 다 해 놓고 간다는 쪽지를 붙여 두었다. 그것을 읽은 친구는 사랑한다는 말을 적어서 다시 돌려준 것이었다.

학교와 지역사회에서 '줍깅'도 함께 3주간 규칙적으로 실천했다. 오후 6교시 수업 시간에 '줍깅'을 실시해서 학생들은 더욱 좋아했다. 이것은 학습의 과정이자 탐구 활동으로 얻은 이해를 실천하는 시간이었다. 우리 반에서 출발해서 학교 후문으로 나가는 복도, 계단, 운동장, 화단을 먼저 청소하기 시작했다. 교사는 주로 커다란 쓰레기봉투를 들고 있었고, 학생들은 꿀을 모아서 벌집으로 돌아오는 꿀벌처럼 쓰레기를 발견하면 얼른 주워서 돌아왔다. 학생들이 주워 오는 쓰레기가 꿀처럼 달콤하진 않았지만 학생들의 모습이 너무나도 향기롭고 아름다웠다. 교문을 나서니 주거 단지와 시장으로 이어지는 골목이 나타났다. 거리가 아주 더럽지는 않았지만 구석구석 살펴보면 숨겨진 쓰레기가 많았다. 특히 담배꽁초가 많은 점은 어린 학생들에게 부끄러운 모습이었다. 평소 같으면 어른이 피우고 버린 담배꽁초를 학생들이 줍는다는 것을 상상하기 어렵다. 하지만 우리는 이미 주도성으로 '줍깅'을 실천하는 학생들이었다. 장갑을 낀 데다 들어가서 손을 씻으면 아무렇지 않다는 몇몇 학생의 격려가 전체 분위기를 이끌었다. 지나가는 어른들도 학생들의 모습을 칭찬하셨다.

실천을 하면서 학생들의 소감을 나누는데, 개인과 우리 공동체가 모두 더욱 건강해지는 것을 느꼈다. 그러면서 탐구가 끝나도 이러한 변화를 유지하고 계속 건강한 반이 될 수 있도록 우리 반의 약속을 정했다. 1년을 함께할 우리가 우리 모두의 건강을 위해 지킬 약속은 부정어보다

[그림 6-19] 우리 반이 함께 실천한 우리 학교와 지역사회의 '줍깅'

긍정어를 사용해서 제안했다. 그리고 작고 비슷한 제안들을 모아 개념이나 가치를 활용해 포괄적으로 서술했다. 우리 반은 모든 의견을 종합하여 다섯 가지의 약속으로 합의했다. 학생들이 정한 건강한 우리 반을 위한 약속은 도화지에 적어서 모두가 잘 볼 수 있는 교실 앞문에 걸어두었다.

행동으로 실천하는 활동을 마치고 배움의 의미를 구성할 수 있는 시간을 가진다. 세 번째 탐구 주제 목록의 핵심 질문을 칠판에 적어 제시했다. 교사는 학생들에게 이번 탐구 주제 목록에서 중요한 개념은 무엇이었는지 그것을 떠올려 문장을 만들라고 조언했다. 학생들은 '건강' '협력'

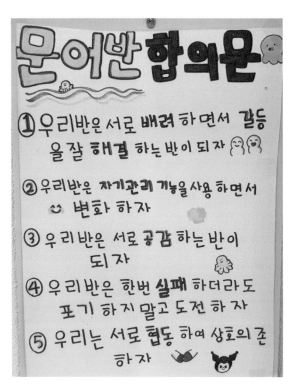

[그림 6-20] 건강한 우리 반을 위한 우리의 다섯 가지 약속

'실천'을 중요한 개념으로 선정했다. 그리고 이제 학생마다 개념 단어를 이용하여 깨달음 문장을 만들었다. 5분 정도 모둠 안에서 공유하고 모둠을 대표하는 깨달음 문장을 만든 뒤 다시 교실에서 모둠별 문장을 소개했다. 소개한 4개의 문장의 표현을 종합하여 최종 문장을 만들었다.

핵심 질문	건강을 위해서 어떤 노력이 필요한가요?
깨달음 문장	건강을 위해서는 함께 건강하기 위해 노력하는 개인의 협력과 실천이 필요하다.

06 탐구 정리하기

이 단계에서는 탐구의 전체 여정을 정리하고 성찰한다. 탐구 주제 목록별로 도출된 깨달음 문장을 통해 탐구 단원 전체를 포괄하는 중심 아이디어를 도출한 뒤, 다른 장면에 전이하고 적용하는 기회를 가진다. 탐구 단원을 성찰하고 평가해 보면서 우리 반의 탐구는 일단락이 되지만 개인의 자유 탐구로 전환되어 추가 탐구와 행동의 지속을 격려한다.

▎탐구 단원의 중심 아이디어 도출하기

탐구 주제 목록별로 학생들이 함께 도출한 깨달음 문장은 탐구 단원의 중심 아이디어를 만드는 데 중요한 근거 자료가 됐다. 깨달음 문장에는 중요한 개념이 포함되어 있기 때문이었다. 탐구의 전체 여정을 통찰하면서 단원에서 가장 중요한 개념들을 떠올렸다. 학생들은 '건강' '조화' '협력' '관계(상호작용)'를 가장 중요한 개념으로 꼽았다. 선정한 개념 간의 관계를 이해하고 서술해 봤다. 이 과정은 탐구 과정에서 습득한 사실 지식을 단순히 상기하는 것이 아니었다. 탐구 주제와 사실 지식을 통해 개념을 추출하고 이해를 반영하여 중요한 개념 간의 관계를 도출하는 고차원적 사고의 과정이었다. 저자는 학생마다 단원의 중심 아이디어를 서술하는 것을 격려하고 어려움을 겪는 학생을 지원했다.

"건강, 조화, 협력, 관계(상호작용)의 개념 단어들을 사용해서 우리가 공부한 내용을 한 문장으로 표현해 보세요."

"초학문적 주제와 세 가지의 탐구 주제 목록과 관련이 있나요?"

앞서 깨달음 문장을 만들어 낼 때보다 학생들은 조금 더 어려워했다. 왜냐하면 세 번의 작은 탐구를 종합하고 탐구 과정 전체를 포괄하는 일반화된 문장을 생성하는 과정이기 때문이다. 그러므로 처음에는 학생들의 문장이 미숙했다. 하지만 스스로 만든 문장을 짝 그리고 모둠과 공유하고 서로 간 피드백을 거쳤을 때 훨씬 더 나은 문장으로 바뀌었다. 학급에서는 모둠이 선정한 문장들을 비교해서 탐구 과정을 포괄하는 최고의 문장을 선택한 뒤 다시 수정하는 기회를 가졌다.

탐구 주제 목록별 깨달음 문장	1	건강한 사람은 신체적·정신적·사회적 건강을 조화롭게 갖추고 있다.
	2	건강한 개인의 노력이 건강한 사회를 만들고, 건강한 사회는 개인의 건강을 돕는다.
	3	건강을 위해서는 함께 건강하기 위해 노력하는 개인의 협력과 실천이 필요하다.
탐구 단원의 중심 아이디어		건강은 신체적, 정신적, 사회적으로 조화롭게 안정된 상태를 위해 개인과 사회가 함께 협력함으로써 이루어진다.

▌학습을 다른 맥락에 전이하고 의미 있는 행동하기

개념 기반 탐구 학습의 핵심은 중심 아이디어의 전이이다. 학습을 통해 형성된 의미를 지식 수준에 머무르게 하는 것이 아니라 다른 상황에 대입해 보고 생활 속 실천으로 옮기는 것이다. 저자는 학생들이 학습한 내용을 전이할 수 있는 맥락을 제공하기 위해 고민했다. 갑자기 학생들과 함께 건강한 모습을 조사할 때 알게 된 세계보건기구가 떠올랐다. 우리가 세계보건기구의 일원이 되어 우리처럼 건강에 대해 궁금해할 수 있는 사람들을 위해 건강에 대해 소개하는 자료를 만들기로 했다.

자료를 만드는 것은 미술 교과가 밀접한 관련이 있어서 미술 교과의 '색다른 느낌' 단원과 '이미지로 소통하는 세상' 단원을 통해 이미지와 조형물에 대해 공부했다. 우리의 생각과 느낌을 표현할 수 있는 이미지와 조형물을 만들어 볼 계획이었다. 그런데 이 시기에 대구 남구 진로진학코칭센터에서 '찾아오는 진로직업체험' 프로그램을 지원해 주서서 우리 반은 영상을 만드는 4차시의 교육을 받게 되었다. 그래서 교육기부를 해 주시는 강사 선생님께 우리의 탐구에 대해 설명하고 건강에 대해 영상을 만들어도 되는지 문의했다. 강사 선생님께서는 주제를 자유롭게 선택할 수 있다고 하셨다. 덕분에 학생들은 소개하는 자료를 이미지, 조형물뿐만 아니라 영상까지 포함하여 자신이 표현하고 싶은 형태로 표현할 수 있었다. 금연을 장려하는 이미지를 만든 학생, 조형물을 통해 건강한 사회를 표현한 학생, 영상을 통해 학교폭력의 위험성을 알리는 학생까지 조금씩 다른 내용을 선택하고 표현 방법도 달랐지만 건강을 위해 노력하자는 의미는 같았다. 학생들은 저마다의 자료로 표현하였던 메시지와 표현 방법에 대해 소개하는 발표 시간을 가졌다.

세계보건기구의 일원이 되어 건강에 대해 소개하는 자료를 만들고 발

[그림 6-21] 건강을 알리는 자료 만들고 발표하기

표했지만 조금 부족한 것을 느꼈다. 단체로 작품을 만들고 발표하는 경험으로는 학생마다 탐구의 중심 아이디어를 제대로 이해했는지 확인하는 것이 어렵기 때문이었다. 그래서 개별로 에세이를 쓰도록 했다. 에세이에 들어갈 내용은 중심 아이디어에 대한 자신의 생각 변화와 앞으로의 실천 다짐이었다. 학생들이 쓴 에세이를 보니 학생들이 탐구를 통해 어떤 변화가 일어났는지 얼마나 이해하고 있는지를 파악할 수 있었다.

교사는 탐구를 마치면서 탐구 주제인 건강과 관련된 건강 체육대회를 준비했다. 5학년의 세 반이 함께 어울려 신체적·정신적·사회적 건강을 증진할 수 있는 화합의 장을 마련한 것이다. 학생들이 신이 나서 환호했다. 평소의 체육대회와 다른 점은 반에서 중심 아이디어를 통해

[그림 6-22] 탐구 단원 에세이를 통해 이해를 평가한 장면

[그림 6-23] 탐구 주제와 연계한 5학년 건강 체육대회

자신이 어떻게 체육대회에 참여할 것인지 이야기한 점이었다. 학생들
은 우리 모두 함께 건강하기 위해 노력이 필요하다는 것을 이해하고 있
었다. 다양한 체육 활동을 통해 마음껏 뛰고 웃고 즐기면서 모두 함께
건강해지는 시간을 가졌다. 이로써 건강에 대한 탐구를 모두 마쳤다.

07 탐구 단원 성찰하고 평가하기

탐구 단원을 마무리하면서 자기 스스로 성찰하고 평가하는 성장보고서를 작성했다. 학생들은 탐구를 돌아보면서 개념적 이해, 학습 접근 방법, IB 학습자상의 관점에서 자신의 학습과 성장을 평가했다. 자기 평가만 있으면 평가에 대한 객관성을 확보하기 어렵다. 그러므로 교사 평가를 포함하여 객관성과 신뢰성을 확보했다. 저자는 평가 기준을 설정하고 루브릭에 따라 학생들의 지식 · 이해, 과정 · 기능, 가치 · 태도를 평가했다. 이번 탐구의 경우에는 가치 · 태도에 대한 영역을 평가할 수 있는 장면이 많았다. 건강은 머리로 이해하는 것이 아니라 개인과 사회가 실제로 협력해 나가는 실천을 통해 이루어지는 것이기 때문이다. 저자

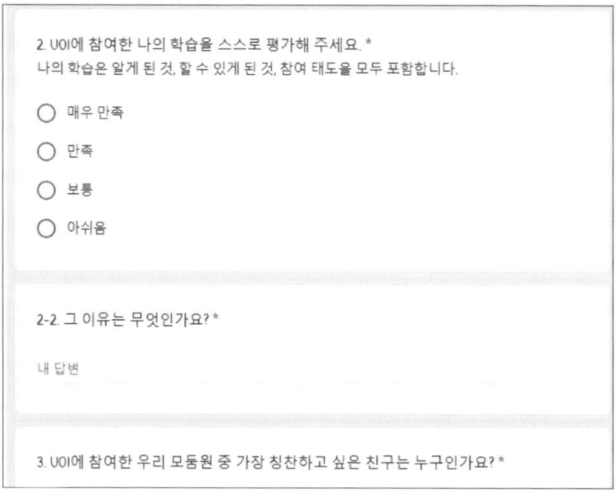
2. UOI에 참여한 나의 학습을 스스로 평가해 주세요. *
나의 학습은 알게 된 것, 할 수 있게 된 것, 참여 태도을 모두 포함합니다.

- 매우 만족
- 만족
- 보통
- 아쉬움

2-2. 그 이유는 무엇인가요? *

내 답변

3. UOI에 참여한 우리 모둠원 중 가장 칭찬하고 싶은 친구는 누구인가요? *

[그림 6-24] 구글 설문지를 통한 자기 평가와 동료 평가

도 넓은 눈으로 전체 학생을 관찰하지만 학생들의 가치 · 태도를 가장 잘 파악할 수 있는 것은 바로 친구들이었다. 그래서 이번에는 구글 설문지를 통해 자기 평가와 더불어 동료 평가도 함께 진행했다. 우리 모둠에서, 우리 반에서 탐구 과정 동안 칭찬하고 싶은 학생을 추천하고 그 이유를 적도록 했다. 동료 평가의 결과를 확인해 보니 학생들의 눈이 참 정확하다는 생각이 들었다. 저자의 생각과 비슷한 장면을 이야기하면서 저자가 보지 못한 부분도 잘 알려 주었다.

이렇게 자기 평가, 교사 평가, 동료 평가를 종합하여 성장보고서를 완성했다. 성장보고서는 학생들이 건강을 얼마나 개념적으로 이해하고 전이 · 적용할 수 있는지, 여러 가지 탐구 기능이 얼마나 신장되었는지, 열 가지의 IB 학습자상에 비추어 나는 좀 더 나은 사람이 되었는지 등을 파악할 수 있다. 완성된 보고서는 가정으로 발송되었고 학부모는 보고서를 확인하고 피드백을 적어서 학교에 다시 제출했다. 탐구에 대한

학생 성장을 위한 부모 조언
(Parent Advice for Student Growth)

수업을 통해 건강한 사회를 만들기 위해 필요한 요소들을 생각하고 들리해 결론을 도달하고 행동의 변화를 가져 옥수 있는 유익한 수업이었다 생각합니다. 정신적, 육체적, 건강을 지켜 건강한 사회를 만들어가기를 소망합니다. ○○이가 이수업을 통해 느낀걸 결심한것을 실천하며 살아가길 빠름 바랍니다.

*스마트폰 카메라로 QR코드를 스캔하시면 자녀의 기록을 보실 수 있습니다.

대구영선초등학교 5학년 2반 담임 류효준
Daegu Youngsun Elementary School, class 5-2, Homeroom Teacher
교사 류 효 준 RYU HYO JUN

[그림 6-25] 성장보고서에 적어 준 학부모의 피드백

학부모와의 공유는 학부모의 궁금증을 해결하는 것과 더불어 학생들의 행동을 함께 격려하는 학습 공동체를 구축하는 것을 돕는다. 이렇듯 성장보고서를 통해 학부모는 학생의 성장에 대한 정보를 얻고 보호자와 학생이 자연스럽게 가정에서도 탐구 주제에 대해 이야기를 나눌 수 있는 수단으로 활용되었다. 그것이 바로 학습의 확장이다.

저자도 탐구 단원을 마무리하면서 성찰하고 기록했다. 교사의 성찰은 우리 학급의 다음 탐구를 준비하거나 다음 해 다른 선생님이 탐구를 진행할 때 모두 도움이 된다. 탐구 내용과 활동, 학생들의 반응과 평가, 학부모의 피드백을 포괄한 교사의 성찰은 매우 중요하다.

- 학생들이 탐구 단원을 진행하고 마친 뒤에도 건강을 위해 다짐한 것을 실천으로 지속할 수 있도록 체크리스트를 만들어 보는 것도 좋겠다.
- 예상치 못했지만 지역 진로진학코칭센터를 통해 교육기부를 받게 되었는데 학생들에게 좋은 경험이 되고 탐구를 표현할 수 있는 기술을 익히게 되었다. 이것을 내년에도 탐구 단원과 연계할 수 있도록 미리 계획하면 좋겠다.
- 탐구를 통해 교사와 학생, 학생과 학생 간의 관계가 깊어지고 서로 이해하여 가까우면서도 존중하는 반이 만들어져서 감사했다. 이번 탐구를 통해 시작한 건강한 우리 반을 위한 학급 회의를 정기적으로 계속 진행해야겠다.

저자는 탐구 단원을 성찰하면서 다음에 다시 운영한다면 기억하고 반영해야 할 내용을 꼼꼼히 기록했다. 이것은 탐구 단원을 직접 실행한 교사가 아니면 할 수 없기에 대체 불가능한 소중한 자원이 된다.

⓪7
우리가 속한 공간과 시간

탐구 단원 개요

이번 탐구 단원은 '우리가 속한 공간과 시간(Where we are in place and time)[1]'이라는 초학문적 주제를 기반으로 설계했다. 역사적으로 인간은 먹을 것을 구할 수 있고 자신의 신체를 보호할 수 있는 안전한 공간을 찾아 이동하며 시간을 보냈다. 이런 특성으로 인류는 더 나은 환경을 위해 새로운 발견과 탐험을 지속하였고 적합한 환경을 찾아 정착하면서 인류

탐구를 위한 TIP

1 IB PYP의 여섯 가지 초학문적 주제 중 하나인 '우리가 속한 공간과 시간'은 다섯 가지 설명으로 이루어졌다. 다섯 가지 설명은 ① 지역과 세계적인 관점에서 공간과 시간, ② 개인적 역사, ③ 가정과 여행, ④ 인류의 발견, 탐험 및 이주, ⑤ 개인과 문명 간의 관계와 상호 연결성이다.

의 문화와 문명의 발전을 가져왔다. 그러므로 우리는 개인과 문명의 관계, 인류의 탐험과 이주, 가정과 여행, 개인 역사라는 설명을 포괄하는 초학문적 주제인 '우리가 속한 공간과 시간'에 대해 탐구할 가치가 있다. 즉, '우리가 속한 공간과 시간'은 개인에서부터 인류에 이르기까지 인간들이 살아온 공간과 시간에 대해 탐구하는 초학문적 주제이다.

초등학교 5학년 1학기 사회 교과서에는 '국토와 우리 생활'이라는 단원이 있다. 이 단원에서는 우리나라의 자연 환경과 인문 환경을 다루고 있다. 특히 인문 환경을 다루는 소단원에서는 우리나라 인구 분포 및 구조에서 나타난 변화와 도시 발달 과정에 대해 학습한다. 이를 통해 도시로 집중되는 인구의 이동과 그 과정에서 나타난 특징들을 탐구하는 것이 '우리가 속한 공간과 시간'에 대한 다섯 가지 설명 중에서 '인류의 발견, 탐험 및 이주'와 잘 연계될 수 있다.

초학문적 주제와 교육과정의 연계성을 확인한 뒤에는 탐구 단원을 이끌어 가는 중심 아이디어(central idea)에 대한 고민을 시작하였다. 먼저, '국토와 우리 생활' 단원의 학습 내용과 성취 기준, 그리고 초학문적 주제의 설명인 '인류의 발견, 탐험 및 이주'에서 공통적으로 연결되는 단어를 찾아보았다. 그 결과 '인구, 이동, 환경'의 관련 개념[related concepts; 추가 개념(additional concepts)]을 추출했다.

다음으로는 이 개념 간의 관계를 어떻게 서술하여 일반화 문장으로 나타낼 수 있을지 생각했다. 사람들은 거주지를 선택할 때 교통, 교육, 문화 및 편의 시설, 주택 가격 등 다양한 환경 요소를 분석하고 판단하여 이동한다. 따라서 처음 설정한 중심 아이디어는 '사람들은 다양한 환경을 고려하여 이동한다'였다. 하지만 우리나라는 대도시 집중화로 인한 여러 가지 문제를 겪고 있기에 이에 대한 내용을 함께 탐구하는 것이 중요하다고 생각되었다. 사람들은 더 나은 환경을 찾아 이동하지만, 이러한 이동이 또다시 환경에 영향을 준다는 것을 함께 이해하기를 바랐다. 이러한 고민을 거쳐 중심 아이디어를 '사람들은 환경을 고려하여 이동하고 이동은 환경과 사람의 삶을 변화시킨다'로 설정하게 되었다.

예전에는 배산임수라는 풍수지리상의 명당으로 여겨진 지형을 최고의 입지라 여겼다. 하지만 오늘날에는 자연 환경과 더불어 인문 환경의 발전과 변화로 거주지를 선택하는 조건이 훨씬 더 다양하고 복잡해졌다. 중심 아이디어를 나침반으로 삼아 나아가는 이번 탐구는 우리가 속한 나라와 지구촌에서 인구의 이동과 정착의 양상을 파악하여 이에 영향을 미치는 요인을 이해하고 지속 가능한 거주 환경을 고민하는 데 의의가 있다.

〈표 7-1〉 '우리가 속한 공간과 시간' 탐구 단원의 개요

초학문적 주제 (transdisciplinary themes)	우리가 속한 공간과 시간 (Where we are in place and time)
중심 아이디어 (central idea)	사람들은 환경을 고려하여 이동하고 이동은 환경과 사람의 삶을 변화시킨다.
주요 개념(명시된 개념) [key concepts(specified concepts)]	변화(change), 인과 관계(causation), 연결성(connection)
탐구 주제 목록 (Lines Of Inquiry: LOI)	• 인구의 분포와 구성(변화) • 인구 이동의 이유(인과 관계) • 인구 이동의 영향(연결성)
관련 개념(추가 개념) [related concepts(additional concepts)]	인구, 이동, 이주, 자연 환경, 인문 환경, 환경, 분포, 구성, 흡인 요인, 배출 요인
학습 접근 방법 (Approaches To Learning: ATL)	• 조사 기능(research skills) • 사고 기능(thinking skills)
IB 학습자상 (IB learner profile)	• 탐구하는 사람(inquirers) • 지식이 풍부한 사람(knowledgeable) • 사고하는 사람(thinkers)

02 동기유발
탐구 만나기

이번 탐구의 동기유발에서는 학생들에게 이동이라는 추상적인 개념을 이해할 수 있도록 학교에서 직접 이동하는 경험을 제공한다. 그리고 학생들이 가진 개개인의 사전 경험을 함께 연결 지으며 탐구 주제에 대한 호기심을 키워 간다.

▌'이동의 날' 경험을 통해 탐구 주제 확인하기

학생들이 '인구 이동'이라는 거시적 개념에 관심을 가지게 하려면 어떻게 해야 할지 많은 고민이 들었다. 인구 이동을 표면적으로만 접하는 것이 아니고 실제로 이동하면서 느낄 순 없을까? 동학년 교사들이 함께 고민한 결과, '5학년 이동의 날 시뮬레이션'[2]을 계획했다. 학생들이 원래 '거주하던' 자신의 교실에서 벗어나, 다른 교실로 이동해 보는 것이다. 각 교실에 붙어 있는 안내문을 읽고 여러 요인을 고려하면서 새롭게 거주할 장소를 선택할 수 있다. 이러한 이동 경험이 현대 사회에서 사람들이 거주지를 이동하는 것에 대한 연결 고리가 될 것이라 기대했다.

새로운 탐구 단원이 시작되는 날, 각 반의 학생들은 여느 때와 마찬가

탐구를 위한 TIP

2 시뮬레이션은 학생들이 실생활에서 벌어질 수 있는 상황과 유사한 경험에 참여하는 것이다. 탐구 주제에 대한 사전 지식과 경험이 부족한 학생들에게 탐구 주제와 관련된 경험을 제공함으로써 학생들이 탐구 단원의 내용과 정서적으로 연결되도록 돕는다.

지로 등교하여 자신의 교실에 입장하려 했다. 그런데 복도와 교실 앞에 붙은 안내문이 새로운 경험을 설명하고 있었다. 평소와 달리 5학년에 있는 4개의 교실 중 한 군데를 자유롭게 선택하여 각 교실에서 준비된 활동에 참여하라는 것이었다. 각 교실에서 할 수 있는 활동이 각각 다르기 때문에 각 교실 앞문에 붙은 활동 안내문을 확인하기 위해 오고 다니는 학생들로 복도는 분주했다. 예고 없이 준비된 특별한 활동에 학생들은 호기심 가득한 눈빛으로 4개의 교실에 붙은 안내문을 읽고 비교했고, 자신이 하고 싶은 활동이 준비된 교실을 얼른 선택하여 방명록을 쓴 뒤 입장했다. 선생님이 보여 주는 영화를 관람할 수 있는 1반, 학생들이 하고 싶은 교실 놀이를 선택하여 진행할 수 있는 2반, 수학 문제지를 풀어야 하지만 과자가 제공되는 3반, 원하는 노래를 선곡하면 뮤직비디오와 함께 틀어 주지만 영어만 써야 하는 영어교실. 학생들은 저마다 교실을 선택하여 시간을 보냈고, 색다른 경험에 신이 났다.

30분의 활동 시간이 끝나고 마침내 각자의 교실로 돌아가니 담임교사가 학생들을 반겼다. 담임교사는 탐구의 맥락을 위해 마련한 '이동의

[그림 7-1] '이동의 날'에 교실을 선택하는 학생들

날' 경험에 대해 함께 이야기하는 시간으로 이끌었다. 교실에 돌아온 학생들을 같은 교실에서 활동한 친구들끼리 그룹을 만들고 교실의 네 모퉁이[3]로 보냈다. 같은 교실에서 활동하고 온 학생들끼리 모여서 자신이 머물렀던 교실의 활동에 대해 PMI 기법[4]을 활용하여 분석했다. 자신이 선택했던 교실의 장점과 단점을 떠올려 도화지에 적었다. 그러고는 4개의 모퉁이를 모두 돌면서 각 교실에서 있었던 활동에 대한 장점과 단점을 공유하고 흥미로운 생각을 함께 떠올려 보았다.

저자는 우리가 함께 경험한 '이동의 날'이 새로운 탐구 주제와 관련되

[그림 7-2] PMI 기법을 통해 분석한 각 교실의 활동

탐구를 위한 TIP

3 네 모퉁이 토의·토론은 교실의 네 모퉁이에 학생들이 선택할 수 있는 과제물을 배치해 두고 학생들이 이동하여 선택한 모퉁이에서 질문에 답을 하는 것이다. 학생들이 고정된 자리와 모둠을 떠나서 신체적 움직임을 통해 흥미 있는 주제와 질문을 선택하고 새롭게 형성된 그룹을 통해 활동하는 경험을 통해 학생의 주도성을 높일 수 있다.

4 PMI 기법은 주제에 대해 장점(Plus), 단점(Minus), 흥미로운 점(Interesting)의 세 가지 관점으로 각각 바라보면서 분석하는 것이다. 학생들이 발견해 낸 의견을 모으는 형태의 토의·토론으로 진행되며 분석을 통해 신중하고 후회 없는 의사결정을 점검하고 향상해 나가는 데 도움이 된다.

어 있다고 말했다. 그리고 학생들에게 여섯 가지 초학문적 주제 중 어느 것이 오늘의 경험과 관련되어 있는지 물었다. 학생들은 여섯 가지 초학문적 주제 가운데 자신이 떠올린 초학문적 주제를 포스트잇에 적어 칠판에 표시된 가치수직선[5] 척도에 붙였다. 10점에 가까울수록 강한 확신이고, 0점에 가까울수록 확신이 없다는 것이었다. 학생들은 자신의 추측에 확신이 높은지 10점에 가까운 곳에 붙였으며 대다수의 학생이 '우리가 속한 공간과 시간'이라는 초학문적 주제를 써 냈다. 이유를 물으니 오늘 '이동의 날' 경험 동안 우리는 공간을 선택하여 그곳에서 시간을 보내고 왔다는 것이다. 학생들이 경험한 내용을 토대로 초학문적 탐구에 대한 맥락을 스스로 연결하는 것을 보니 성공적인 동기유발이었다는 생각이 들었다. 저자는 학생들의 말을 받아 '우리가 속한 공간과 시간'이라는 초학문적 주제를 기반으로 하여 '인구 이동'에 대해 탐구할 것이라고 설명한 다음 탐구 주제를 칠판에 적었다.

그리고 탐구 주제에 대해 정확한 개념을 정리하기 위해 인구 이동에 대한 정의를 스스로 정리해 보도록 했다. 오늘 학생들은 교실을 이동해 보는 경험을 했으나, 실제 인구 이동은 인구가 한 지역에서 다른 지역으로 이동하는 현상이므로 축소된 의미를 경험한 셈이다. 그러므로 인구 이동에 대한 정의를 명확히 정리하고 공유한 후에 실제의 탐구 주제로 접근하기 위해서 거주지를 이동한 경험이 있는지 물었다. 부모님의 직장

탐구를 위한 TIP

5 가치수직선 토의는 주제에 대한 개인별 생각을 수직선 위에 나타내어 자신의 가치판단 경험을 하는 활동이다. 수직선의 양 끝 쪽은 찬성/반대, 매우 그렇다/전혀 아니다. 높다/낮다, 좋다/나쁘다와 같이 상반되는 표현을 쓸 수 있으며 숫자 0과 10을 써서 표현할 수도 있다. 해당 수직선에서 자신의 생각은 어디 정도에 해당하는지 표현함으로써 다수의 생각을 한눈에 살펴볼 수 있다.

[그림 7-3] 가치수직선을 활용하여 초학문적 주제 예측하기

에 따라 이사한 학생, 아파트로 입주하기 위해 이사한 학생, 어머니의 재혼으로 태국에서 한국으로 이주한 학생 등 다양한 이야기가 오갔다. 자신의 사례뿐만 아니라 친척, 주변 사람들의 이야기까지 함께 나누면서 인구 이동의 경험에 대한 흥미로운 대화가 이어졌다. 학생들은 오늘 교실을 이동해 본 경험과 과거 거주지를 이동해 본 경험을 공유하면서 탐구 주제에 대해 몰입하기 시작했다.

❙ 탐구 질문과 탐구 목록 만들기

인구 이동을 어떤 주요 개념[key concepts; 명시된 개념(specified concepts)]으로 탐구하면 좋을지 탐구 질문을 만들어 봤다. 이때 만다라트 기법을 사용해서 탐구 주제를 가운데 두고 7개의 주요 개념으로 탐구 주제를 바라보면서 궁금한 질문을 만들어 보는 경험은 학생들의 호기심을 끌어낼 수 있다. 탐구 단원을 설계할 때 일반적으로 3개의 주요 개념을 활용하여 탐구 주제 목록을 설정하기 때문에 학생들에게도 가능하면 3개의 주요 개념을 선택해 보라고 했다. 학생들은 선택한 주요 개념을 렌즈 삼아 탐구 주제를 바라보고 탐구 질문을 구성하여 포스트잇에 기록했다. 질문 포스트잇이 많이 붙은 주요 개념은 주제를 탐구할 때 학생들이 많이 선택한 개념적 렌즈인 셈이다. 학생들의 선택을 많이 받은 주요 개념과 교사가 탐구 단원을 설계하면서 선택한 주요 개념이 같다면 학생들의 주도성을 더욱 격려할 수 있다. 하지만 교사가 설정한 3개의 주요 개념이 모두 학생의 선택과 일치하지 않을 수 있다. 이럴 때는 일치하는 주요 개념에 대한 공감을 먼저 보내고 일치하지 않는 주요 개념에 대해서는 교사의 의도를 덧붙여 설명한다. 교사는 왜 이런 주요 개념으로 주제를 탐구하고자 하는지 국가 교육과정, 초학문적 주제, 탐구의 맥락과 흐름을 기반으로 설명해 준다.

학생들의 목소리와 선택을 존중하고 탐구 과정에 적극 반영할 필요가 있지만 교사는 탐구의 바른 방향을 안내해 주는 중요한 사람이다. 치밀한 교육과정 분석과 고민을 통해 설정한 교사의 탐구 단원 설계를 학생들의 선택으로 즉시 바꾸는 것은 탐구의 방향을 잃어버리는 행위일수 있다. 왜냐하면 교사의 주요 개념은 중심 아이디어를 충분히 이해하고 도출할 수 있는 방향으로 설정되었기 때문이다. 학생에게 질문을 만들게 해 놓고 반영하지 않을 것이라면 이런 행위가 불필요한 것이 아닌가 하는 고민을 가졌던 때도 있다. 하지만 이것도 학생들과 함께 탐구에 대한 계획을 소통하는 과정이다. 모든 것이 일치하지 않겠지만 학생들의 의견을 수용할 수 있는 주요 개념이 분명 있을 것이고, 의견이 다를때 교사가 선택한 주요 개념을 설명해 주는 것 자체가 탐구의 방향을 공유해 나가는 것이다. 이 과정에서 학생들은 개념적 렌즈로 주제를 바라보면서 탐구 질문을 만드는 연습을 하고 호기심과 창의적 사고력도 키운다. 그리고 학생들의 질문을 탐구에 반영할 수 있는 것은 탐구 과정에 반영하여 함께 해결해 나갈 수 있고, 때론 선택받지 못한 주요 개념

[그림 7-4] 탐구 주제 목록에 대한 사전 지식과 궁금증을 적은 KWL 차트

과 탐구 질문은 개인의 탐구 영역으로 두어도 좋기 때문이다. 그러므로 시간의 여유가 있다면 만다라트 기법을 통해 다양한 탐구 질문을 만들어 볼 것을 권장한다.

저자는 학생들과 공유하고 합의한 주요 개념을 바탕으로 탐구 주제 목록을 설정했다. 그러고는 탐구 주제 목록과 관련된 학생들의 사전 학습 경험과 현재 상태의 궁금증을 확인했다. KWL 차트를 통해 탐구 주제 목록에 대해 이미 알고 있는 것과 알고 싶은 것을 떠올렸다. 학생들은 각자 학습장에 적은 뒤, 모둠원과 공유하면서 내용을 합쳐 모둠의 포스트잇을 붙이고 학급 전체와 공유했다.

이 과정에서 학생들의 의견과 질문을 반영하고 탐구 주제 목록마다 정리하여 함께 해결해 나가기로 했다. 만약 탐구 주제 목록에 반영하지 못한 질문이 있다면 탐구를 진행한 뒤, 추가 탐구로 진행하고 공유할 수 있음을 안내했다.

탐구 주제 목록	① 인구의 분포와 구성(변화)
	② 인구 이동의 이유(인과 관계)
	③ 인구 이동의 영향(연결성)

더불어 탐구를 진행하는 동안 사용할 개념적 렌즈인 주요 개념과 학습 접근 방법(ATL), IB 학습자상(learner profile)을 칠판에 부착해 뒀다. 이 것은 학생들이 탐구에 활용할 수 있는 도구이자 탐구의 목표를 가리키 는 나침반 역할을 했다.

[그림 7-5] 보조칠판에 부착해 둔 탐구 단원의 주요 개념,
학습 접근 방법, IB 학습자상

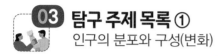

03 탐구 주제 목록 ①
인구의 분포와 구성(변화)

핵심 질문	우리나라의 인구 분포와 구성은 어떻게 변화했나요?
주요 학습 활동	• 탐구 도서를 통해 인구 현상 확인하기 • 자료를 수집하여 인구 현상 분석하기 • 인구 분포와 구성의 변화 모습 정리하기

　학생들이 제시한 탐구 주제 목록의 질문들을 정리한 뒤 함께 보면서 가장 포괄적인 질문을 핵심 질문으로 선정한다. 핵심 질문과 학생들의 탐구 질문을 해결해 가는 과정에서 도달해야 하는 평가 목표를 함께 정리하여 학생들의 탐구 학습장에 붙일 수 있도록 인쇄하여 나누어 준다.

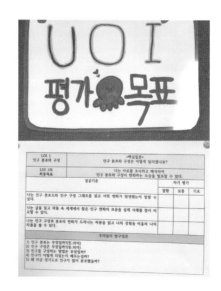

[그림 7-6] 탐구 주제 목록 ①에 대한 핵심 질문 및 학생 탐구 질문과 평가 목표 안내지

그리고 교실 뒤편 게시판에도 붙여 둔다. 학생들에게 평가 목표를 미리 안내하는 것은 우리가 가야 하는 방향에 대한 정확한 안내와 같다. 종종 긴 탐구를 진행하다 보면 탐구를 통해 무엇에 도달해야 하는지 목적을 잊을 때가 있다. 그 때문에 평가 목표를 활동 중에 상기할 수 있도록 미리 안내하는 것은 교사와 학생이 함께 같은 목표를 향해 나아가는 첫걸음과 같다.

우리나라의 인구 분포와 인구 구성이 시간의 흐름에 따라 어떻게 바뀌었는지 비교 및 대조할 수 있도록 '변화'라는 주요 개념을 늘 염두에 두기로 약속한다.

▌탐구 도서를 통해 인구 현상 확인하기

학생들이 인구 분포와 인구 구성의 특징을 확인하기 위해서는 조사를 통해 구체적인 수치를 확인하는 방법이 있다. 하지만 바로 인구 분포와 인구 구성의 특징을 조사하라고 교사가 시킨다면 학생의 동기가 결여되어 있기 때문에 학생들 또한 조사 활동에 흥미를 느끼지 못할 것이다. 그래서 조사 활동 전에 현재 우리나라에서 일어나고 있는 인구 현상을 보여 주는 아동 문학을 먼저 읽어 봄으로써 흥미와 호기심을 불러일으키고 구체적인 조사 활동으로 이어질 수 있도록 했다. 탐구 관련 도서 목록을 주고 학생들이 각자 도서를 선택하여 읽는 경우도 있는데, 이번에는 국어 교과의 독서 단원과 연계하여 학생들과 한 권의 책을 함께 읽기로 하였다. 『우리 학교가 사라진대요』는 7개의 장으로 이루어진 아동 문학으로, 각 목차는 시대의 흐름대로 구분된다. 1장에서 1960년대 인구의 특징을 다루는 이야기로 시작하여 7장에서는 오늘날 대한민국의 고령화 사회를 다루는 내용까지 포함하고 있다. 책의 전체 장을 함께 읽어도 되

[그림 7-7] 탐구 단원과 관련된 도서 목록

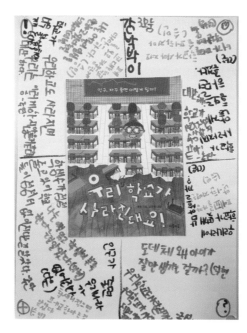

[그림 7-8] 독서 단원을 활용해 도서를 읽고 내용을 분석한 결과

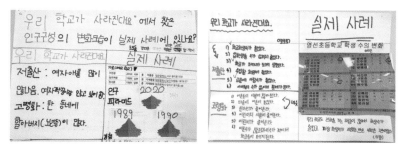

[그림 7-9] 도서에서 찾은 인구 문제를 조사하여 찾은 실제 사례 근거

고, 현재에 초점을 맞춘다면 6장인 '우리 학교가 사라진대요'와 7장인 '누구나 늙어요'만 함께 읽어도 된다. 책을 읽고 나서 도화지를 네 영역으로 나눈 뒤 알게 된 점, 느낀 점, 궁금한 점, 공감하는 점을 모둠별로 적고 공유했다. 과거와 오늘날의 인구를 변화의 렌즈로 바라보았을 때 어떤 변화를 가장 크게 느꼈는지 학생들에게 물어보니 저출산과 고령화, 대도시로의 인구 이동으로 인해 학교가 없어질 수 있다는 것을 꼽았다.

▍자료를 수집하여 인구 현상 분석하기

책을 통해 살펴본 저출산과 고령화, 인구의 집중 현상이 현실 세계에서 정말로 일어나고 있는 걸까? 학생들은 다양한 매체 자료를 선택하여 인구 분포와 구성의 실제를 조사했다. 연도별 인구 피라미드, 대구에서 폐교된 학교 명단, 저출산과 폐교에 관련된 뉴스, 고령 취업자에 대한 뉴스, 아이들이 줄어든 현실을 비춘 공익 광고, 실제로 교육시설이 통폐합되는 경험을 한 사람의 인터뷰 등 다양한 자료를 통해 우리나라 인구 구성의 특징인 저출산과 고령화가 실제로 벌어지고 있는 일임을 직접 확인했다.

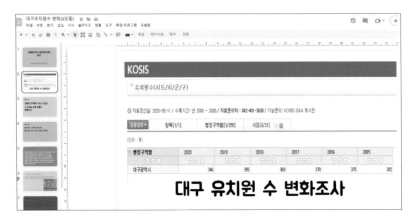

[그림 7-10] 인구 구성 통계 자료를 분석한 결과

　학생들이 인구 구성에 대한 구체적인 통계 자료를 분석하고 결론을 도출하는 활동을 할 수 있도록 저자는 6개의 통계 자료를 제시했다. 이런 활동은 학습 접근 방법 가운데 사고 기능과 조사 기능을 활용할 수 있는 기회를 제공한다. 학생들은 출산율 변화, 대구에 위치한 유치원 수의 변화, 학교급별 학급당 학생 수의 변화, 아동 인구 구성비 변화, 인구 구조 변화, 연도별 폐교된 학교의 수 및 초등학생의 수 변화를 보여 주는 다양한 통계 자료 중 한 가지를 모둠에서 선택하여 해석한 내용을 발표하는 시간을 가졌다. 학생들에게 통계 자료를 제공하기 위해 e-지방지표, e-나라지표, 통계청 등의 사이트를 이용했으며, 학생들에게도 추가로 자료를 찾기 위해 앞의 사이트를 이용하는 방법을 알려 주었다. 통계 자료를 분석하면서 저출산과 고령화라는 현상이 얼마나, 어떻게 진행되고 있는지 객관적인 수치로 확인하게 되어 학생들의 이해가 깊어졌다.

　이제 인구 분포를 살펴볼 차례였다. 우선, 학생들에게 우리나라에서 인구가 가장 많은 지역을 1위부터 20위까지 예상해 보도록 했다. 학생들은 지도를 살펴보면서 어느 지역에 인구가 많을 것인지 사전 지식을 활용해 예상해 보았다. 그리고 실제 오늘날의 지역별 인구 분포 통계 자료를 확인해 보았다. 학생들은 통계 자료의 수치를 살펴보면서 인구가 많은 지역뿐만 아니라 지역별 인구 수의 차이를 숫자로 비교해 보고 알 수 있었다. 조금 더 확실한 비교를 하기 위해서 커다란 백지도를 출력하여 학생마다 특정 지역을 맡아 스티커로 인구 수를 표현하기로 했다. 커다란 원형 스티커는 1개당 100만 명, 중간 크기는 10만 명으로 표시하기로 했다. 지도에 스티커를 붙여 지역별 인구 분포를 나타내니 한눈에 특징이 드러났다. 학생들이 의미 있는 발견을 하고 이를 발표했다. 서울은 땅이 좁은데 인구가 많아 스티커를 붙일 공간이 부족하다는 점, 우리가 사는 대구에 위치한 군위군은 땅이 넓은데도 인구가 2만여 명밖에 안 된다는 점, 울릉군과 같은 섬에 사는 인구는 1만 명이 안 된다는 점 등을 학생들은 찾아내기 시작했다. 더불어 작은 스티커를 통해서 1만 명을 표시하는 것이 필요하다는 사실을 알아냈다. 학생들은 스티커로 인구 분포를 표시한 지도를 보고 한눈에 인구의 집중 현상을 발견할 수 있었다.

저자는 새로운 통계 자료를 학생들에게 건넸다. 1960년대의 지역별 인

[그림 7-11] 우리나라 지역별 인구 분포를 알아보는 수업 사진
(우리나라 지역별 인구 분포를 나타내는 스티커를 붙인 백지도)

구 분포 통계 자료였다. 백지도를 통해 학생마다 맡은 특정 지역을 다시 한번 표시하고 두 개의 지도를 비교해 보았다. 1960년대의 지도에는 스티커가 비교적 전국에 흩어져 있었지만, 2020년대의 지도에는 스티커가 서울을 포함한 수도권과 지방 광역시에 밀집된 현상이 두드러졌다. 수도권에 우리나라 전체 인구의 약 절반이 모여 살고 있으며, 광역시까지 포함하면 전체 인구의 약 70%가 대도시에 집중되어 있다는 것을 알게 됐다.

▌인구 분포와 구성의 변화 모습 정리하기

도서와 매체 자료, 구체적인 통계 자료를 통해 알게 된 우리나라 인구 분포와 인구 구성의 변화를 문장으로 정리하는 단계이다. 교실에 있는 학습 결과물과 탐구 학습장을 통해 알게 된 사실을 기반으로 핵심 질문에 답해 보았다. 핵심 질문에 대한 답이자 탐구 주제 목록에 대한 깨달음이라고 해서 우리는 이것을 깨달음 문장이라고 이름 붙였다. 즉, 탐구 주제 목록마다 하나의 핵심 질문이 있고 그에 대한 깨달음을 한 문장으로 설명하는 것이었다. 개인이 만든 탐구 주제 목록의 깨달음 문장을 모둠원과 공유했다. 그리고 모둠별로 수정 및 보완한 깨달음 문장을 학급 전체에 소개한 후, 논의를 거쳐 최종 문장을 다듬어 다음과 같은 문장을 만들었다.

핵심 질문	우리나라의 인구 분포와 구성은 어떻게 변화했나요?
깨달음 문장	과거와 달리 현재는 점점 더 인구가 대도시로 몰리고 저출산과 고령화가 심각해진다.

[그림 7-12] 탐구 주제 목록 ①의 핵심 질문과 깨달음 문장

04 탐구 주제 목록 ②
인구 이동의 이유(인과 관계)

핵심 질문	인구가 이동하는 이유는 무엇인가요?
주요 학습 활동	• 인구 분포 변화의 원인 탐구하기 • 인구 이동의 요인 정리하기 • 인구 이동의 원인 종합하기

    학생들과 협의하여 두 번째 탐구 주제 목록의 탐구 질문을 정리하고 핵심 질문을 선정한다. 첫 번째 탐구 주제 목록과 마찬가지로 두 번째 탐구 주제 목록의 평가 목표도 질문 목록과 함께 인쇄하여 학생들에게 나누어 준다. 학생들은 탐구 학습장에 붙여 두고 탐구의 목표를 점검하면서 탐구 질문들을 해결해 나간다. 이번 탐구 주제 목록에서는 첫 번째 탐구 주제 목록에서 파악한 인구 분포의 변화에 영향을 준 원인을 탐구

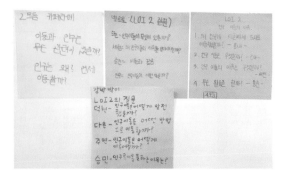

[그림 7-13] 탐구 주제 목록에 대한 모둠별 탐구 질문

한다. 그러므로 '인과 관계'라는 주요 개념을 늘 염두에 두고 탐구하기로 약속했다.

▌인구 분포 변화의 원인 탐구하기

첫 번째 탐구 주제 목록에서 학생들은 인구 분포가 일부 대도시로 몰리는 현상을 발견했다. 그런데 이런 현상은 언제부터 발생한 것일까? 기존에 제시된 1960년대와 2020년대 인구 분포도에서 인구 밀도가 높은 지역을 다시 살펴보았다. 이전에는 변화의 관점에서 두 인구 분포도를 비교, 대조했다면 이번에는 1960년대의 인구 분포 양상에서 2020년대의 인구 분포 양상으로 변화한 원인을 살피는 것이 목표였다.

1960년대에 우리나라의 남서쪽 지역이 밀도가 높은 이유는 무엇일까? 이번 탐구를 시작하기 전에 사회 수업을 통해 살펴봤던 우리나라 지형도를 다시 보여 주었다. 우리나라의 북쪽과 동쪽에는 높고 험한 산이 많은 반면, 남서쪽은 지형이 낮고 평평하다. 더욱이 강이 서쪽과 남쪽으로 흐르며 강의 하류에 넓은 평야가 나타나는 것을 학생들은 이미

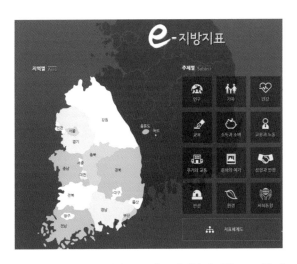

[그림 7-14] 지역별, 주제별, 테마별로 통계를 살펴볼 수 있는 e-지방지표 웹사이트
출처: KOSIS 국가통계포털.

알고 있었기 때문에 농사를 짓기 위해 인구가 남서쪽에 다수 분포한 사실을 파악할 수 있었다.

그런데 2020년대에는 수도권과 광역시 위주로 밀집하여 거주하고 있다. 이러한 변화의 원인에 대한 가설을 세우고 통계 자료를 확인하여 증명해 보는 시간을 가졌다. 학생들은 원인을 일자리, 산업, 교통, 병원, 학교 등으로 설정하여 같은 원인을 선택한 친구끼리는 팀을 이루고 통계 사이트에 들어가 연도별 통계를 활용해 상관관계를 확인했다. 통계를 찾기 힘든 경우 검색을 통해 관련된 뒷받침 자료를 찾을 수 있도록 했다. 예를 들어, 교통에 대한 가설을 세울 때 조금 더 명확한 자료 확인을 위해 공항, 기차역, 도로 등과 같이 구체적인 교통 수단을 설정하여 조사할 수 있도록 했다. e-지방지표 사이트에서는 지역별로 지방의 다양한 지표를 쉽게 확인할 수 있었는데, 가설을 설정하기 어려워하는 학생들은 여기 제시된 것 중 하나를 선택하여 조사할 수 있도록 했다. 이를 통해 학생들은 과거 1960년대의 인구 분포가 2020년대의 인구 분포의 모습을 띠게 된 원인을 다양하게 확인할 수 있었다. 산업의 발전, 일자리의 증가, 교통(고속도로, 역, 공항, 지하철도, 시내버스 등)의 발달, 주택 수 증가, 의료 시설의 확충, 문화 시설 설립 등이 현재 인구가 밀집되고 있는 도시들의 특징이었다. 교사는 그 가운데 가장 큰 요소인 산업과 교통의 발전에 대해 보충 설명을 했다. 지역별로 발달한 산업을 소개하고 인구와의 관련성을 살폈다. 그리고 교통도를 통해 다양한 교통 시설이 겹치는 곳의 인구를 살펴보면서 관련성을 살폈다.

▍인구 이동의 요인 정리하기

학생들에게 인구 분포의 변화가 무엇을 뜻하는지 물었다. 지역별로 사는 사람의 수가 변화했다는 것은 출생과 사망을 제외하고는 인구의 이동 때문이었다. 그렇다면 사람들이 거주지를 이동하는 이유는 무엇일까? 앞선 지역별 인구 분포의 변화에서 나온 원인들과 흡사했다. 다만, 지역에 초점을 맞추었던 관점을 이제는 사람에게 초점을 맞추어 자세히 들여다보기로 했다. 사람들이 이주하는 이유가 무엇인지 학생들의 삶 가까이서 찾기 위해 숙제를 하나 냈다. "부모님이 태어난 곳은 어디이며, 현재 우리 지역으로 오기까지 무엇을 고려하면서 이주하셨는지 이유를 조사해 오세요. 만약 부모님께서 이 지역에 태어나서 이주를 한 번도 하지 않으셨다면 그 이유도 조사해 오세요." 학생들은 숙제를 통해 자연스럽게 현재 하고 있는 탐구 단원을 자신의 삶에 연결시키고 가족과 탐구 단원에 대한 대화를 나눌 수 있었다.

학생들이 부모님과의 면담을 통해 조사한 이주의 이유를 포스트잇에 붙여서 분류하는 작업을 했다. 이때 하나의 포스트잇에 하나의 이유만 써서 내도록 했고, 학생마다 다른 표현으로 되어 있지만 비슷한 의미끼리는 모으도록 했다. 예를 들면, '집값' '주거 비용' '주택 비용' 등은 다른 표현이지만 같거나 비슷한 의미이므로 한곳에 모았다. 이런 식으로 우리 반 학생들이 부모님과 함께 조사해 온 이주의 이유를 모아 보니 다양한 요인을 확인할 수 있었다. 그곳에 학생들의 의견도 반영하고 싶었다. 우리가 이사를 한다면 어떤 요인을 살펴보고 거주지를 정할 것인지 추가로 다른 색깔 포스트잇에 적어 붙이도록 했다. 아무래도 현실적인 어른들의 우선순위와는 조금 다른 학생들의 눈을 확인할 수 있었다. 학생들은 공원, 편의시설, 스포츠센터, 도서관 등과 같은 즐길거리를 많이 추가했다. 그러고 나서는 비슷한 것끼리 모은 것을 포괄할 수 있는 용어로 적어 보라고 했다. 다양한 단어의 공통점을 분석하고 그것을 포괄하는 용어로 표현하는 과정은 학생들이 개념을 추출하는 과정을 연습하는 것과 같다. 그랬더니 우리 반이 정리한 인구 이동의 요인은 총 열 가지였다. 우리가 정리한 인구 이동의 요인이 타당한지 살펴볼 필요가 있었다. 저자는 IPSOS라는 전 세계 3위의 조사기관에서 발행한 보고서의 주거 관련 16개 지표를 가져와 학생들에게 보여 주었다. 우리가 정리한 요인과 비교해 보면서 우리가 미처 살피지 않은 내용은 없는지 확인할 수 있었다.

정리한 인구 이동의 요인을 적용해서 학생들에게 우리가 살고 있는 지역을 분석해 보는 활동을 했다. 모든 요인에 따라 분석하기에는 어려움이 있기 때문에 학생들에게 선택권을 주었다. 학생들은 자신이 관심 있는 요인을 선택하여 우리가 살고 있는 지역은 어떤지 조사했다. 대중교통을 조사하는 학생들은 지하철역, 인근 버스정류장과 버스 노선의 개수, 기차역과의 거리 등을 살펴보았다. 의외로 학생들은 주택 가격에 관심이 높았다. 아마도 실제 부모님께서 이주할 때 중요하게 고려한 요소가 주택 가격이기 때문에 현실적으로 와닿은 부분일 수 있다. 하지만 주택 가격에 대한 정보가 부족한 학생들은 우리 지역의 주택 가격을 어떻게 분석할 수 있는지 교사에게 물었다. IB 학교에 근무하기 전이었다면 학생들에게 조사하기 쉬운 다른 요인을 선택하라고 했을 것이지만 지금은 이런 학생들의 질문이 아주 현실적으로 삶과 맞닿아 있고 학생들의 주도성이 발현되는 부분임을 알기에 이렇게 답했다. "인터넷 검색 사이트에서 부동산에 들어가면 지역을 설정할 수 있고 그 지역의 여러 가지 주택 가격을 파악할 수 있어요. 우리 지역의 주택 가격에 대해서만 확인한다면 이 주택 가격이 비싼지 싼지 판단이 서지 않을 수 있기 때문에 대구광역시 내의 다른 지역과 비교하거나 다른 시·도 지역의 주택 가격과 비교를 통해서 기준을 세울 수 있답니다. 다만, 주택의 형태가 다양하다는 점을 확인해서 주택의 형태와 크기가 비슷한 것끼리 비교해야지 객관적인 비교가 가능합니다."

학생들은 우리가 살고 있는 지역을 선택한 요인에 따라 분석하였고, 갤러리 워크(gallery walk)를 통해 학생들의 분석을 확인하러 다녔다. 그리고 종합하여 우리 지역이 가진 우수한 요인과 부족한 요인으로 나눌 수 있었다. 학생들의 판단이 주관적인 면도 있지만 지엽적인 내용에 초점을 맞추기보다는 우리가 파악한 이주 요인에 따라 분석하는 경험을 가지고 개념 단어를 익히는 것을 우선했다. 표를 통해 분류한 것을 들여다보면서 사람들을 이주하게 끌어당기는 우수한 요인을 '흡인 요인'이라고 하고 반대로 사람들이 이주하도록 밀어내는 부족한 요인을 '배출 요인'이라고 개념을 정리했다.

우리 지역이 가진 우수한 이주 요인	우리 지역이 가진 부족한 이주 요인
대중교통, 의료시설, 자연·녹지, 교육환경, 주거안전	쇼핑·외식, 문화·레저, 복지시설, 일자리, 주택가격

[그림 7-15] 우리 지역의 흡인 요인과 배출 요인 분석한 결과

▌인구 이동의 원인 종합하기

　지역으로 사람들을 흡인시키기도 하고 배출시키기도 하는 인구 이동의 원인을 정리하면서 두 번째 탐구 주제 목록을 마무리하는 차례이다. 인구 이동의 원인은 이미 앞에서 10개의 요인으로 우리가 정리했기 때문에 그것을 나열하여 적을 수 있었다. 그런데 몇몇 학생이 문장이 너무 길다며 투덜댔다. 저자는 학생들에게 10개의 요인을 포괄하는 용어를 사용하여 짧게 나타낼 수 있다며 이것을 상위 개념이라고 설명했다. 그리고 학생들에게 10개의 요인을 자연적으로 생성된 것과 사람이 만들어 낸 것으로 분류해 보도록 했다. 그리고 자연적으로 생성된 것을 자연 환경, 사람이 만들어 낸 것을 인문 환경이라고 한다며 상위 개념을 설명했다. 다시 두 개념을 합치면 환경이라고 말할 수 있다는 것을 학생이 발견해 냈다. 이렇듯 사실 지식들을 묶어 개념으로 바라보는 것을 자주 연습하다 보면 학생들은 개념적 시각을 가지게 된다. 이제는 학생들이 핵심 질문에 좀 더 간단히 답할 수 있었다. 개인이 만든 깨달음 문장을 모둠과 학급에 공유하고 전체가 합의하여 깨달음 문장을 도출했다.

핵심 질문	인구가 이동하는 이유는 무엇인가요?
깨달음 문장	사람들은 자신에게 맞는 환경이 있는 곳으로 이동한다.

저자는 학생들이 도출한 깨달음 문장을 확정 짓는 대신 "왜 사람들은 자신에게 맞는 환경이 있는 곳으로 이동할까요?"라는 질문을 던졌다. 이번 탐구 주제 목록에서 염두에 두기로 한 원인 렌즈를 한 번 더 강조한 것이다. 이런 추가 질문을 통해 학생들은 고민을 하고 깨달음 문장을 수정했다.

수정된 깨달음 문장	사람들은 더 편해지기 위해 자신에게 맞는 환경이 있는 곳으로 이동한다.

학생들의 탐구 과정과 스스로 귀납적인 이해를 도출하는 것을 존중하는 것은 학습자 주도성을 높이는 탐구의 방향이다. 하지만 늘 학생들의 합의된 결론을 비판 없이 그대로 수용하는 것이 교사의 역할은 아니다. 교사는 탐구의 과정과 결론을 늘 점검하고 잘못된 방향으로 갔을 때 그것을 성찰할 수 있는 질문을 던짐으로써 다시 학생들이 점검할 수 있도록 해야 한다. 혹은 지금처럼 깨달음 문장을 조금 더 정교화하기를 바랄 때는 '왜' '어떻게' '그래서'와 같은 질문을 던짐으로써 깨달음 문장에 깊이를 더할 수 있다. 핵심 질문에 대한 대답으로 부족하거나 지나치게 추상적이고 모호할 때 추가 질문을 통해서 깨달음 문장을 성찰하고 정교화할 수 있다.

두 번째 탐구 주제 목록을 마치면서 깨달음 문장을 함께 확정한 뒤, 깨달음 문장에 대해 설명하는 글쓰기를 형성평가로 제시했다. 주요 개념인

'인과 관계'에 초점을 맞추어 쓰도록 강조했다. 이때, 국어 교과의 '글쓰기의 과정' 단원과 연계하여 탐구 과정을 성찰하고 자신의 생각을 글로 표현하도록 했다. 자신이 탐구한 과정에서 알게 된 지식과 그것을 통해 이해한 깨달음 문장이 다른 상황에 어떻게 적용되는지 글을 써서 설명함으로써 자신의 이해를 점검할 수 있었다. 글의 내용 면에서 학생의 개념적이해를 파악하고 형식 면에서 학생의 글쓰기 기능을 파악할 수 있었다. 교사는 학생이 쓴 글을 읽고 알맞은 개별 피드백을 줄 수 있었다.

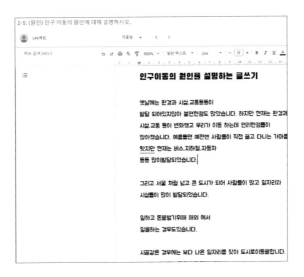

[그림 7-16] 탐구 주제 목록 ②의 깨달음 문장을 설명하는 글쓰기

05 탐구 주제 목록 ③
인구 이동의 영향(연결성)

핵심 질문	인구 이동은 무엇에 영향을 주나요?
주요 학습 활동	• 인구 이동으로 나타나는 현상 살펴보기 • 인구 이동의 미래 모습 예측하기 • 인구 이동이 미치는 영향 정리하기

　학생들의 탐구 질문을 토대로 세 번째 탐구 주제 목록의 핵심 질문을 선정한다. 인구 이동이 가져온 영향을 찾아 긍정적이고 부정적인 모습으로 분류해 보고 우리가 살아갈 지역이 지속 가능할 수 있는 방법을 찾아보기로 한다. 인구 이동과 지역의 환경 그리고 우리의 삶까지 서로 영향을 주고받는 것들을 이해하기 위해 '연결성'이라는 주요 개념을 늘 염두에 두기로 한다.

▌인구 이동으로 나타나는 현상 살펴보기

　스티커로 2020년대의 인구 분포를 표시한 백지도를 다시 가져왔다. 그리고 두 번째 탐구 주제 목록에서 도출한 깨달음 문장과 연결한 질문을 던졌다. "사람들이 더 편해지기 위해 선택하는 지역은 어디인가요? 그리고 반대로 기피하는 지역은 어디인가요?" 학생들은 우리가 함께 만든 인구 분포도와 인구 통계 자료 표를 확인하면서 인구가 많은 지역과 인구가 적은 지역을 각각 말했다. 사람들이 한 지역에 많아지거나 적어지면 어떤 일이 발생하는지 특정 지역들을 조사해 보라고 했다. 모둠별

인구가 많은 지역		인구가 적은 지역	
장점	단점	장점	단점
• 교통 발달	• 교통 흐름	• 교통 흐름	• 교통 발달
• 주택 신규 건설	• 주차 부족	• 주차 부족	• 주택 신규 건설
• 편의시설	• 환경 · 대기	• 환경 · 대기	• 편의시설
• 문화 · 레저 시설	• 자연 · 녹지	• 자연 · 녹지	• 문화 · 레저 시설
• 의료시설	• 주택 가격	• 주택 가격	• 의료시설
• 복지시설			• 복지시설
• 보육 및 교육 환경			• 보육 및 교육 환경
• 일자리			• 일자리
• 지역경제			• 지역경제

로 인구가 많은 지역 중 하나, 인구가 적은 지역 중 하나를 선택하여 구체적으로 들여다볼 수 있도록 했다. 그리고 모둠 간 공유를 통해서 공통적으로 드러나는 현상을 정리해 보았다.

학생들은 인구가 많은 지역과 적은 지역이 서로 상반되는 장단점을 가진다는 것을 알게 됐다. 그리고 이 장단점들은 앞서 도출한 '환경'이라는 개념과 연결된다는 것 또한 발견했다. 즉, 사람들은 환경 때문에 이동하는데, 그 이동이 다시 환경에 영향을 미친다는 것을 이해하게 된 것이다.

▌인구 이동의 미래 모습 예측하기

학생들이 인구가 많은 지역과 적은 지역의 문제점을 알게 된다면 심각성을 깨닫고 해결 의지를 북돋을 수 있으리라 생각했다. 하지만 인구 문제는 초등학생에게 크게 와닿지 않는 것이었다. 그래서 학생들에게 성인이 되어 경제 활동을 시작하는 2040년의 우리나라 인구 분포를 예측해 보라고 했다. 학생들에게 플로 맵(flow map)[6]을 그려서 과거, 현재,

미래의 인구 분포를 각각 기록하고, 과거에서 현재로의 변화에 기반하여 미래의 모습을 가정해 보았다. 많은 학생이 미래의 인구 분포는 집중 현상이 더욱 심해질 것이라고 했다. 그럼 현재 인구가 적은 지역은 어떻게 될 것인지 물어보니 아무도 살지 않는 지역이 될 수도 있다고 했다. 저자는 학생들에게 인구 소멸 위험 지역이 표시된 지도를 보여 주었다. 우리가 알고 있는 수도권과 지방 광역시 정도를 제외하고는 거의 다 인구 소멸 위험 지역으로 표기되어 있었다. 빨간색으로 표시된 소멸 고위험 지역은 우리에게 경고의 메시지를 보내는 듯해 보였다.

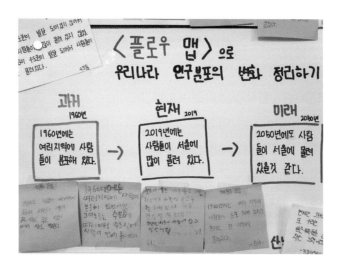

[그림 7-17] 우리나라 인구 분포의 변화를 나타낸 플로 맵

탐구를 위한 TIP

6 플로 맵은 싱킹 맵의 여덟 가지 유형 중 하나로, 과정과 알고리즘을 나타내는 순서도이다. 어떤 주제에 대한 순서를 동일한 기호와 도형을 사용해서 도식적으로 표시해서 일이 진행되는 방향을 파악할 수 있다. 이야기의 순서, 계획의 차례, 요리의 순서 등을 적는 데에 활용할 수 있다.

▌인구 이동이 미치는 영향 정리하기

학생들은 세 번째 탐구 주제 목록을 돌아보면서 핵심 질문에 답할 준비를 했다. 5분 정도 개인별로 중심 아이디어를 구성하고, 다시 5분 정도를 모둠 안에서 공유하여 모둠을 대표하는 깨달음 문장을 만들었다. 이렇게 모둠별로 정해진 하나의 문장을 교실 앞으로 나와 칠판에 적고는 순서대로 나와서 깨달음 문장을 설명했다. 이미 모둠에서 수정된 깨달음 문장은 우리의 탐구 과정과 이를 통해 얻은 이해를 잘 반영하고 있었다. 저자는 학생들에게 이번 탐구 주제 목록에서 중요한 개념은 무엇이었는지 그것에 대해 잘 설명하는 문장은 무엇인지 물어보며 칠판에 붙어 있는 탐구 주제 목록과 개념 단어들을 함께 살펴보면서 고민해 보라고 했다. 그리고 다수결을 통해서 하나의 깨달음 문장을 선정했다. 다음으로, 선정한 깨달음 문장에 부족한 부분을 찾아 수정할 기회를 가졌다. 선택하지 않은 다른 모둠의 깨달음 문장에서 제시된 개념이나 문장 표현을 결합하는 등의 논의를 거쳐 최종 문장을 다듬어 만들었다. 개인 → (짝) → 모둠 → 전체 순으로 의견을 수렴해 가는 것은 모든 학생들의 의견을 수용할 수 있어 합의를 이끌어 내기에 타당한 방법이다.

핵심 질문	인구 이동은 무엇에 영향을 주나요?
깨달음 문장	인구 이동은 지역의 환경을 변화시키고 거주 문제를 야기할 수 있다.

[그림 7-18] 탐구 주제 목록 ③의 모둠별 깨달음 문장 기록과 발표 장면

탐구 정리하기

이 단계에서는 탐구의 전체 여정을 정리하고 성찰한다. 탐구 주제 목록별로 도출된 깨달음 문장을 통해 탐구 단원 전체를 포괄하는 중심 아이디어를 도출한 뒤, 다른 장면에 전이하고 적용하는 기회를 가진다. 탐구 단원을 성찰하고 평가해 보면서 우리 반의 탐구는 일단락이 되지만 개인의 자유 탐구 주제로 전환되어 추가 탐구와 실천의 지속을 격려한다.

▌ 탐구 단원의 중심 아이디어 도출하기

탐구 주제 목록별로 학생들이 함께 도출한 깨달음 문장은 탐구 단원의 중심 아이디어를 만드는 데 중요한 자원이 된다. 학생들은 이미 도출한 3개의 깨달음 문장을 연결하여 아주 긴 문장의 중심 아이디어를 만들려고 했다. 깨달음 문장들을 포괄하기 위해서는 모든 문장들을 빠뜨

[그림 7-19] 칠판에 누적된 개념 단어를 기반으로
모둠별 탐구 단원의 중심 아이디어를 생성하는 장면

리지 않고 연결하는 것이 가장 좋다고 생각했기 때문이다. 하지만 저자는 학생들의 의견에 대해 질문을 던졌다.

"문장이 한눈에 들어오고 이해가 잘 되나요? 문장을 다른 상황에 적용할 수 있나요?"

3개의 문장이 결합된 만큼 길고 한번에 이해하기가 당연히 어려웠다. 문장의 논점을 파악하기도 어려웠다. 그리고 너무 세부적인 지식을 담고 있어서 다른 상황에 전이하기 어려워 수정이 필요함을 느꼈다. 교사는 학생들에게 깨달음 문장 3개와 탐구 단원 전체에서 가장 중요한 개념이 무엇인지 물어보았다. 이때 교실 앞면에 누적해 놓은 개념 단어들이 도움이 됐다. 그 가운데 가장 중요한 개념 2~3개를 선택해 보라고 한 다음, 그들 간의 관계를 서술할 수 있도록 했다. 이런 안내를 통해서 대부분 '인구 이동'과 '환경'을 중요한 개념으로 선택했다. 이 과정은 탐구를 종합하는 아주 고차원적인 사고 기능이 발휘되는 순간이므로 어려웠다. 하지만 탐구 주제 목록을 통해 깨달음 문장을 생성해 본 경험과 이전의 다른 탐구 단원을 통해 중심 아이디어를 도출한 경험이 큰 도움이 됐다.

학생들은 모둠 안에서 서로 간 피드백을 통해 문장을 다듬어 나가고 하나의 공동 문장을 생성한 뒤 학급에 공유했다. 학급에서는 모둠이 선정한 문장들을 비교해서 탐구 과정을 포괄하는 최고의 문장을 선택한 뒤 다시 수정하는 기회를 가졌다.

탐구 주제 목록별 깨달음 문장	1	과거와 달리 현재는 점점 더 인구가 대도시로 몰리고 저출산과 고령화가 심각해진다.
	2	사람들은 더 편해지기 위해 자신에게 맞는 환경이 있는 곳으로 이동한다.
	3	인구 이동은 지역의 환경을 변화시키고 거주 문제를 야기할 수 있다.
탐구 단원의 중심 아이디어	사람들은 환경을 고려하여 이동하고 이동은 환경과 사람의 삶을 변화시킨다.	

▌학습을 다른 맥락에 전이하고 의미 있는 행동하기

개념 기반 탐구 학습에서 전이는 매우 중요하다. 전이란 사실적 지식들로부터 얻은 개념과 중심 아이디어를 다른 상황 맥락에 적용해 보는 것이다. 이를 통해 학습은 실생활과 연결되고 학생의 이해는 깊어지게 된다. 인구 이동을 탐구 주제로 결정한 이유와 맥락을 고려해서 중심 아이디어를 전이할 수 있는 과제를 제시했다. 과제는 자신이 살고 싶은 주거환경의 조건을 정하고 그 조건을 만족하는 구체적인 지역을 찾아 설명하는 것이었다. 여기서 머물지 않고 그 지역이 갖고 있는 인구 이동의 문제점을 찾아서 해결방안을 제안하라고 했다. 이때 통계 자료를 근거로 설명하라는 조건을 들었다. 왜냐하면 객관적 수치에 따라 흡인 요인과 배출 요인을 분석하는 기능까지 함께 평가할 수 있기 때문이었다. 이처럼 탐구 단원을 평가하는 과제를 제출할 때는 개념적 이해뿐만 아니

8.[총괄평가] 2번째 UOI의 최종목표를 달성하기

Hyojun Ryu · 2022. 6. 16.

100점

UOI#2. 이동의 최종목표를 달성할 시간입니다. 아래의 과제 설명을 듣고 해결하시오.

1. 총괄평가 과제- 흡인요인과 배출요인을 생각하며 내가 미래에 살고 싶은 지역을 선택하고
그 지역이 가진 인구 이동의 문제를 분석하여 해결방안 제시하기

2. 총괄평가 체크리스트
1) 인구이동의 흡인요인과 배출요인을 근거를 들어 내가 미래에 살고 싶은 지역 선택하였는가?
2) 내가 살고 싶은 지역이 가진 인구 이동의 문제점을 분석하였는가?
3) 내가 살고 싶은 지역이 가진 인구 이동의 문제점을 해결하기 위한 방안을 제시하였는가?

3. 과제물의 형태는 자유(구글문서, 슬라이드, 잼보드, 실물 등등)

[그림 7-20] 탐구 단원 총괄평가 안내와 학생 결과물

라 탐구 단원에서 목표로 설정하고 길러 온 학습 접근 방법(여기서는 조
사 기능과 사고 기능이다)도 함께 평가할 수 있도록 고려할 수 있다.

학생들의 과제물을 확인하면서 놀란 점이 있었다. 다소 편협한 시각
일 수 있으나 저자는 학생들이 당연히 대한민국의 특정 지역을 선택할
것이라 생각했다. 하지만 2명의 학생은 우리나라를 넘어서 세계의 특정

도시를 선택했다. 그 가운데 프랑스의 수도인 파리도 있었는데, 그 근거가 되는 환경 요인들을 함께 제시했다. 이와 같은 새로운 시각은 저자뿐만 아니라 다른 친구들에게도 신선한 자극이 되었다. 실제로 우리 반에도 외국에서 태어난 학생이 있으며, 다문화 가정에서 자란 학생도 여럿 있었다. 학생들이 살아갈 미래의 이동은 지금보다 더 국제적인 모습이 될 것이다. 새삼 IB 프로그램에서 강조하는 국제적인 소양(international-mindedness)이 떠올랐다. 더불어 우리가 탐구한 중심 아이디어가 우리나라에 국한된 것이 아니라 세계적인 맥락에서 적용할 수 있음을 깨닫는 계기였다.

이해와 전이를 바탕으로 어떤 의미 있는 실천(action)을 할 수 있을까 많은 고민이 들었다. 왜냐하면 초등학생인 학생들과 인구 이동으로 인한 문제를 해결하는 것, 지역의 환경을 바꾸는 것을 지금 이 순간 해낸다는 것은 쉽지 않기 때문이었다. 하지만 이런 방향으로 관심을 가지고 나아갈 수 있도록 우리의 삶과 연결하는 실천을 제안했다. 바로 우리가 살고 있는 지역의 환경을 살펴보고 더 나은 환경으로 바꿀 수 있도록 아이디어를 제시하는 것이었다. 두 번째 탐구 주제 목록에서 이미 분석한 우리 지역의 부족한 환경 요인을 다시 살펴보고 그것을 보완해 보는 아이디어를 제시하는데, 이때 아이디어는 앞서 총괄평가로 제출한 살고 싶은 지역을 벤치마킹해서 가져와 보는 것도 괜찮다는 조언을 주었다. 학생들은 이전의 학습이 지금의 활동과 미래의 행동으로 연결되는 순간을 만난 것이다. 5~6학년군 미술 교과의 성취 기준을 보니 '다양한 발상 방법으로 아이디어를 발전시킬 수 있다' '다양한 자료를 활용하여 아이디어와 관련된 표현 내용을 구체화할 수 있다'라는 항목을 발견할 수 있었다. 이를 기반으로 미래를 여는 아이디어를 발상하고 종이로 지역을 표현해 보았다. 학생들은 이전에 했던 글쓰기, 슬라이드 만들기보

[그림 7-21] 우리 지역의 환경을 개선한 모습을 표현하고 발표한 장면

다는 조형물을 만들어 우리 지역을 구현하는 활동이 보다 새롭고 시각
적으로 이해할 수 있어서 좋다고 했다. 저자는 학생들의 주도성을 격려
했고, 학생들은 저마다 분석을 통해 우리 지역을 더 살기 좋은 지역으로
만드는 아이디어를 모아 작품을 발표했다.

07 탐구 단원 성찰하고 평가하기

탐구 단원을 마무리하면서 학생들은 스스로 성찰하고 평가하는 성장
보고서를 작성했다. 탐구를 돌아보면서 개념적 이해, 학습 접근 방법을
평가하고 IB 학습자상의 성장을 성찰했다. 저자는 학생들에게 하나씩
추가 탐구 질문을 던져 보고 자율적으로 탐구해 나가기를 격려했다. 그
리고 이를 지원하기 위한 성찰 게시판을 배치했다. 성찰 게시판을 통해
탐구 단원을 통한 우리 반 탐구는 끝이 나지만 개인의 탐구 혹은 새로운

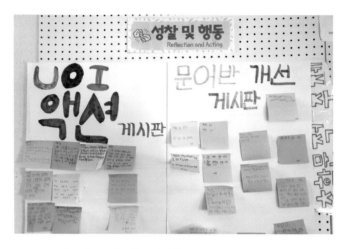

[그림 7-22] 탐구 단원을 돌아보는 성찰 게시판

[그림 7-23] 탐구 단원을 마치면서 개인 탐구로 이어 가는 구글 슬라이드

탐구는 계속될 수 있다.

학생의 성장보고서에 교사가 관찰한 내용을 덧붙여 가정에 보내고 학부모의 피드백을 받았다. 탐구를 학부모와 공유하는 것은 학부모의

궁금증을 해소하는 것과 더불어 학생들의 행동을 함께 격려하는 학습 공동체의 구축을 돕는다. 또한 학부모의 피드백은 탐구 단원을 개선하는 실마리가 되기도 한다.

저자도 탐구 단원을 마무리하며 성찰하고 기록했다. 물론 탐구 단원을 진행하는 동안에도 성찰을 통해 학생들의 목소리와 학습 결과를 반영하여 탐구 자료와 활동을 구성하거나 변경한다. 하지만 탐구가 끝난 뒤에 하는 성찰은 다음 초학문적 주제를 기반으로 하는 탐구 단원을 준비하거나 1년 뒤에 이 탐구 단원을 다시 운영할 때 참고할 수 있는 큰 경험이자 근거가 된다. 그렇기 때문에 탐구 단원의 탐구 내용과 방향, 학생들의 반응과 평가, 학부모의 피드백을 포괄한 교사의 성찰은 매우 중요하다. 특히 동학년 교사와 함께 탐구 단원을 운영하고 성찰을 공유한다면 더욱 공감할 만한 내용을 찾을 수 있고, 때때로 옆 반의 간접경험을 통한 의미 있는 깨달음을 얻을 수 있다.

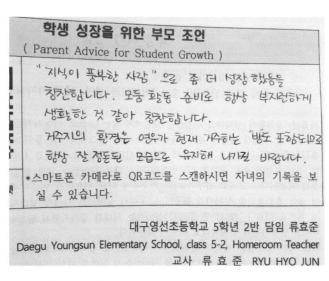

[그림 7-24] 성장보고서에 적어 준 학부모의 피드백

- 사회 교육과정에 있는 우리 국토의 구역 구분과 자연 환경에 대한 탐구를 좀 더 포함하면 좋겠다.
- 우리나라의 인구 이동에만 국한된 것이 아니라 다른 나라의 인구 이동에 적용해 보거나, 나라와 나라 간의 이민 현상에서도 중심 아이디어가 적용되는 것인지 확인해 보면 좋겠다.

저자는 탐구 단원을 성찰하면서 내년에 같은 탐구 단원을 다시금 운영한다면 조금 더 세계적인 관점으로 탐구를 넓혀 볼 기회를 가지고 싶다는 생각을 했다. 초학문적 주제와 단원의 중심 아이디어가 세계적 맥락에 전이되는 것을 확인한다면 학생들의 이해가 더 넓게 적용된다는 것을 깨달을 수 있기 때문이다. 이러한 교사의 성찰이 쌓이고 그것이 기록으로 남아 탐구 단원을 체계적으로 검토하고 개선해 나가는 길잡이가 된다.

⓪8

우리 모두의 지구

⓪1 탐구 단원 개요

    지금부터 소개할 탐구 단원은 '우리 모두의 지구(Sharing the planet)'[1]라는 초학문적 주제를 기반으로 설계했다. 우리는 지구에서 함께 살아가는 존재이다. 수많은 사람뿐만 아니라 동물, 식물과 같은 생물들이 지구를 이루는 구성원으로서 지구가 제공하는 자원들을 함께 누리고 있다. 우리는 지구에 살아가는 생물들과 공존할 권리와 책임을 지닌 셈이다. 하지만

탐구를 위한 TIP

1 IB PYP의 여섯 가지 초학문적 주제 중 하나인 '우리 모두의 지구'는 네 가지 설명으로 이루어져 있다. 네 가지 설명은 ① 제한된 자원을 다른 사람들 및 다른 생명체들과 공유해야 하는 갈등 속에서 권리와 책임, ② 공동체 안에서와 공동체 간의 관계, ③ 평등한 기회의 접근권, ④ 평화와 분쟁 해결에 대한 탐구로 이루어진다.

우리가 살고 있는 지구에서는 자원을 둘러싼 많은 갈등이 일어나고 있다. 개인뿐만 아니라 공동체가 서로 자원을 더 많이 차지하기 위해 노력하거나 애초에 자연환경과 기술들로 유리한 입지를 점하게 된 불평등한 사례가 많다. 그것은 사람과 사람 사이에서 일어나는 갈등과 불평등이기도 하고, 사람과 다른 생물 간 일어나는 갈등이기도 하다. 이러한 갈등과 불평등을 해결하기 위해서는 이러한 문제를 직면하고 함께 살아가는 우리가 평등하고 평화롭게 살아가기 위한 노력을 해야 한다. 따라서 우리는 균등한 기회에 대한 접근, 평화와 갈등 해결을 위한 노력을 포괄하는 초학문적 주제인 '우리 모두의 지구'에 대해 탐구할 필요가 있다.

5학년 1학기 사회 교과서에는 '인권 존중과 정의로운 사회'라는 단원이 있다. 이 단원에서는 인권의 중요성과 인권 보장을 위한 법에 대해 다루고 있다. 5학년 도덕 교과서에서도 '인권을 존중하며 함께 사는 우리'라는 단원에서 인권의 의미와 이를 존중하기 위한 방법을 다룬다. 이렇게 두 교과에서 밀접하게 연결된 인권을 탐구하는 것은 '우리 모두의 지구'에 대한 네 가지 설명 중 '평등한 기회의 접근권'과 잘 연계될 수 있다.

초학문적 주제와 교육과정의 연계성을 확인한 뒤에는 탐구 단원을 이끌어 가는 중심 아이디어(central idea)에 대한 고민을 시작했다. 먼저, 사회 교과의 단원과 도덕 교과의 단원의 학습 내용과 성취 기준을 살펴보고 반복되는 단어를 찾아냈다. 그리고 초학문적 주제의 설명인 '평등한 기회의 접근권'을 드러낼 수 있는 중요한 단어를 추려 낸 결과 '권리' '존중' '공정' '신장' 등의 관련 개념[related concepts; 추가 개념(additional concepts)]을 추출했다.

다음으로는 이 개념들 간의 관계를 어떤 문장으로 서술하여 일반화할 수 있을지 생각했다. 교육과정과 초학문적 주제를 찬찬히 살펴보니 학생들이 탐구할 방향이 보였다. 학생들에게 인권의 의미와 중요성을 일깨우고 그것을 지키기 위한 메시지를 담고 싶었다. 학생들이 인권에 대해 탐구하면서 인권 신장을 위한 실천을 해 나가기를 바랐다. 그래서 중심 아이디어를 '공정한 기회를 가지기 위한 사회 구성원의 노력과 존중은 인권을 신장시킨다'로 설정하게 되었다.

지구의 모든 사람이 사람으로서 누려야 할 권리들을 공정하게 누리고 있는지 살펴보고, 그러한 사회를 만들기 위해 실천(action)할 수 있는 일들을 찾아 실천할 것이다. 이것은 서로의 차이를 이해하고, 권리와 책임이 균형을 이루는 공정한 공동체로 나아가게 함으로써 더 좋은 세상을 만들기 위한 시도가 될 것이다.

〈표 8-1〉 '우리 모두의 지구' 탐구 단원의 개요

초학문적 주제 (transdisciplinary themes)	우리 모두의 지구(Sharing the planet)
중심 아이디어 (central idea)	공정한 기회를 가지기 위한 사회 구성원의 노력과 존중은 인권을 신장시킨다.
주요 개념(명시된 개념) [key concepts(specified concepts)]	관점(perspective), 변화(change), 책임(responsibility)
탐구 주제 목록 (Lines Of Inquiry: LOI)	• 인권의 의미(관점) • 인권 신장을 위한 노력(변화) • 인권 신장을 위한 우리의 실천(책임)
관련 개념(추가 개념) [related concepts(additional concepts)]	권리, 공정, 존중, 신장, 차이, 공동체, 시스템, 제도
학습 접근 방법 (Approaches To Learning: ATL)	• 의사소통 기능(communication skills) • 대인 관계 기능(social skills) • 조사 기능(research skills)
IB 학습자상 (IB learner profile)	• 소통하는 사람(communicators) • 열린 마음을 지닌 사람(open-minded) • 배려하는 사람(caring)

02 동기유발
탐구 만나기

 학생들이 탐구 주제에 흥미를 느낄 수 있도록 도서, 사진, 영상, 역할극, 상황극, 스토리텔링 등 다양한 방법을 활용할 수 있다. 이번 탐구에서는 학생들과 있는 교실에서 일어날 수 있는 상황에서 의도적인 연기를 통해 학습 동기를 높이고자 한다.

▍상황극으로 문제 상황 인식하기

 학생들이 '인권'이라는 개념에 어떻게 관심을 가지게 할 수 있을까 많은 고민이 들었다. 우선적으로는 우리 주변에서 많은 인권 문제가 일어나고 있기 때문에 매체를 통해 새로운 뉴스, 기사를 소개할 수 있겠다는 생각이 들었다. 그런데 좀 더 생각해 보니 인권은 멀리 있지 않았다. 우리 반 학생들이 평소에 생활하는 곳에서도 인권이 있었다. 그래서 저자는 교실에서 벌어질 수 있는 인권과 관련된 상황을 계획했다. 이에 대한 일환으로 학생들이 1인 1역을 정하는 상황극[2]을 통해 차별, 불공정, 권리의 박탈을 경험하게 했다. 이를 통해 학생들은 공정과 권리에 대해 관심을 갖게 되고 자연스레 탐구 맥락으로 초대됐다.

> **탐구를 위한 TIP**
>
> 2 상황극은 사람들이 즉흥적으로 가상적 연기를 하며 놀이를 하는 상황을 말한다. 탐구의 도입에서 교사는 학생들이 탐구 주제에 대한 호기심과 탐구의 필요성을 느끼게 하려는 의도로 상황을 설정하고 연기를 할 수 있다. 이때 학생의 반응을 이끌어 냄으로써 학생이 탐구에 관심을 가지고 몰입할 수 있도록 한다.

· [상황극] 교실에서 1인 1역을 정하는 상황 ·

교사: 희망하는 1인 1역에 손을 들어 지원해 주세요. 단, 우유 당번과 쓰레기 당번은 상당한 힘이 필요하기 때문에 남학생들만 지원할 수 있습니다. 또한 학급 문고 정리와 게시판 꾸미기 담당은 미적 감각이 필요하기 때문에 여학생들만 지원할 수 있어요.

웅성거리는 학생들, 아랑곳하지 않고 교사는 1인 1역을 정하기 위한 회의를 진행한다.

교사: 칠판 지우기 담당을 희망하는 학생은 손을 들어 지원해 주세요. (손을 든 학생들을 확인한 후) 지원한 학생 중 가장 키가 큰 학생이 칠판 당번을 하도록 하겠습니다.

주눅 든 표정으로 손을 내리는 키가 작은 학생과 웅성거리는 학생들, 교사는 학생들의 문제 제기를 이끌어 낸다.

교사: 교실이 소란스러운데, 무슨 문제가 있나요?
학생 1: 키로 칠판 당번을 결정하는 것은 불공평하다고 생각해요.
교사: 왜 그렇게 생각하지요?
학생 2: 키가 작은 친구들도 칠판 당번의 역할을 잘 해낼 수 있어요. 키가 작다고 원하는 1인 1역을 맡지 못하는 것은 억울해요.
학생 3: 여자라서 우유 당번에 지원할 기회조차 없는 것도 이상해요.

동조하는 학생들과 고조되는 분위기, 교사는 그들의 말을 경청하고 인권에 대한 탐구의 맥락으로 학생들을 초대한다.

교사: 일리 있는 의견들이에요. 지금까지의 '억울'하고 '이상'한 상황과 관련된 단어들을 생각해 볼까요?

학생들은 차별, 불공평, 공평, 권리 등의 단어들을 대답했다. 저자는 이를 정리하여 큼직하게 칠판에 기록했다. 학생들이 떠올린 단어들은 추후 이루어질 탐구 과정에서 중요한 개념이 될 수 있다. 그리고 학생들의 목소리를 통해 탐구의 방향을 설정할 수 있으므로 기록으로 남겨 두는 것이 좋다.

저자는 의도된 상황극을 마치고 칠판에 적은 단어들을 가리키며 지금과 비슷한 차별, 불공평을 느낀 경험이 있는지 물어보았다. 학생들은 가정, 학교, 사회에서 개개인이 겪었던 사례에 대해 억울한 감정을 담아 발표했다. 아직 인권이라는 개념을 드러내진 않았지만 학생들은 이 주제에 깊게 빠져들고 있었다.

▌ 사진을 통해 탐구 주제에 다가가기

상황극을 통해 학생들은 인권이라는 주제를 직접 체험하고 감정적으로 느껴 보았다. 또 학생들이 겪은 비슷한 경험들도 이야기했다. 이제는 저자가 앞선 활동을 잘 갈무리해서 탐구 주제를 소개할 차례였다. "오늘 우리의 경험과 이전에 개인적으로 겪었던 수많은 경험처럼 우리 사회에는 불공평하게 차별받는 일이 많이 일어나고 있어요. 그러한 사례 중 하나를 선생님이 소개하고 싶어서 사진을 준비했어요." 저자는 인권과 관련이 있으면서도 학생들의 관심을 끌 수 있는 사진을 보여 주었다. 유명 커피 전문점의 출입 계단 앞에 있는 휠체어를 탄 사람을 찍은 사진이었다. 익숙한 커피 전문점의 로고가 처음에는 학생들의 관심을 끌었다. 그리고 휠체어에 탄 사람에 이내 관심을 갖고 어떤 문제 상황인지 추측하기 시작했다.

저자는 '보이는 것-생각나는 것-궁금한 것' 탐구 전략을 사용하여 단계적으로 3개의 질문을 던졌다. 사진을 관찰하던 학생들은 교사의 질문에 다양한 답변을 쏟아 냈다.

- "무엇이 보이나요?"
  - "○○○○ 커피요. 한옥과 계단이 보여요.
  - 계단 주의 표지판이 보여요.
  - 전동 휠체어를 탄 사람이 계단 밑에 있어요. 계단 위의 가게에 있는 사람들이 보여요."
- "어떤 생각이 드나요?"
  - "휠체어를 탄 사람이 계단을 보고 당황했을 것 같아요.
  - 안타깝고 불쌍하게 느껴져요.
  - 계단 옆에 경사로가 있어야겠다는 생각이 들어요."
- "무엇이 궁금한가요?"
  - "경사로를 만들지 않은 이유가 무엇이지 궁금해요.
  - 휠체어를 탄 사람은 결국 가게에 들어갔는지 궁금해요.
  - 휠체어를 탄 사람이 가게를 이용하기 위해서는 무엇이 필요할지 궁금해요."

저자는 학생들이 쏟아 내는 궁금증을 다 듣고서야 사진에 대해 설명했다. 한옥의 특성상 경사로를 만들 수 없다는 커피 전문점의 입장에 장애인 단체에서 항의의 목소리를 내고 있는 사진이었다. 이 사건은 우리 지역에서 최근에 발생한 사건이었기에 학생들은 더욱 몰입하여 여러 가지 감정들을 쏟아 냈다.

저자는 탐구 주제와 관련된 사진을 선정하고 보여 줌으로써 학생들이 관심을 가지고 몰입하도록 할 수 있다. 이때 사진 자료의 크기나 제시 방법을 고려해야 하며, 관련 영상을 보여 주며 심화된 논의로 나아갈 수 있다. 이러한 활동은 학생들이 이미지에 분석적으로 접근하도록 하여 다양한 관점과 질문을 떠올릴 수 있게 한다. 또한 탐구 주제에 대한 기초적인 견해를 가지게 되고 이를 바탕으로 깊이 있는 탐구에 발을 내딛게 된다.

▌ 탐구 질문과 탐구 주제 목록 만들기

저자는 앞선 활동들이 이번에 함께 탐구할 주제와 관련이 있다고 말했다. 학생들이 이미 말한 차별, 불공평, 공평, 권리의 단어들을 바탕으로 어떤 주제일지 추측해 보라고 했다. 학생들의 추측을 공유한 뒤 저자는 이번 탐구 단원의 주제가 '인권'임을 소개했다. 그런 뒤 학생들에게 관련된 초학문적 주제를 예상해 보도록 기회를 제공했다. 학생들은 교실의 보조칠판에 커다랗게 붙어 있는 여섯 가지의 초학문적 주제와 인권의 연관성을 따져 보았다. 우리는 누구인가(Who we are), 우리 자신을 조직하는 방식(How we organize ourselves), 우리 모두의 지구(Sharing the planet)와 같은 다양한 답변이 나왔다. 저자는 초학문적 주제의 설명을 가져와서 이야기해 주었다. '우리 모두의 지구'에 대한 설명 중 하나인 '평등한 기회의 접근권'에 대해 탐구할 것이라고 설명하니 학생들은 고개를 끄덕였다.

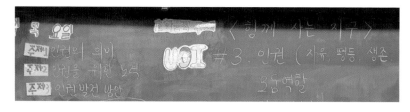

[그림 8-1] 초학문적 주제와 탐구 주제 목록

칠판에 탐구 주제인 인권과 초학문적 주제 우리 모두의 지구를 적어 둔 채, 저자는 인권을 탐구해 나갈 방향을 안내했다. 즉, 세 가지의 탐구 주제 목록을 제시한 것이다.

그러고는 학생들에게 탐구 주제 목록에 대해 이미 알고 있는 것과 알고 싶은 것을 떠올려 보도록 했다. 학생들은 개인 학습장에 스스로 적고 모둠에서 협의한 뒤 KWL 차트에 포스트잇으로 붙여 공유했다. 모든 학생의 의견을 전체 수합하기에는 기록과 공유의 용이성이라는 측면에서 한계가 있을 수 있다. 따라서 모둠 내에서 자체적으로 논의를 거쳐 아는 것과 알고 싶은 것을 추린 후 학급 전체와 공유하고 교사는 이를 목록화하는 방법을 추천한다. 교사는 탐구 단원을 진행할 때 학생 수준과 흥미에 맞는 적절한 자료를 찾는 데 학생들의 배경지식과 사전 경험, 탐구 질문을 참고할 수 있다.

저자는 각 탐구 주제 목록마다 학생들의 질문을 정리한 내용을 인쇄하여 학생들에게 주면서 함께 살펴보는 시간을 가졌다. 저자는 학생들의 질문을 함께 탐구해 나갈 것이라 말했고 학생들은 질문 목록을 학습장에 붙였다. 저자는 학생들의 질문을 통해 탐구 주제 목록을 수정 및 보완하기 위해 의견을 듣는 시간을 가진 후 탐구 주제 목록을 확정했다.

탐구 질문과 목록을 작성하는 데 정해진 순서나 규칙은 없다. 학생의 의견을 반영하여 그들의 주도성을 보장하되, 교사가 설계한 탐구 맥락과 적절한 균형을 이루어야 한다는 큰 원칙만이 존재한다. 학생들의 주도성과 탐구 경험에 따라 방법은 달라질 수 있다.

[그림 8-2] 탐구 주제 목록에 대한 사전 지식과 궁금증을 적은 KWL 차트

03 탐구 주제 목록 ①
인권의 의미(관점)

핵심 질문	인권이 가지는 다양한 의미는 무엇인가요?
주요 학습 활동	• 매체 자료를 통해 인권의 의미 조사하기 • 인권과 관련된 삶 속 장면 찾기 • 다양한 관점에서 바라본 인권의 의미 구성하기

학생들의 탐구 질문 목록을 살펴보면서 첫 번째 탐구 주제 목록의 핵심 질문을 선정했다. 거의 모든 모둠이 인권이 가지는 의미에 대해 궁금해했다. 우리 삶의 장면에서 찾을 수 있는 인권의 모습을 살펴보고, 인권이 가지는 의미를 생각해 보기로 했다. 이때 하나로 정의된 인권의 사전적 정의를 넘어 삶의 다양한 장면과 상황 속에서 가지는 다양한 의미를 탐구하기 위해 '관점'이라는 주요 개념[key concepts; 명시된 개념(specified concepts)]을 늘 염두에 두기로 약속했다.

▌매체 자료를 통해 인권의 의미 조사하기

인권은 추상적인 개념이기 때문에 학생마다 떠올리는 정의가 다를 것 같았다. 우선, 학생들은 인권이라는 단어를 들으면 떠오르는 이미지 자료를 인터넷 매체에서 검색하여 패들렛 사이트를 통해 공유했다. 이때 이미지가 인권과 관련된 이유를 함께 쓰라고 했다. 학생들이 공유한 사진은 다양했다. 인종, 장애, 성별, 교육 등의 구체적인 장면을 통해 추상적 개념이었던 인권을 어렴풋이 이해하게 됐다. 그것을 좀 더 구체적

[그림 8-3] 인권과 관련된 이미지를 공유한 패들렛

인 언어로 표현하고자 여러 사진을 통해 공통적으로 알 수 있는 인권의 속성을 찾아내라고 했다. 학생들은 차별 없이 존중받을 권리라는 것을 발견했다.

저자는 학생들이 찾은 구체적인 장면들을 소재로 한 인권 관련 도서[3]

탐구를 위한 TIP

3 탐구 주제와 관련된 도서들을 미리 준비하여 학생들이 손쉽게 찾아 읽을 수 있도록 독려할 수 있다. IB 월드 스쿨에서는 학교 도서관에 학년별 초학문적 주제 코너를 두어, 진행하고 있는 탐구 단원과 관련된 도서들을 구비해 두고 있다. 교육과정 운영의 차원에서는 국어 교과의 독서 단원과 연계해 관련 도서를 탐독할 시수를 확보할 수 있다.

[그림 8-4] 관련 도서를 선택하여 읽고 소개하는 학생의 자료

를 몇 권 소개했다. 이를 위해 도서의 목록과 도서들을 교실 창가 쪽에 미리 비치해 두었다. 전날 학교 도서관에서 빌려 온 것이었다. 학생들은 창가로 나가 책의 표지와 내용을 훑어보며 각자 관심 있는 도서를 선택했다. 며칠 뒤까지 읽고 자신이 읽은 도서에 대해 소개하는 과제를 수행했다. 탐독한 책의 간략한 줄거리와 함께 인권에 대해 넓어진 이해를 공유했다.『방정환』을 읽고 어린이의 인권에 대해 다시금 생각해 보게 된 학생,『인권 전쟁』이라는 책을 통해 범죄자 인권에 대해 알게 되고 의구심을 갖게 된 학생,『전태일』을 읽고 노동자의 인권에 대해 알게 된 학생 등 책이라는 매체를 통해 인권에 대한 이해의 폭이 깊어지고 넓어졌다.

학생들과 조사 활동을 수행할 때 인터넷 자료뿐만 아니라 도서 자료를 활용하는 것을 격려한다. 그 이유는 도서가 주는 신뢰성과 깊이 있는 정보 때문이다. 인터넷 자료는 학생들의 궁금중에 알맞은 답을 주기도 하지만 잘못된 정보거나 근거가 빈약하고 단순한 경우가 많다. 그러므로 도서의 장점에 대해 학생들에게도 설명을 하고 탐구를 진행하면서 한 권 이상의 도서를 찾아 읽는 기회를 제공했다. 이것은 학생들이 탐구 주제에 대한 지식을 넓히고 자기주도적 탐구 능력을 향상시킬 수 있는 밑거름이 되었다.

▌인권과 관련된 삶 속 장면 찾기

학생들이 인터넷과 책을 통해 간접적으로 경험한 인권을 설명할 수

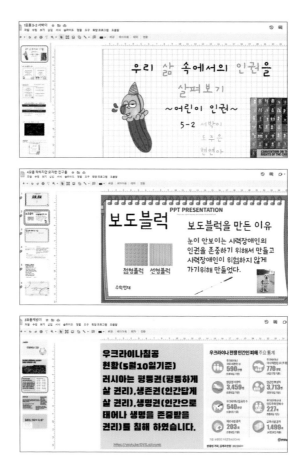

[그림 8-5] 생활 속에서 찾은 인권 보장과 인권 침해 사례

있는 단어들을 모아 보았다. 인간, 권리, 공정, 공평, 존중 등의 단어들을 학생들이 추천했다. 이를 칠판에 추가로 써서 누적해 두고 그것과 관련된 우리 삶의 장면을 직접 살펴보기로 했다. 우리 삶 속에서 마주치는 인권 사례들을 인권 보장과 인권 침해의 관점에서 각각 찾도록 시간을 주었다. 당장 경험이 떠오르는 경우도 있지만 더 폭넓게 관찰하고 수집할 수 있도록 하루 동안 시간을 주었다. 학생들은 학교를 돌아다니며 권리, 공정, 공평과 관련된 장면을 찾았다. 그리고 집에 가서 경험을 통해서도 깨닫게 되었다. 다음 날, 학생들은 저마다 찾은 인권 보장의 사례와 인권 침해의 사례를 발표했다. 저자는 학생들의 발견과 경험을 들으며 칠판에 다음과 같이 표로 정리했다.

인권 보장 사례	인권 침해 사례
장애인 표식과 장애인을 위한 주차 공간, 시력 장애인을 위한 보도 블록과 점자, 대중교통의 노약자와 임산부 좌석과 승강기 설치, 장애인·어린이·아기를 위한 화장실 공간, 낮은 세면대와 엘리베이터 발판	개인정보 유출, 별명 부르며 놀리기, 학교폭력, 폭언과 폭행, 취약한 노동 환경, 층간 소음으로 고통받는 것, 사생활 침해, 생명의 위협, 장애인 시설의 부족으로 어려움을 겪는 것, 출입을 차별하는 것

저자는 표로 정리한 사례 중 학생들과 밀접한 관련이 있으면서도 논쟁이 가능한 인권 이슈를 발견했다. 바로 어린이의 출입을 차별하는 것에 대한 것이었다. "어린이들의 출입을 금지하는 노키즈존(no kids zone)은 인권 침해 사례에 해당할까요?" 교사의 질문에 대해 학생들은 생각에 잠겼다. 저자는 국어 교과의 토론 단원과 연계해서 토론의 절차와 규칙을 살펴보고 토론을 준비하고 참여하는 시간을 계획했다. 학생들은 두 가지의 입장으로 나뉘어 서로 다른 생각과 근거를 주고받았다. 인권 침해에 해당한다고 주장하는 학생들은 미성년자의 출입이 법적으

로 금지된 장소들과 비교하여 노키즈존을 법적인 근거가 없는 차별이라고 생각했다. 인권 침해가 아니라고 주장하는 학생들은 장소의 주인(업주)이 갖는 권리도 있다고 이야기했다. 우리는 장소의 주인과 어린이가 갖는 권리가 충돌하는 상황에서 우선순위를 정해 보기도 했다. 이렇게 인권에 대해 논쟁적인 상황을 두고 토론해 보니 인권에 대한 이해가 한층 더 확장되었다. 학생들은 어린이라는 차이로 인해서 차별로 나아가서는 안 된다는 결론을 내렸다. 그럼 노키즈존에 대한 대안은 무엇이 있을지 고민도 해 보았다. 노키즈존 대신 안내를 통한 유아친화공간을 따로 두면 좋겠다는 방안이 도출됐다. '안 된다' 대신에 '이렇게 하면 좋다'는 것, 즉 차별 대신 차이를 인정하고 차이에 따라 방법을 마련하는 것이다. 우리는 이렇게 노키즈존에 대한 논쟁 질문으로 차별과 차이라는 개념에 대해 생각해 볼 기회를 가졌다.

▌다양한 관점에서 바라본 인권의 의미 구성하기

앞선 탐구 과정을 성찰하면서 인권의 의미를 구성하는 단계이다. 교사는 주요 개념인 관점을 다시 한번 상기시키면서 핵심 질문을 던졌다. 학생들에게 구체적인 탐구 산출물을 살펴보거나, 누적해 놓은 개념 단어들을 떠올려 연결해 보라는 조언을 해 주었다. 핵심 질문에 대한 답이자 탐구 주제 목록에 대한 깨달음을 정리한 문장이라고 해서 우리는 이것을 깨달음 문장이라고 이름 붙였다. 학생들은 저마다 첫 번째 탐구 주제의 깨달음 문장을 만들어 보았다. 개인별로 인권의 의미를 자신의 언어로 표현했다. 그리고 각자가 속한 모둠에서 이를 공유하여 의미를 함께 구성하고 나아가 학급 전체에도 공유했다. 학급에서 논의를 거쳐 만든 최종적인 깨달음 문장은 다음과 같다.

핵심 질문	인권이 가지는 다양한 의미는 무엇인가요?
깨달음 문장	인권은 모든 인간이 가지는 당연한 권리로서, 서로 다름을 이해하고 존중할 때 보장받을 수 있다.

 04 탐구 주제 목록②
인권 신장을 위한 노력(변화)

핵심 질문	인권은 어떻게 신장되어 왔나요?
주요 학습 활동	• 인권 신장의 사례와 이를 위해 노력한 인물 조사하기 • 인권 신장을 위한 사회의 노력 조사하기 • 인권이 신장해 온 방식 정리하기

학생들과 협의하여 두 번째 탐구 주제 목록의 탐구 질문을 정리하고 핵심 질문을 선정한다. 탐구 주제의 평가 목표도 질문 목록과 함께 인쇄하여 학생들에게 나누어 준다. 학생들은 이를 탐구 학습장에 붙여 두고 탐구의 목표를 점검해 나가면서 탐구 질문을 해결해 나간다. 이번 탐구 주제 목록에서는 인권이 신장한 계기와 변화 양상을 탐구한다. 그러므로 '변화'라는 주요 개념을 늘 염두에 두기로 약속한다.

▎인권 신장의 사례와 이를 위해 노력한 인물 조사하기

첫 번째 탐구 주제 목록에서 학생들이 찾은 인권을 보장받지 못한 대상들을 다시 한번 물었다. 학생들은 흑인, 여성, 장애인, 노동자 등 다르다는 이유로 인간이 가진 권리를 보장받지 못했던 대상에 대해 대답했다. 저자는 이 가운데 인종에 따른 차별을 극복하고 인권 신장을 위해 노력한 인물에 대한 글을 준비했다. 바로 『사라, 버스를 타다』라는 작품이었다. 학생들과 함께 작품을 읽고 난 뒤 학생들에게 과제를 제시했다. 저자처럼 학생들도 인권 신장을 위해 노력한 인물에 대한 글이나 영상 자료를 한 가지씩 찾아서 소개하는 것이었다.

학생들은 개인의 관심을 반영해 특정 대상의 인권이 어떻게 신장되어 왔는지 조사하고 공유했다. 이때 학생들의 탐구 결과물에서 인권 신장을 위해 노력한 인물의 구체적인 행동과 그로 인해 변화된 사회 모습이 잘 드러나도록 지도했다. 이를 통해 학생들은 인권 신장이란 이전에는 갖지 못했던 기회들을 가질 수 있게 되는, 불공정에서 공정의 상태로 변화하는 것임을 이해하게 되었다.

부모님의 인권 신장이라는 주제에 관심을 가지고 조사한 모둠은 첫 번째 탐구 주제 목록에서 저자가 강조한 도서 자료를 우선적으로 찾아보았다. 그리고 『아빠 인권 선언, 엄마 인권 선언』이라는 목적에 알맞은 도서 자료를 읽어 보고 부모로서 아동을 훈육할 수 있는 권리를 소개했다. 책의 정보를 기반으로 부모님의 권리를 신장해 준 사람을 현대 사회에서 찾았는데, 전 여성가족부 장관이 남성도 육아휴직을 신청할 수 있

[그림 8-6] 부모님의 인권을 신장한 구체적인 사례와 인물의 노력을
조사한 학생의 결과

도록 바꾼 사례와 우리 학교의 교장 선생님이 학부모 역량 강화교육을 매달 1회 실시한 사례를 소개한 점이 인상적이었다. 학생들이 도서와 인터넷 조사를 통해 위인과 같은 유명인만 찾을 것이라고 생각했는데 학생들의 탐구력은 생각보다 놀라웠다. 저자뿐만 아니라 학생들에게도 익숙한 교장 선생님과 현재 우리 지역의 교육감인 전 여성가족부 장관을 보더니 눈을 동그랗게 뜨고는 더 궁금해하고 적극적인 반응을 보였다. 이처럼 학생 삶의 가까이에서 자료를 찾는다면 학생들의 흥미와 주도성을 높일 수 있다는 것을 잊지 않아야 한다.

이번 탐구 단원에서는 학생들이 학습 접근 방법 가운데 조사 기능을 활용할 기회가 많았기 때문에, 조사 기능을 올바르게 활용하고 신장시키기 위해 지도가 필요했다. 저자는 이를 고려하여 학생들이 여러 가지 매체를 활용하여 조사를 진행할 때 정보의 신뢰성을 판단하고 출처를 명확히 밝히는 등의 정보 윤리를 준수할 수 있도록 지도했다. 조사하는 방법을 명시적으로 가르치지 않고 단순히 조사시킨 뒤 신뢰성과 타당성이 높은 학습 결과물을 바라는 것은 교사의 욕심이다. 지식에 대한

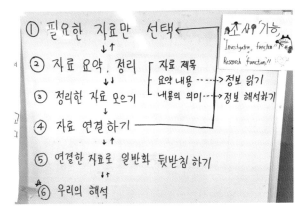

[그림 8-7] 조사 기능을 신장시키기 위해 조사하는 방법에 대한 설명을 적은 보조칠판

교육과 더불어 과정과 기능에 대한 교육이 병행되었을 때 학생들은 효과적으로 학습할 수 있게 된다. 그리고 자신이 활용할 수 있는 기능에 대해 이해하고 이를 적극적으로 활용함으로써 자기주도적인 탐구를 할 수 있다고 생각한다.

▌인권 신장을 위한 사회의 노력 조사하기

교사는 앞서 개인의 노력을 통해 신장된 인권이 계속 보장되려면 어떻게 해야 하는지 물었다. "여러분이 조사했듯이 전태일 열사와 같은 분의 노력으로 노동자의 인권에 대해 고민하게 되었고, 여건이 조금 나아지기 시작했어요. 전 여성가족부 장관께서 아빠의 육아휴직을 도입하고 적극 장려해서 조금씩 바뀌기 시작했어요. 그런데 이러한 변화가 유지되고 지속되려면 어떻게 해야 하나요?"

학생들은 지속적인 관심을 통해 사회 전체가 공감하고 인권을 보장할 수 있도록 공동체가 함께 나서거나 제도로 만들어야 한다고 대답했다. 왜냐하면 개인의 노력으로 인해 공동체가 인권 문제를 인지하게 되었으나, 개별적 노력만으로는 그 변화를 유지하거나 발전시키는 데 한계가 있기 때문이다. 이미 조사했던 사례를 근거로 뒷받침할 수 있었다.

이러한 이해를 바탕으로 학생들은 인권 보장을 위해 노력하는 국가, 세계 단위의 단체와 그들이 하는 일들을 조사하고 공유했다. 초록우산 어린이재단, 굿네이버스와 같이 학교생활을 통해 이미 알고 있는 단체부터 세이브더칠드런, 국제앰네스티, 국가인권위원회, UN, 유니세프와 같이 새로 알게 된 단체도 조사하여 그곳에서 하는 일을 발표했다.

하지만 개인과 공동체, 사회가 노력하더라도 제도적인 개선이 없다면 인권을 보장받는다고 말하기 어려웠다. 그래서 인권 보장 측면에서 헌법의 의미와 역할을 탐구했다. 또한 헌법에서 규정하는 기본권과 의무를 알고 일상생활에 적용된 사례도 조사했다. 이를 통해 법이 우리 사회의 여러 권리를 보호하고 질서를 유지하는 역할을 한다는 것을 이해하게 되었다. 나아가 법과 헌법뿐만 아니라 국가와 세계에서 정하는 협약, 제도, 규칙의 중요성도 이해하게 되었다. 학생들과 탐구를 통해 인권이 보장된 과정을 돌아보면서 개인의 노력을 통해 인권에 대해 관심을 기울이고 다수의 공동체와 사회가 함께 참여하여 노력하다 보면 인권 보장은 제도화되며 약속으로 정해진다는 것을 알게 되었다. 학생들은 인권을 공동체, 시스템, 협약, 제도, 법, 규칙 등의 개념과 연결할 수

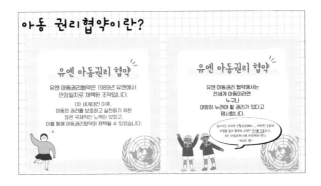

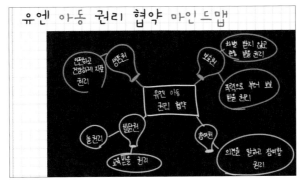

[그림 8-8] 아동의 권리를 신장한 UN 아동 권리 협약

있게 되며 인권에 대한 이해의 폭을 넓혔다.

▌인권이 신장해 온 방식 정리하기

학생들은 앞선 탐구 과정을 성찰하며 인권이 신장해 온 방식을 정리했다. 브레인스토밍 기법을 활용하여 모둠별로 짧은 시간 동안 두 번째 탐구 주제에 대한 탐구 내용을 성찰하면서 적어 보았다. 학생들은 탐구 질문을 적어 보기도 하고 탐구를 통해 알게 된 사실을 적기도 했다.

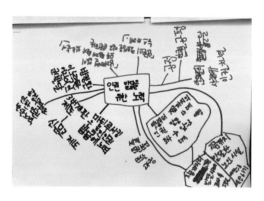

[그림 8-9] 탐구 과정을 성찰하면서 학습한 내용을 끄집어내는 브레인스토밍

브레인스토밍을 통해 공유된 여러 가지 인권 신장 사례를 상기하여 공통적으로 반복되는 단어를 찾아보았다. 개인, 사회, 제도, 법과 같은 단어들이 도출되었다. 두 번째 탐구 주제와 관련된 개념 단어를 최대한 많이 나열하고, 더 중요하고 포괄적인 개념들을 추리고 수렴하는 과정을 거쳤다. 그렇게 여러 지식과 하위 개념을 포괄할 수 있는 상위 개념에 대해 이야기하고 상관관계를 통해 상위 개념을 찾아내는 연습을 하다 보면 학생들도 금방 개념을 바라보는 눈을 기를 수 있다. 이를 바탕

으로 학생들은 중요한 개념들을 활용해서 인권이 신장해 온 방식을 설명하는 깨달음 문장을 구성하고 이를 공유했다.

핵심 질문	인권은 어떻게 신장되어 왔나요?
깨달음 문장	인권은 공정한 기회를 위한 개인과 사회의 노력을 통해 제도화되어 신장된다.

저자는 학생들과 상의하여 이러한 내용을 교실 내 적절한 곳을 선정해 게시했다. 이는 추후 이루어질 탐구의 방향을 바르게 이끌거나 이해를 확장시키는 데 도움을 줄 수 있다.

05 탐구 주제 목록 ③
인권 신장을 위한 우리의 실천(책임)

핵심 질문	인권 신장을 위한 우리의 책임은 무엇인가요?
주요 학습 활동	• 뉴스를 통해 우리 사회의 인권 문제 조사하기 • 인권 신장을 위한 실천 방안 토의하고 실천하기 • 우리의 실천 성찰하기

학생들과 협의하여 세 번째 탐구 주제 목록의 핵심 질문을 선정한다. 우리 사회의 인권 보장 수준을 비판적으로 판단하고, 공동체의 인권 신장을 위해 자신이 할 수 있는 일을 찾아 실천해 보기로 한다. 공동체에 대한 주인의식을 바탕으로 인권 신장을 위한 자신의 역할을 탐구하기 위해 '책임'이라는 주요 개념을 늘 염두에 두기로 약속한다.

▮ 뉴스를 통해 우리 사회의 인권 문제 조사하기

앞선 탐구를 통해 인권 보장이 점차 발전되어 왔음을 이해한 학생들에게 교사는 질문을 던졌다. 질문은 오늘날의 사회가 모두의 인권을 충분히 보장하는 성숙한 사회인지를 비판적으로 생각해 볼 기회를 제공했다.

"현재 모든 사람은 그들의 인권을 보장받고 있나요? 현재 나와 우리의 인권은 충분히 보장받고 있나요?"

학생들은 아동학대, 학교폭력, 다문화 사회 내 인종 차별, 전쟁 등 동시대의 인권 이슈들을 뉴스를 통해 찾고 공유했다. 이때 뉴스라는 매체는 보도하는 사람의 관점이 반영되므로 한 가지 이슈에 대한 여러 가지 뉴스를 비교 · 분석할 수 있도록 지도했다. 이는 학생들의 조사기능, 특히 미디어 문해력을 기르는 데 도움을 됐다. 이러한 탐구 과정을 통해 학생들은 아직도 인권이 충분히 보장되지 않는 경우를 알고 지금 이 순간도 인권 보장을 위한 노력이 필요하다는 것을 알게 되었다. 인권의 맥락 안에서 자신이 가진 권리와 타인의 권리를 존중할 책임 간의 균형 관계를 이해하게 됐다.

▮ 인권 신장을 위한 실천 방안 토의하고 실천하기

자신이 속한 공동체(학급, 학교, 지역사회 등)의 인권 신장을 위해 우리의 책임 있는 행동이 필요하다는 사실을 깨달은 학생들은 우리가 실천할 수 있는 방안에 대해 토의하기로 했다. 5학년 1학기 국어 교과의 '토의하여 해결해요'라는 단원은 마치 우리를 위해 준비된 단원 같았다. 우리 주변의 문제를 파악하고 문제에 대한 의견을 제시한 뒤 서로 간의 의견을 조정하는 토의 단원이었다. 국어 교과서를 활용해 토의의 뜻과 필요성을 먼저 확인했다. 다음으로는 토의 절차와 방법을 익히고 '인권을 보장하기 위한 우리의 실천 방안'을 주제로 토의를 진행했다. 외모와 관련된 별명 부르지 않기, 선생님의 수업권과 친구들의 학습권 존중하기 등 학급 내에서 당장 실천할 수 있는 방안들로 목록이 만들어졌다.

나아가 저자는 학교나 지역사회를 대상으로 인권 신장에 대한 인식을 개선할 수 있는 방법에 대해서도 토의하도록 학생들을 유도했다. 인권을 신장하려면 우리 반의 노력뿐만 아니라 우리 학년, 우리 학교와 지역 공동체가 함께 공감하고 모두의 지지가 필요하다는 것을 알았기 때문이다. 특히 두 번째 탐구 주제 목록의 탐구 과정과 깨달음 문장을 상기한 것이 학생들의 주인의식을 불러일으키는 데 도움이 됐다. 조금 더 영향력을 확장시킬 수 있는 방안을 논의해 보니 이 또한 많은 실천 아이디어가 나왔다.

우리가 실천할 수 있는 방안들의 목록을 검토했다. 실천 가능성, 영향력을 기준으로 한 가지를 선택하여 실천하기로 합의했다. 투표를 통해 '인권 사진전'을 추진하기로 결정했다. 우리가 깨닫게 된 인권에 대한

[그림 8-10] 인권 사진전을 위한 저자 안내와 학생들이 제출한 사진의 예시

문제의식을 타인에게도 알려서 더 많은 사람에게 영향력을 확장시킬 수 있도록 하는 것이 목적이었다.

인권 사진전을 개최하려고 하니 새로운 형태의 실천이라 매우 들떴다. 학생들은 학교와 지역사회 내 인권 신장을 위해 개선할 부분을 사진으로 찍어 전시하기로 했다. 일상생활에서 무심코 지나갈 수 있는 인권 문제를 포착한 사진은 보는 이로 하여금 문제의식을 일깨울 수 있었다. 하지만 무작정 사진 촬영을 하려니 학생들의 의도를 사진으로 명확하게 담기가 어려웠다. 그래서 주제를 잘 담아내는 이미지의 활용법에 대해 학습할 필요가 있었다. 5~6학년군 미술 교과를 보면 다음과 같은 성취 기준을 발견할 수 있다.

- 표현 주제를 잘 나타낼 수 있는 다양한 소재를 탐색할 수 있다.
- 작품 제작의 전체 과정에서 느낀 점, 알게 된 점 등을 서로 이야기할 수 있다.

이를 기반으로 주제를 잘 드러낼 수 있는 소재를 탐색하고 사진 매체가 메시지를 전달하는 방식에 대한 탐구를 선행했다. 이 과정에서 구도, 빛, 색, 소재, 주제 등의 관련 개념을 추가로 습득할 수 있다. 이해한 것을 바탕으로 자신의 의도를 전달할 수 있는 사진을 찍어 제목을 짓고 저자에게 제출하면, 저자는 이를 인쇄하여 학생들에게 다시 나누어 주었다. 협의를 통해 전시회를 열 장소와 기간, 홍보 방법 등을 결정하고 실천에 옮겼다.

이 과정에서 저자는 전시회를 구성하기 위해 빈 공간을 채울 스탠드를 마련하고 스탠드에 학생의 작품을 거치하는 것을 도와줄 조력자의 필요성을 느꼈다. 그래서 교사는 학교에 조직된 학부모회에 교육기부를 요청했다. 다양한 학년에 자녀를 둔 학부모회라 자녀가 5학년이 아닐 수도 있지만 흔쾌히 수업을 지원해 주셨다. 전시 공간을 꾸미는 데 학부모의 지원으로 완성도를 높일 수 있었고, 교내에 미술을 전공한 교사에게 사진 작품 및 전시 공간에 대한 조언도 얻을 수 있었다. 학생들의 주도성을 지원할 수 있도록 교사와 학부모[4]가 한마음으로 조력자가 되었다.

학교의 텅 빈 복도가 인권 사진전으로 채워졌다. 이 전시회를 알리기 위해 학생들은 작은 포스터를 만들어 교내 곳곳에 붙이기도 하고 스스로 홍보 활동을 하기도 했다. 그 결과 다른 학년에서 선생님과 함께 단체로 관람을 오는 경우가 많았다. 때로는 무심코 지나가다가 복도에 갑자기 생긴 사진전을 보고 걸음을 멈춰 서서 감상하고 수다를 떠는 모습을 심심치 않게 볼 수 있었다. 이 사진전을 가장 관심 있게 보는 사람은

[그림 8-11] 인권 사진전을 보러 온 학생들

탐구를 위한 TIP

4 학부모는 교육 공동체의 중요한 구성원이다. 학부모와 탐구 단원 전반에 대해 공유하고, 필요에 따라 지원을 받기도 하며, 의견을 적극 경청하여 탐구 단원을 발전시킬 필요가 있다. 탐구 단원을 시작하기 전, 탐구 단원에 대한 정보를 담은 소개서를 작성하여 가정으로 공유하고 학부모의 지원이 필요한 장면을 안내해 인적 자원을 미리 확보해 둘 수 있다.

따로 있었다. 바로 사진전을 직접 준비하고 자신의 사진을 출품한 5학년 학생들이었다. 매일 이 공간을 들러 누가 방문했는지, 누가 자신의 작품을 보고 있는지, 그들에게 어떤 영향을 주는지 관찰하고 자신의 작품뿐만 아니라 다른 친구들의 작품에 대해 비평하는 기회를 가졌다. 그것은 앞서 연계했던 미술 교과의 성취 기준에 부합하는 경험이었다.

사진 하나로 인권 문제가 당장 해결되는 것은 아니다. 모든 문제의 해결은 문제를 인지하는 것에서 시작한다. 우리가 준비한 인권 사진전은 우리가 속한 공동체가 함께 인권에 대해 관심을 가질 수 있도록 준비한 우리들의 적극적인 실천이었다.

▌우리의 실천 성찰하기

경험을 성찰하는 것은 매우 중요한 단계이다. 미국의 철학자 존 듀이는 "사람은 경험을 통해 성장하는 것이 아니라 경험을 성찰하는 것을 통해 성장한다."라고 말했다.

"우리의 실천이 다른 사람들에게 어떤 영향을 주었을까요? 이 영향력을 지속하고 확장하기 위한 우리의 다음 과제는 무엇일까요?"

저자는 학생들에게 질문을 던져 자신의 책임 있는 행동이 공동체에 준 영향과 일으킨 변화를 성찰할 기회를 제공했다.

그리고 마침내 세 번째 탐구 주제의 핵심 질문을 칠판에 적었다. 학생들은 인권 사진전을 선택하고 준비한 이유와 사진전을 마치면서 느낀 점을 담아 하나의 깨달음 문장으로 정리했다. 개인이 정리한 깨달음 문장은 모둠과 전체에서 공유하는 시간을 가졌고 가장 많은 친구가 동의하는 포괄적인 문장을 선택했다. 이를 탐구의 여정이 잘 드러나도록 교실에 게시했다. 이는 학생들이 탐구 전 과정을 성찰하고 종합하여 탐구

핵심 질문	인권 보장을 위한 우리의 책임은 무엇인가요?
깨달음 문장	함께 참여하고 책임지는 공동체의 실천으로 인권이 보장되는 사회를 만들 수 있다.

단원의 중심 아이디어를 생성할 때 참고할 수 있다.

세 번째 탐구 주제 목록의 학습이 끝나더라도 자신의 삶에 전이할 장면과 방법을 찾을 수 있도록 격려했다. 탐구 단원 이후에도 교사는 학생들에게 인권, 다름, 존중, 공정, 책임 등의 관련 개념을 삶의 장면에서 꾸준히 노출할 수 있다. 이렇게 교사가 탐구와 관련된 개념 단어를 발견하고 이야기해 주는 것은 학생들의 지속적인 탐구와 적용에 도움을 준다.

06 탐구 정리하기

이 단계에서는 탐구 산출물과 도출된 깨달음 문장을 통해 탐구의 전체 여정을 정리하고 전이한다. 단원 전체를 통찰하는 중심 아이디어를 도출하거나, 학습한 내용을 타 교과나 삶의 장면에 전이하고 적용하는 활동이 대표적이다. 우리 반의 탐구는 일단락되지만 개인의 자유 탐구 주제로 전환되어 추가 탐구와 지속적인 실천을 격려한다.

▎탐구 단원의 중심 아이디어 도출하기

탐구 단원의 중심 아이디어를 도출하는 것은 중요한 경험이다. 중요 개념들의 관계를 이해하고 탐구의 전체 여정을 통찰할 수 있음을 의미하기 때문이다. 또한 막연히 아는 것과는 달리 하나의 문장으로 중심 아이디어가 명료화되었을 때, 타 교과나 삶의 장면에 전이 및 적용할 수 있게 된다. 이것을 진정한 이해라고 할 수 있다.

학생들과 탐구 주제 목록별 깨달음 문장들을 한 번 더 읽어 보며 상기했다. 그리고 깨달음 문장에 포함된 중요한 개념과 포함되지 않은 중요한 개념들을 모두 나열했다. 이 중 개인별로 갖게 된 통찰을 기반으로 가장 중요한 개념 단어를 추리도록 했다. 학생마다 조금씩 차이가 있었는데 대부분 공통적으로 선택한 개념 단어도 있었다. 인권, 권리, 신장, 존중 등이었다. 선택한 개념 간 관계를 고려하여 하나의 명료한 문장을 완성했다. 저자는 학생들이 학습장에 적은 문장들을 확인하고 좀 더 명료한 문장을 만들도록 격려했다.

"문장이 우리 단원을 통해 이해한 내용을 포함하고 있나요? 문장이 초학문적 주제와 그 설명에 관련되어 있나요?"

탐구 단원 전체를 하나의 문장으로 생성해 내는 과정은 비판적 사고, 창의적 사고, 종합적 사고, 메타 인지적 사고 등 다양한 고차원적 사고를 요했다. 따라서 처음부터 완벽한 문장을 만들기를 기대해선 안 된

탐구 주제 목록별 깨달음 문장	1	인권은 모든 인간이 가지는 당연한 권리로서, 서로 다름을 이해하고 존중할 때 보장받을 수 있다.
	2	인권은 공정한 기회를 위한 개인과 사회의 노력을 통해 제도화되어 보장된다.
	3	함께 참여하고 책임지는 공동체의 실천으로 인권이 보장되는 사회를 만들 수 있다.
탐구 단원의 중심 아이디어		공정한 기회를 가지기 위한 사회 구성원의 노력과 존중은 인권을 신장시킨다.

다. 스스로 만든 문장을 짝 그리고 모둠과 공유하고 서로 간 피드백을 통해 다듬어 나갔다. 이러한 피드백 과정 자체가 학생들의 사고 수준을 한층 더 향상시킬 수 있었다. 모둠에서 하나의 문장을 대표로 만들어 냈을 때는 중요한 개념에 대한 설명이 잘 포함되어 있었다. 학급에서는 모둠이 선정한 문장들을 비교해서 탐구 과정을 포괄하는 최고의 문장을 선택한 뒤 다시 수정하는 기회를 가졌다.

▌학습을 다른 맥락에 전이하고 의미 있는 행동하기

전이는 개념 기반 탐구 학습에서 매우 중요하다. 전이되지 않는 지식을 습득하기만 하는 방식은 학습의 의미와 필요성을 제대로 구현하지 못한다. 따라서 교사는 학생들이 학습한 내용을 전이할 수 있는 다양한 맥락을 제공해야 한다. 학생 스스로 이러한 맥락을 찾아 학급과 공유하도록 적극 격려하는 것 역시 바람직하다.

[그림 8-12] 우리의 탐구를 영상으로 소개하는 온라인 콘퍼런스(발표회)

저자는 학생들과 협의하여 탐구를 전이하고 의미 있는 행동을 위해 온라인 콘퍼런스를 준비했다. 개인 혹은 모둠별로 탐구 산출물들을 활용해 학습한 내용과 경험을 소개하는 영상을 제작했다. 이러한 활동은 탐구를 종합하고 정리하는 역할을 하기도 하지만, 모두의 인권이 존중받는 성숙한 사회를 만들자는 메시지를 전달하는 역할도 함께한다. 저자는 완성된 영상을 모아 학생들과 협의된 범위 내에서 교내외에 공유하고 피드백을 받았다. 우리가 준비한 인권 사진전을 관람했던 사람들은 우리가 해 온 탐구 과정을 알게 되고 인권 사진전을 개최한 이유도 깨닫게 되었다. 물론 인권 사진전을 보지 못한 부모님께도 탐구의 과정과 학생들이 활동한 내용을 직접 설명하고 인권에 대한 관심을 촉구했다.

[그림 8-13] 국가인권위원회에서 매해 개최하는 인권 공모전 포스터
출처: 국가인권위원회 인권 공모전(https://www.humangongmo.kr).

저자는 탐구와 관련된 실생활의 이벤트를 찾아내고 소개했다. 매년 8월 국가인권위원회에서 개최하는 인권 공모전이었다. 탐구를 마친 때는 7월이라 방학을 앞두고 있어서 다 함께 인권 공모전에 참여할 수 없었지만 8월에 진행되는 인권 공모전을 소개하고 학생들의 참여를 적극 격려했다. 탐구를 실제와 연계하는 것은 실질적인 전이 맥락을 제공하는 데 더할 나위 없이 좋은 기회였기 때문에 놓칠 수 없었다. 나아가 학생들이 스스로 지역사회 내에서 인권과 관련하여 직접 참여하고 실천할 수 있는 기회를 포착하여 학급과 공유할 수 있도록 지도했다. 이는 학생의 주도성을 발현하는 데 큰 역할을 할 수 있다.

07 탐구 단원 성찰하고 평가하기

성찰과 평가는 학생에게는 스스로 성장할 기회를, 교사에게는 다음에 진행될 탐구 단원을 설계하고 실행하는 데 밑거름이 된다. 탐구의 전체 여정을 성찰하고 평가한 결과는 보고서(리포트) 형식으로 완성되어 가정과 공유했다. '성장보고서'라는 학교에서 함께 정한 이름으로 학생들과 함께 기록하여 학부모와 소통한다. 학생들은 성찰적 자기 평가를 하는데 개념적 이해, 학습 접근 방법, IB 학습자상의 관점에서 나의 학습과 성장을 평가했다. 평가로 순위를 매기는 것이 아니라 성장을 돕는 도구로서 활용하는 것이다.

학생 평가만으로는 평가에 대한 객관성을 확보하기 어렵다. 스스로 열심히 하여 개념적 이해를 잘 이끌어 낸 학생일지라도 겸손한 태도로 자기 자신을 지나치게 엄격한 기준으로 평가하는 경우가 있다. 반면에 탐구 과정에서의 개념적 이해를 도출하는 것과 전이하는 것에 어려움을 겪고 학습 과정에서 태도가 미흡한 학생이 자신을 관대하게 평가하는 경우도 있다. 그러므로 교사 평가를 포함하여 객관성과 신뢰성을 확보했다. 저자는 평가 기준을 설정하고 루브릭에 따라 학생들의 지식·이해, 과정·기능, 가치·태도를 평가했다.

그러므로 성장보고서를 통해 학생들이 인권을 얼마나 개념적으로 이해하고 전이 및 적용할 수 있는지, 여러 가지 탐구 기능이 얼마나 신장되었는지, 열 가지의 IB 학습자상에 비추어 자신이 좀 더 나은 사람이 되었는지 등을 파악할 수 있다.

이렇게 완성된 보고서는 가정으로 공유되고 학부모는 보고서에 피드백을 하여 학교에 다시 제출했다. 이렇듯 평가보고서는 학교와 가정이 학생의 성장에 대해 소통하는 수단으로 활용되었다. 가정으로부터 받은 피드백은 내년도 탐구 단원을 설계하거나 수정하는 데 반영되기도 하고, 학부모의 참여와 지원을 북돋는 역할도 수행한다.

저자도 탐구 단원을 마무리하며 성찰하고 기록했다. 탐구가 끝난 뒤에 하는 성찰은 다음 탐구 단원을 준비하거나 1년 뒤에 이 탐구 단원을 다시 운영할 때 참고할 수 있는 큰 경험이자 개선의 근거가 된다. 그렇기 때문에 탐구 단원의 탐구 내용과 방향, 학생들의 반응과 평가, 학부모의 피드백을 포괄한 교사의 성찰은 매우 중요하다.

- 인권 사진전을 내년에 다시 개최한다면 관람하는 사람들이 참여할 수 있는 공간이 있으면 좋겠다. 공감하는 인권 문제에 스티커를 붙이거나, 포스트잇을 통해 참관 후기를 남길 수 있으면 좋겠다. 더불어 인권 사진전을 설명하는 큐레이터를 두는 것도 고려할 수 있다.
- 인권 사진전을 통해 우리 마을에 점자 보도 블록이 깨어진 것을 알게 되었다. 그런데 이를 사진전으로 알리는 것에 그쳤는데, 알게 된 문제를 직접 해결하는 노력으로 나아가면 좋겠다. 내년에는 사진전을 통해 알게 된 문제 중 직접 해결할 수 있는 부분은 지역사회 기관에 알리는 행동으로 실천해 봐야겠다.
- 국가인권위원회에서 주관하는 인권 공모전이 8월에 실시된다. 학생들이 전이의 행동으로 인권 공모전에 많이 참여하기 위해서는 탐구 과정에 포함해서 7월에 단체로 인권 공모전에 참여하고 교사가 8월에 우편으로 발송할 수 있다. 혹은 방학 숙제로 제시할 수도 있다.

저자는 탐구 단원을 성찰하면서 내년에 또 다시 같은 탐구 단원을 운영한다면 이번에 했던 활동들을 발전시킬 방법에 대해 꼼꼼히 기록했다. 인권은 멀리 있는 것이 아니고 학생들의 삶 주변에 있기 때문에 그것을 탐구하여 학생 삶 주변에 적용하는 경험을 지속적으로 제공한다면 더 나은 세상을 만드는 데 함께 기여할 수 있다. 그러므로 탐구 단원을 직접 실행한 교사의 성찰은 대체 불가능한 소중한 자원이 된다. 이런 교사의 성찰이 쌓이고 그것이 기록으로 남아 탐구 단원을 체계적으로 검토하고 개선해 나가는 길잡이가 된다.

2022 개정 교육과정 속 IB

2024년부터 1, 2학년에 2022 개정 교육과정이 적용된다. 개정 교육과정의 교수·학습 방법에는 다음과 같이 다섯 가지의 특징이 있다.

1. 단편적 지식의 암기를 지양하고 각 교과목의 핵심 아이디어를 중심으로 지식·이해, 과정·기능, 가치·태도의 내용 요소를 유기적으로 연계하며 학생의 발달 단계에 따라 학습 경험의 폭과 깊이를 확장할 수 있도록 수업을 설계한다.

2. 교과 내 영역 간, 교과 간 내용 연계성을 고려하여 수업을 설계하고 지도함으로써 학생들이 융합적으로 사고하고 창의적으로 문제를 해결하는 능력을 함양할 수 있도록 한다.

3. 학습 내용을 실생활 맥락 속에서 이해하고 적용하는 기회를 제공함으로써 학교에서의 학습이 학생의 삶에 의미 있는 학습 경험이 되도록 한다.

4. 학생이 여러 교과의 고유한 탐구 방법을 익히고 자신의 학습 과정과 학습 전략을 점검하며 개선하는 기회를 제공하여 스스로 탐구하고 학습할 수 있는 자기주도 학습 능력을 함양할 수 있도록 한다.

5. 교과의 깊이 있는 학습에 기반이 되는 언어·수리·디지털 기초 소양을 모든 교과를 통해 함양할 수 있도록 수업을 설계한다.

첫 번째 항목에 새로운 용어가 등장했다. 바로 '핵심 아이디어'라는 것이다. 내용을 보면, '단편적 지식의 암기를 지양하고 각 교과목의 핵심 아이디어를 중심으로 내용 요소를 유기적으로 연계하여 학습 경험의 폭과 깊이를 확장할 수 있도록 수업을 설계한다.'고 설명한다. 무슨 말인지 이해가 되는가? 좀 더 구체적으로 살펴보자.

〈표 9-1〉은 사회과 교육과정 내용체계표이다. 총 11개 영역 중 두 번째 영역인 '자연 환경과 인간 생활'에 해당하며 표의 맨 위에 핵심 아이

〈표 9-1〉 **자연 환경과 인간 생활**

핵심 아이디어	• 지표상에는 다양한 기후 특성이 나타나며, 기후 환경은 특정 지역의 생활양식에 중요하게 작용한다. • 우리나라와 세계 각지에 다양한 지형 경관이 나타나고, 해당 지역의 인문 환경과 인간 생활에 중요한 영향을 미친다. • 인간은 자연 환경에 의존하고 적응하며, 자연 환경을 변형시키기도 한다.		
범주	**내용 요소**		
	초등학교		중학교
	3~4학년	5~6학년	1~3학년
지식·이해	**기후 환경** • 우리 지역의 기온과 강수량 • 사례 지역의 기후 환경	• 우리나라의 계절별 기후 • 세계의 기후	• 우리나라의 계절별, 지역별 기후 특성과 변화 양상 • 세계 각 지역의 기후 특성
	지형 환경 • 사례 지역의 지형 환경	• 우리나라의 지형 • 세계의 지형	• 우리나라 주요 지형의 위치와 특성, 지형 경관 • 세계 각 지역의 지형 특성

자연-인간의 상호 작용	• 이용과 개발에 따른 환경 변화	• 다양한 자연 환경과 인간 생활 • 기후 변화 • 자연재해	• 기후 변화에 대한 지역별 대응 노력 • 자연재해의 지리적 특성과 대응 노력
과정 · 기능	• 자료를 바탕으로 다양한 자연 환경과 생활 모습 조사하기 • 자료를 바탕으로 우리나라의 계절별 기후 특징 탐구하기 • 지도, 기후 그래프, 사진 등을 활용하여 세계의 다양한 기후 비교하기 • 사진, 기록물, 영상자료 등을 활용하여 다양한 지형의 사례 조사하기 • 자연재해 대비 노력 조사하기		• 지도상에서 세계와 우리나라의 주요 자연 환경 요소의 위치 파악하기 • 다양한 지리 정보와 매체를 활용하여 지리적 시각화하기 • 지리적 특성이나 문제를 지도로 표현하기 • 자연 환경과 인간 생활 간 상호 연계성 파악하기 • 일상생활에서 자연재해에 적극적으로 대처하기
가치 · 태도	• 개발과 보전에 대한 균형 있는 관점 • 자연 환경에 대한 감수성 • 기후 변화 대응에 대한 관심		• 세계와 우리나라의 자연경관에 대한 호기심과 소중히 여기는 태도 • 자연 환경 보호 활동의 참여 및 실천 • 기후 변화 문제 해결을 위한 생활 속 실천과 참여

디어가 나온다. 3개의 핵심 아이디어가 있으며 이는 영역에 따라 개수가 서로 다르다. 핵심 아이디어의 하단에는 범주와 학년별 내용 요소가 있다. 여기서 말하는 핵심 아이디어는 그 영역에서 알아야 하는 일반화된 지식이라고 할 수 있다. 특정 학년에만 해당하는 것도 있고, 3~6학년에 걸쳐 꾸준히 배워야만 알 수 있는 것도 있다. 핵심 아이디어에 따라 그것을 배우는 시기와 기간이 조금씩 다름을 알 수 있다.

예를 들어 보자. 첫 번째 핵심 아이디어인 '지표상에는 다양한 기후 특성이 나타나며, 기후 환경은 특정 지역의 생활양식에 중요하게 작용한다'라는 문장은 기후의 특성과 관련 있다. 내용 요소를 보면 3~4학년에는 우리 지역의 기후를 배우고 5~6학년에서도 우리나라의 계절별 기후(5학년)와 세계의 기후(6학년)를 배운다. 이 핵심 아이디어는 4~6학년에 걸쳐 적용된다. 6학년에서 세계의 기후까지 배워야만 이 핵심 아이디어를 완벽하게 이해할 수 있다. 이런 경우에는 특정 학년에서 핵심 아이디어의 완벽한 이해를 목표로 두고 수업을 하기엔 어렵다.

반면 세 번째 핵심 아이디어인 '인간은 자연 환경에 의존하고 적응하며, 자연 환경을 변형시키기도 한다'를 살펴보자. 이것과 관련된 내용은 3~4학년의 '이용과 개발에 따른 환경 변화'와 5~6학년의 '다양한 자연 환경과 인간 생활'에 해당한다. 3~4학년에서 배운 내용은 그 깊이만 달라질 뿐 탐구하고자 하는 내용에는 큰 차이가 없으므로 충분히 핵심 아이디어 도출이 가능하다.

하지만 교과서나 성취 기준으로 수업을 한다면 핵심 아이디어를 어떻게 적용할지 막막할 것이다. 왜냐하면 교과서는 영역에 따라 구성되지 않기 때문이다. 각 영역은 세부적으로 쪼개져 여러 학년과 단원에 흩어진다. 그래서 핵심 아이디어를 목표에 두고 교과서로 수업을 하기에는 현실적으로 매우 불편하고 힘들다.

핵심 아이디어가 교과서 속에서 구현되는 방식은 크게 세 가지가 있다. 첫 번째는 한 단원의 내용이 핵심 아이디어 하나와 일치하는 경우이다. 흔하지는 않지만 이런 단원은 핵심 아이디어를 목표로 두고 단원 중심으로 수업이 가능하다. 〈표 9-2〉에서 성취 기준 ①과 관련 핵심 아이디어는 문장 표현 형식만 다를 뿐이지 그 맥락이 매우 흡사하다.

<표 9-2> 한 영역의 핵심 아이디어 한 문장 전체가 하나의 주제로 구성

학년 및 단원	4학년 2학기 '우리 지역의 문화유산'
성취 기준	① 지역의 문화유산을 통해 문화유산의 의미와 유형을 알아보고, 문화유산의 가치를 탐색한다. ② 지역의 박물관, 기념관, 유적지 등을 체험하고 지역의 역사를 이해한다.
개념	지역의 문화유산, 박물관, 기념관, 유적지
관련 핵심 아이디어	(지역사) 문화유산은 과거와 현재를 이어 주는 자료이다.

* 괄호 안은 영역

두 번째는 하나의 단원이 핵심 아이디어의 일부분에 해당하는 경우다(〈표 9-3〉 참조). 단원보다는 핵심 아이디어의 범위가 더 넓어서 다른 단원을 추가로 학습해야 핵심 아이디어를 온전히 이해할 수 있다. 세 번째는 하나의 단원에 여러 개의 핵심 아이디어가 혼재하는 경우이다. 이 경우가 가장 복잡하다(〈표 9-4〉 참조).

이렇듯 핵심 아이디어가 단원과 일대일로 대응하지 않기 때문에 각

〈표 9-3〉 한 영역의 핵심아이디어 중 일부분이 하나의 단원으로 구성

학년 및 단원	4학년 1학기 '경제활동과 지역 간 교류'
성취 기준	① 자원의 희소성으로 인해 경제활동에서 선택의 문제가 발생함을 이해하고, 경제활동에서 합리적 선택의 방법을 탐색한다. ② 생산과 소비 활동을 파악하고, 인적 · 물적 교류의 사례를 통해 각 지역 및 사람들이 상호 의존관계를 맺고 있음을 탐색한다.
개념	경제활동, 자원의 희소성, 합리적 선택, 생산과 소비, 교류
관련 핵심 아이디어	(경제) 가계와 기업은 합리적 선택을 통해 소비와 금융, 생산 등의 경제활동에 참여하면서 각자의 역할을 수행한다.

* 괄호 안은 영역

〈표 9-4〉 **여러 개의 핵심 아이디어가 혼재하여 하나의 단원으로 구성**

학년 및 단원	4학년 2학기 '다양한 환경과 삶의 모습'
성취 기준	① 여러 지역의 자연 환경과 인문 환경의 특징을 살펴보고, 환경의 이용과 개발에 따른 변화를 탐구한다. ② 사례에서 도시의 인구, 교통, 산업 등의 특징을 탐구하고, 도시에서의 삶의 모습을 이해한다.
개념	자연 환경, 인문 환경, 지역의 변화, 환경 개발
관련 핵심 아이디어	(자연 환경과 인간 생활) 인간은 자연 환경에 의존하고 적응하며, 자연 환경을 변형시키기도 한다. (인문 환경과 인간 생활) 자연적 · 인문적 특성은 특정 지역의 인구 분포, 인구 구성, 인구 이동에 영향을 미친다. (인문 환경과 인간 생활) 장소나 지역에 따라 다양한 문화가 형성되고, 문화는 여러 요인에 의해 변동된다. (지속 가능한 세계) 조화를 이루며 살아가려는 인간의 신념 및 활동은 지구 환경의 지속 가능성을 가능하게 한다.

* 괄호 안은 영역

단원을 가르칠 때는 학생의 수준에 맞게, 그 단원의 내용에 맞게 핵심 아이디어를 수정하여 제공할 필요가 있다. 현실적으로 추천해 줄 수 있는 가장 좋은 방법은 성취 기준으로 제공되는 문장을 재구성하는 것이다. 성취 기준을 학생 수준에 맞게 변형하여 핵심 아이디어 형식으로 바꾼 다음, 탐구를 구상한다. 예를 들어 보자. 〈표 9-3〉에서 성취 기준 ①과 핵심 아이디어는 딱 맞아 떨어지지 않는다. 이런 경우 핵심 아이디어 문장에 너무 집착하지 않고 성취 기준을 핵심 아이디어 형식으로 변형하면 된다. '경제활동에서는 자원의 희소성 때문에 합리적 선택이 필요하다'라고 나름 변형을 해 보았다. 이를 바탕으로 탐구를 구상한다면 훨씬 더 명확하고 학생의 수준에 맞는 탐구가 가능할 것이다.

다시 정리해 보자. 2022 개정 교육과정은 각 과목의 영역마다 핵심 아이디어가 있고, 그 개수는 매우 많다. 반면 IB는 한 학년에 중심 아이디어가 6개밖에 존재하지 않는다. 그래서 핵심 아이디어와 중심 아이디어의 위상을 일대일로 대응을 하기에는 다소 무리가 있다. 하지만 핵심 아이디어를 향해 개념 기반으로 탐구하는 수업방법은, 중심 아이디어를 향해 탐구하는 IB와 흡사하다고 생각한다.

그래서 이번 장에서는 IB 학교가 아닌 일반 학급에서 국가 수준 교육과정 속에서 개념 기반으로 탐구한 수업 사례를 소개하고자 한다. 그래서 용어 또한 중심 아이디어 대신 2022 개정 교육과정의 핵심 아이디어를 사용하고 한다.

개념적 이해를 위해서는 개념 자체에 대한 이해도 상당히 중요하다. 개념의 이해를 초등학생 수준에서 쉽게 하기 위해 개념수업모형을 많이 활용한다. 그래서 먼저 개념 수업의 사례를 소개한다. 이어서 짧은 탐구 수업 사례를 소개한다. 탐구 수업은 그 종류와 방법이 매우 다양하다. 그중에서 3차시 분량의 짧은 탐구 수업 과정을 교사와 학생의 대화를 통해 자세히 소개함으로써 수업 속에서 학생들의 탐구가 어떻게 진행되는지, 교사의 역할은 무엇인지 살펴볼 수 있다.

그리고 좀 더 단계를 높여 성취 기준 단위의 개념 기반 탐구수업과 단원 중심의 개념 기반 탐구 수업 사례를 소개한다. 교육과정과 연계하여 개념 기반 탐구 수업이 어떻게 실행될 수 있는지 이해하기를 바란다.

10

개념 수업과 탐구 수업

01 개념 수업

　사회 과목에는 많은 개념이 있다. 새롭게 등장한 개념에 대한 이해가 부족하면 그 개념을 활용하는 다음 수업부터는 더 큰 어려움을 겪는다. 개념을 학생들의 발달 수준에 맞게 이해하도록 돕는 방법에는 '개념학습'이 있다. 개념학습의 일반적인 과정은 다음과 같다.

　학생들에게 다소 어려운 개념을 가르치는 수업이라면 첫 번째 과정에서 미리 개념의 정의를 교사가 미리 알려 줄 수도 있다. '무역'이라는 개념을 처음 배우는 학생들에게 개념 학습을 기반으로 수업을 한 사례는 다음과 같다.

1. 교사가 어떤 개념에 해당하는 사례와 아닌 사례를 몇 가지 준비

2. 학생들에게 1번의 사례를 제시하고 개념에 해당되는 것과 아닌 것으로 분류

3. 각자(모둠) 분류한 결과를 발표하기

4. 발표한 결과를 보면서 서로 질문 주고받기

5. 토의를 바탕으로 각자 개념을 정의하기

① 무역에 해당하는 사례와 아닌 사례 제시하기

무역이란 '서로 다른 나라끼리 돈을 주고 물건이나 서비스를 사고파는 활동'을 말한다. 수업을 시작하기 전, 무역에 해당하는 상황과 그렇지 않은 상황 몇 가지를 준비했다. 이를 인쇄하여 각각을 오린 뒤, 학생들에게 나눠 주면서 무역인 것과 아닌 것으로 분류 활동을 시켰다(〈표 10-1〉 참조).

〈표 10-1〉 **무역인 사례와 무역이 아닌 사례**

반찬가게 주인이 시장에 가서 나물을 산다.	사우디아라비아에서 원유를 사 온다.
식량난을 겪는 아프리카에 우리나라에서 쌀을 보낸다.	우리나라에서 만든 휴대전화를 미국에 판다.
지진 피해를 입은 일본에 가서 봉사 활동을 한다.	〈오징어 게임〉이 중국에서 방영된다.
필리핀의 바나나와 우리나라의 쌀을 서로 바꿔 먹었다.	손흥민 선수가 연봉을 받고 토트넘에서 활동한다.
BTS가 브라질에서 자선공연을 한다.	러시아 발레단이 우리나라에 와서 공연을 한다.

② 분류하고 결과 발표하기

학생들은 사례를 보고 이야기를 나누면서 분류 작업을 했다. 약 10여분 간 토의를 통해 나름대로 분류하였으며, 그 결과는 모둠별로 서로 조금씩 달랐다. 한 모둠이 대표로 나와서 칠판에 다음과 같이 분류한 결과를 붙여 두고 토의를 했다(〈표 10-2〉 참조).

〈표 10-2〉 **학생들이 분류한 결과**

무역이다	무역이 아니다
필리핀의 바나나와 우리나라의 쌀을 서로 바꿔 먹었다.	러시아 발레단이 우리나라에 와서 공연을 한다.
우리나라에서 만든 휴대전화를 미국에 판다.	반찬가게 주인이 시장에 가서 나물을 산다.
식량난을 겪는 아프리카에 우리나라에서 쌀을 보낸다.	BTS가 브라질에서 자선공연을 한다.
사우디아라비아에서 원유를 사 온다.	지진 피해를 입은 일본에 가서 봉사 활동을 한다.
〈오징어 게임〉이 중국에서 방영된다.	러시아 발레단이 우리나라에 와서 공연을 한다.
손흥민 선수가 연봉을 받고 토트넘에서 활동한다.	

· **질문 상황 1**·

발표자: 우리는 왼쪽을 무역, 오른쪽은 무역이 아닌 사례라고 분류했습니다. 질문 해 주십시오.

학생 1: 러시아 발레단이 공연하는 것은 우리나라가 돈을 주고 부르는 것이니 무역 아닙니까?

발표자: 돈을 준다는 말이 없어서 무역이 아니라 생각합니다.

학생 2: 그렇다면 오징어 게임이 중국에 방영되는 것도 돈을 받는다는 말이 없는데 그것도 무역이 아니지 않나요?

발표자: 다른 나라에 방영되는 것은 당연히 돈을 받고 판 것이라 생각했습니다.

학생 3: 제 생각에는 BTS는 자선공연이니까 당연히 공짜이고 러시아 발레단은 그런 말이 없으니 돈을 주고 부른 것이 아닐까요? 그래서 이 공연은 무역이라고 생각합니다.

· 질문 상황 2·

학생 4: 아프리카에 쌀을 보내는 것은 우리나라에 아무런 이득이 없는데 무역이 맞는가요?

발표자: 나중에 아프리카에서 갚을 수도 있다고 봐서 무역이라고 생각했습니다.

학생 5: 나중에 영원히 갚지 않으면 어떻게 되는가요?

학생 6: 우리나라가 사기당한 거네요. 하하.

발표자: 그렇다면 무역이 아닌 것으로 하겠습니다.

③ 개념 정의하기

토의한 결과를 바탕으로 모둠별로 무역의 개념을 썼다. 각 모둠이 정리한 무역에 대한 정의는 서술상의 차이는 있었으나 그 의미는 동일했다.

수업을 마무리하면서, 학생들에게 무역의 개념은 다음과 같은 세 가지 조건이 있다고 설명했다. ① 서로 다른 나라끼리, ② 돈을 주고, ③ 물건이나 서비스를 사고파는 활동이다. 학생들이 쓴 문장에서 세 가지 조건이 모두 있는지 살펴보도록 했다. 이 활동을 통해 학생들은 무역이라는 개념을 명확하게 이해할 수 있었다.

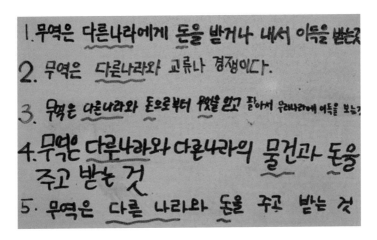

[그림 10-1] 무역에 대한 의미를 쓴 결과

탐구 수업

　일반적으로 탐구 수업이라고 하면 '문제파악 → 가설설정 → 자료수집 → 일반화'의 과정으로 이해하는 경우가 많다. 하지만 탐구 수업은 모든 탐구 과정을 거칠 필요는 없으며, 단계가 기계적으로 구조화될 필요도 없다. 탐구 수업에 가장 많이 활용하는 기능은 비교하기와 분류하기이다. 1시간 동안 분류를 하고 알게 된 점을 찾는다면 이는 매우 좋은 탐구 수업이다. 앞서 소개한 개념 수업도 분류하기 기능을 활용한 것이다.

　또 다른 방법으로는 탐구 질문을 제공하는 것이 있다. 탐구는 궁금증을 해결하는 과정이다. 그래서 수업을 시작할 때 질문을 제공하고 학생들이 그것을 해결한다면 그것 또한 매우 괜찮은 탐구 수업이다. 이 중에서 탐구 질문을 제공하여 해결하는 수업 사례를 소개한다.

6학년 수학 교과에 '원의 넓이'와 관련된 단원이 있다. 성취 기준을 살펴보면 '여러 가지 둥근 물체의 원주와 지름을 측정하는 활동을 통해 원주율을 이해한다'이다. 다양한 형태의 둥근 물체의 원주(원의 둘레)와 지름을 학생들이 직접 측정하고 그 둘과의 관계를 통해 원주율을 이해하도록 설계했다. 이를 위해 학생들에게 다시 두 가지의 탐구 질문을 만들어 제공했다.

| 탐구 질문 | ① 원의 중심을 어떻게 찾을까? |
| | ② 원주를 정확하게 측정하려면 어떻게 해야 할까? |

원의 지름을 측정하기 위해서는 원의 중심부터 찾아야 한다. 그래서 첫 번째 질문으로 원의 중심을 찾도록 했다. 원의 지름을 측정했다면 원의 둘레, 즉 원주를 측정해야 한다. 두 번째 질문으로는 원주를 정확하게 측정하기 위해서는 어떻게 해야 하는지 탐구 질문으로 제공했다.

| 5. 원의 넓이 | 수63031. 여러 가지 둥근 물체의 원주와 지름을 측정하는 활동을 통해 원주율을 이해한다. | 미션1. 여러 가지 물체의 원의 지름과 원주의 길이 재기 | 원의 중심을 어떻게 찾을까? 원주를 정확하게 측정하려면? |

[그림 10-2] 학생들에게 제공한 성취 기준 미션과 탐구 질문

탐구 질문을 보여 준 뒤 모둠별로 둥근 물체를 선정하여 해결하도록 했다. 학생들은 교실에서 둥근 물체를 찾기 시작했다. 어떤 모둠은 둥근 테이프를 골랐고, 머그잔이나 소화기를 선택한 모둠도 있었다. 모든 학생이 선택한 둥근 물체는 입체 형태였다. 입체 형태에서 곧바로 원의 중심을 찾는다는 것은 거의 불가능에 가깝다. 그래서 이런저런 궁리를

하면서 이야기를 나누었지만 뾰족한 방법이 나오지는 않았다. 그때 한 모둠에서 이렇게 질문했다.

"선생님, 종이에 물건의 본을 떠도 되나요?"

당연히 된다. 종이에 본떠야 중심을 찾을 수 있기 때문이다.

"네, 본떠도 됩니다."

그 말을 듣고 다른 모둠도 어떤 생각이 떠올랐는지 종이에 본을 뜨기 시작했다. 종이에 본을 뜨니 예쁜 원이 그려졌다. 소화기를 선택한 모둠은 본뜨기가 어려웠는지 종이컵이나 물통으로 바꾼다.

하지만 목표는 원을 그리는 것이 아니라 원의 중심을 찾는 것이다. 또 다시 난관에 봉착했다. 3분쯤 지났을 때, 한 모둠에서 소리를 쳤다.

"선생님, 저희 원의 중심 찾았어요!"

"그래요? 어떻게 찾았는지 선생님한테만 조용히 얘기해 주세요."

가까이 다가가 살짝 이야기를 들었다.

"원을 본뜬 다음, 가위로 오렸어요. 그리고 오린 원을 반으로 접고 또 반을 접으니 원의 중심이 나왔어요."

"오! 대단한데요. 원의 중심을 찾았으니 여러분이 선택한 물건의 지름을 한번 재어 보세요. 그리고 두 번째 질문도 해결해 보세요. 친구들, 잠시만 주목해 주세요. 여기 3모둠에서 원의 중심을 찾았습니다. 대단하죠? 다른 모둠도 힘내 보세요."

곧 이어 곳곳에서 원의 중심을 찾았다. 약간의 속도는 다르지만 두 번째 탐구 질문으로 넘어간다.

원주를 구하는 두 번째 탐구 질문에서 다들 골똘히 생각하는 시간이 길어진다. 한 모둠에서 뭔가 발견한 듯한 표정으로 가위를 들고 원을 오린다. 다음 사진처럼 가늘게 껍질처럼 오린 뒤, 일직선으로 쫙 펴서 길이를 잰다.

[그림 10-3] 원 둘레를 얇게 오린 모둠과 학생들이 만든 멋진 줄자

"선생님, 원주 구했어요. 어때요?"

뿌듯한 표정으로 엄청난 칭찬을 갈구한다. 아이디어가 참 좋았으나, 정확하게 원주를 구한 것은 아니었다. 일단 학생의 기대에 부응하도록 적극적으로 칭찬을 해 주면서 다른 방법으로 시도해 보라고 했다.

"오, 대단한 아이디어예요. 그런데 아무리 일직선으로 쫙 펴도 약간 구불구불하네요. 좀 더 정확한 다른 방법 한번 고민해 보세요."

또 다른 기발한 모둠이 탄생했다. 이 모둠은 줄자를 만들었다. 그리고 자신들의 물건인 테이프의 둘레를 잰다. 와, 대단한 정성이다. 처음부터 저자에게 줄자가 있는지 물으면 빌려주기 위해 줄자를 준비하기도 했지만 어쨌든 학생들의 정성이 대단하다.

"선생님 어때요? 우리 대단하죠?"

"와, 근데 저 줄자는 정확한 것인가요?"

"당연하죠. 얼마나 정확하게 만들었는데요."

"그렇군요. 그런데 선생님한테 줄자가 있는데요."

"아, 뭐예요! 왜 있다고 말씀 안 하셨어요!"

"아니, 여러분이 달라고 한 적 없었는데······."

줄자를 만든 모둠 덕분에 저자에게 줄자를 빌려 달라는 모둠원들이 몰려온다. 그렇게 줄자를 이용하여 원주를 정확하게 재었다. 모둠별로

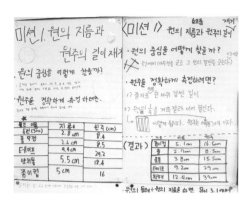

[그림 10-4] 모둠별 미션 해결지

학습지에 탐구 질문 1, 2를 해결한 결과를 기록한다.

6모둠은 선행학습의 결과인지 원을 n등분한 뒤 직사각형 형태로 만들어서 한 변의 길이를 구하는 방법을 사용하기도 했다. 학생들이 지름과 원주를 측정한 다음 이렇게 질문했다.

"원주와 원의 둘레는 어떤 관계가 있을까요?"

학생들은 분주히 계산한다. 자신들이 계산한 결과를 칠판에 모둠별로 쓰도록 했다. 약간씩 다르지만 대충 원주는 원의 지름의 3.××배가 나온다는 사실을 알게 된다. 교과서를 펴고 원주율에 대한 설명을 해 준다. 마지막으로, 질문을 하고 마친다.

"왜 우리는 원주율이 3.14로 정확하게 나오지 않았을까요?"

"우리가 직접 오리고 재어서 정확하지 않은 것 같아요."

학생들은 자신들이 정확하게 측정하지 않아서 원주율이 다르게 나왔다는 사실을 스스로 깨달았다.

다음 시간에는 원의 넓이를 구하는 탐구 질문을 제공할 예정이다.

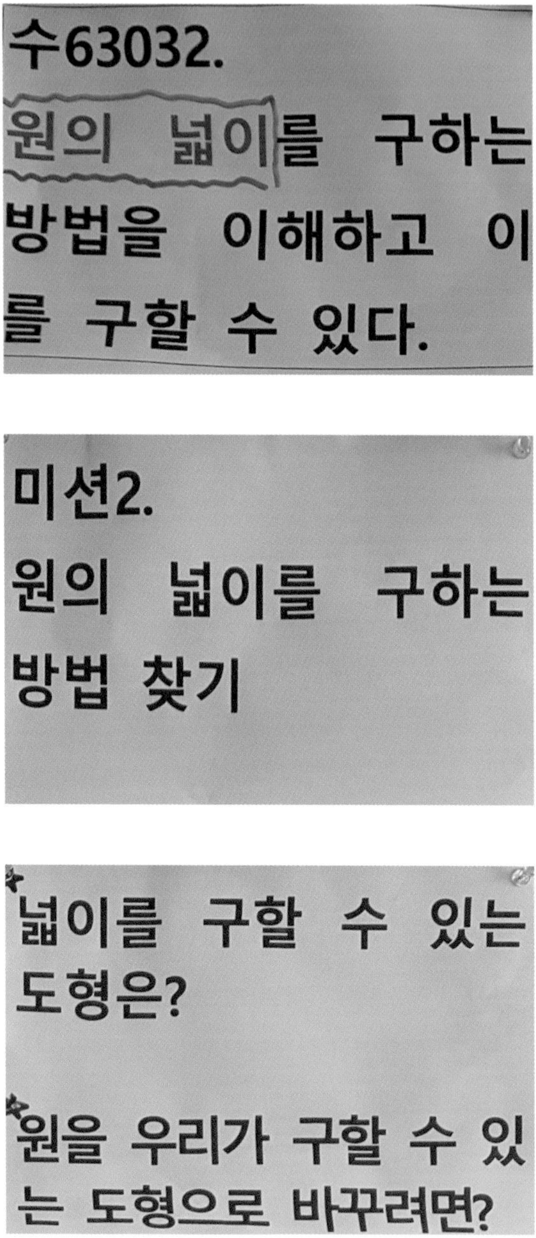

수63032.

원의 넓이를 구하는
방법을 이해하고 이
를 구할 수 있다.

미션2.
원의 넓이를 구하는
방법 찾기

넓이를 구할 수 있는
도형은?

원을 우리가 구할 수 있
는 도형으로 바꾸려면?

[그림 10-5] 다음 시간에 해결할 탐구 질문

11

개념 기반 탐구 수업

5학년 사회 교과에서 학생들은 우리나라 기후의 특징을 '기온'과 '강수량' 두 가지로 나누어 배운다. 탐구 수업을 고민해 본 교사라면 학생들에게 다양한 자료를 주고 기온과 강수량의 특징을 스스로 찾는 방법을 활용했을 것이다. 이번 수업은 기존의 탐구에서 좀 더 나아가, '개념 기반 탐구 수업'으로 구성했다.

IB 학교가 아닌 일반 학급에서 수업을 진행하는 데 무리가 없고 IB PYP의 필수요소를 적용한 4차시 정도의 개념 기반 탐구 수업을 소개하고자 한다. 관련된 성취 기준은 다음과 같다.

·성취 기준·

우리나라의 기후 환경 및 지형 환경에서 나타나는 특성을 탐구한다.

더 이해하기 쉽도록 이 성취 기준을 재구성한 두 가지 버전의 수업을 소개하고자 한다. 하나는 기존의 일반적인 사회과 탐구 수업이며, 다른 하나는 개념 기반 탐구 수업이다. 1~2차시까지는 흐름이 같다. 우리나라 기온과 강수량의 특징을 탐구하면서 기후의 특징을 이해한다. 여기까지는 일반적인 사회과 탐구 수업이다. 하지만 개념 기반 탐구 수업에서는 두 가지 활동을 더 한다. 바로 일반화 문장을 만드는 것과 다른 상황에 전이하는 것이다. 기존 수업에서는 '집의 생김새는 어떻다' '기온은 어떻다'라는 특징을 탐구하는 것으로 끝났다면, 개념 기반 탐구 수업에서는 일반화 문장을 만들고 전이까지 추가된 탐구를 한다고 볼 수 있다.

이러한 일반화된 문장을 핵심 아이디어라고 정의하며, 이 수업의 핵심 아이디어는 '각 지역의 집의 생김새가 다른 까닭은 기후가 다르기 때문이다'이다. 이 문장을 마지막 차시에서 학생들이 스스로 찾고 그것이 적용되는 다양한 사례를 전이하는 것으로 평가한다. 처음부터 완벽한 형식의 핵심 아이디어를 찾기란 개념 기반 탐구 수업을 처음 접하는 학생과 교사 모두에게 어렵다. 그래서 몇 번의 과정을 거치면서 서서히 그 문장을 다듬어 나가는 방식으로 수업이 진행된다.

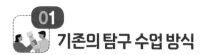

01 기존의 탐구 수업 방식

차시	주제	주요 활동
1	기온의 특징은?	• 기후의 의미(기후 = 기온 + 강수량)와 계절별 기후의 특징 간단히 알기 • 기온 학습지를 보고 우리나라 기온의 특징 찾기 • (지식) 우리나라 기온의 특징은 북쪽이 춥고 남쪽은 따뜻하다.

2	강수량의 특징은?	• 강수량 데이터를 보고 강수량 지도 만들기 탐구 활동 • 연평균 기온, 연간 강수량 지도를 만들고 특징 찾기 • (지식) 우리나라 강수량의 특징은 남쪽, 바닷가, 여름에 많다(단, 울릉도는 겨울에도 강수량이 높다).

기후란 오랜 기간 반복되어 나타나는 대기 상태이다. 기후에는 기온, 강수량, 바람 등이 있다. 우리나라는 사계절이 있으며, 계절에 따라 기후가 다르다. 좀 더 구체적인 상황은 학생들과 교과서를 읽으면서 이해를 한다. 첫 시간으로 기후 중에서 기온에 대해 살펴본다.

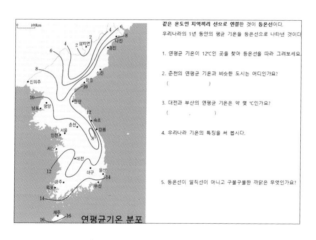

[그림 11-1] 기온 관련 학습지

학생들과 학습지에 대한 질문에 하나씩 답을 해 나가다 보면 우리나라 기온의 특징을 자연스럽게 알게 된다. 특징은 단순하다. 북쪽은 춥고 남쪽은 따뜻하다. 참고로 등온선이 구불구불한 까닭은 높은 산으로 올라갈수록 기온이 낮아지기 때문이다.

두 번째 시간은 강수량에 대한 탐구이다. 강수량은 눈과 비를 더한 것이다. 우리나라 강수량이 어떤지 예상해 보라고 했을 때, 학생들은 '여름에 많이 올 것 같다, 남쪽에 많이 올 것 같다.' 등과 같은 정보를 꽤 많이 알고 있었다. 강수량에 대한 탐구는 학생들이 직접 강수량 지도를 만드는 활동으로 구상했다.

[그림 11-2] 자료를 학생들에게 나누어 주고 설명을 덧붙였다.

우리나라 주요 도시별 월평균 강수량

월 / 도시	1월	2월	3월	4월	5월	6월	7월	8월	9월	10월	11월	12월	합계
서울	20	25	50	65	105	135	400	360	170	50	50	20	1,450
제주(서귀포)	60	80	130	180	210	280	310	290	200	80	70	50	1,940
중강진	10	15	20	30	50	110	150	140	50	30	20	10	635
울릉도	120	80	70	80	110	120	170	170	170	80	110	120	1,400

우리나라 주요 도시별 연간 총 강수량

도시	서울	중강진	청진	평양	원산	대구	청주	울릉도	서귀포	강릉	부산	해주	전주	광주	춘천
강수량	1450	640	750	900	1100	1050	1190	1400	1950	1470	1500	900	1350	1550	1250

< 범 례 >

노랑	총 강수량 1000mm미만
초록	1000mm~1399mm
파랑	총 강수량 1400mm이상

[그림 11-2] 학습지 자료

교사: 첫 번째 표의 제목을 읽어 봅시다.

학생들은 함께 제목을 읽는다.

교사: 서울의 4월 강수량은 얼마인가요?

학생들이 대답한다.

교사: 두 번째 표의 제목을 읽어 봅시다. 대구의 연간 강수량은 얼마인가요?

학생들이 대답한다.

교사: 표에 있는 내용을 지도에 표시하여 강수량 지도를 만들 것입니다. 월평균 강수량은 네모 안에 그래프로 그려 넣으면 됩니다. 강수량에 따라 서로 다른 색깔의 스티커를 붙이면 됩니다. 1000mm 미만은 무슨 색 스티커를 붙이고, 광주는 무슨 색 스티커를 붙이면 될까요?

이렇게 대화를 주고받은 뒤, 다음과 같은 백지도를 주면서 그곳에 표시를 하여 강수량 지도를 만들도록 했다.

학생들이 지도를 만들었으면 이제는 알게 된 점을 정리할 시간이다. 모둠별 스케치북에 특징과 알게 된 점을 함께 쓰도록 했다. 정리를 하자면 우리나라 강수량의 특징은 '여름에 많고, 남쪽에 많고, 바닷가에 많다. 단, 울릉도는 겨울에도 눈이 많이 온다.'라고 정리할 수 있다. 사실, 이 정도만 해도 꽤 훌륭한 탐구 수업이다.

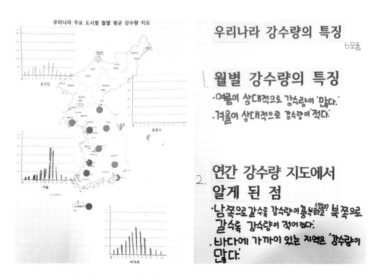

[그림 11-3] 강수량 지도를 만든 결과와 알게 된 점

성취 기준 중심의 개념 기반 탐구 수업

차시	주제	지식의 구조	주요 활동
3	집의 생김새가 다른 까닭은 무엇일까?	개념 (집의 생김새) ↓ 1차 일반화 (기온, 강수량과 집의 구조를 연결)	• 사진(북쪽 지방과 남쪽 지방의 가옥 구조)을 보여 주고 북쪽 지방과 남쪽 지방 집의 생김새를 설명한다. • 북쪽은 정주간, 남쪽은 대청이라는 특이한 구조를 발견하고 이것이 왜 있는지 질문한다. • 집의 생김새, 기온이라는 개념을 연결하고 일반화된 문장을 만든다. (일반화) 집의 생김새가 다른 까닭은 기온이 다르기 때문이다. • 사진(우데기, 터돋움집)을 보여 주고 집의 생김새가 왜 다른지 질문한다. (일반화 확장) 집의 생김새가 다른 까닭은 강수량이 다르기 때문이다.
4	다른 나라의 집 생김새는 어떠할까?	전이	• 다른 나라의 집의 구조 사진을 보여 준다. • 사진을 통해 그 나라의 기후의 특성을 찾는다.

3차시 수업이다. 전통 가옥의 구조라는 새로운 개념이 등장했다. 개념이 2개 이상은 되어야 그것을 연결하여 핵심 아이디어를 만들 수 있다. 북쪽 지방과 남쪽 지방의 가옥 구조를 각각 사진으로 학생들에게 보여 주었다. 학생들은 [그림 11-4]를 보면서 그 특징에 대해 이야기를 나누었다. 특히 정주간과 대청이 있는 까닭을 그 지역의 기온 때문이라는 사실을 알게 되었다.

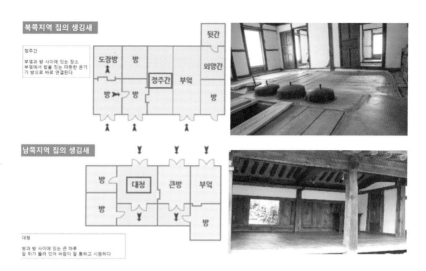

[그림 11-4] 북쪽과 남쪽 지방의 전통 가옥 구조

"집의 생김새가 다른 까닭을 간단하게 한 문장으로 써 보세요. 지난 시간에 배웠던 '기온'이나 '강수량'이라는 용어(개념)와 '집의 생김새'라는 용어(개념) 두 가지를 연결해서 사용하세요."라는 설명과 함께 학생들은 다음과 같이 핵심 아이디어 만들기를 시작했다. 아마도 학생들은 이 활동을 처음 해 볼 것이다. 이 활동을 처음 하는 학급에서는 반드시 다음과 같은 특징이 나올 것이니 참고하기 바란다.

1. 아주 긴 문장으로 쓴다.
   • 남쪽으로 갈수록 따뜻해져서 앞뒤로 시원하게 뚫어 놓고, 북쪽으로 갈수록 추워져서 부엌에 있는 따뜻한 공기로 방을 따뜻하게 하기 위해서 그런 것 같다.
   • 남쪽은 북쪽보다 기온이 높기 때문에 시원한 바람이 들어오게 대청이 있고, 북쪽은 남쪽보다 기온이 낮기 때문에 부엌에서 따뜻한 바람이 들어올 수 있게 정주간이 있습니다.

2. 한 문장이 아닌 여러 문장으로 쓴다.

- 남쪽은 비교적 따뜻해 바람이 잘 통하는 대청이 있다. 북쪽은 추워서 정주간이 있다.
- 정주간은 부엌의 따뜻한 온기가 방으로 간다. 그래서 북쪽과 남쪽의 집이 다르다.
- 북쪽 지역에는 정주간이 있는데, 이유는 북쪽은 기온이 낮아서 부엌에서 요리 할 때 열이 방 안까지 전달되고 방이 붙어 있어서 더 잘 전달된다. 남쪽 지역에 는 대청이 있는데, 남쪽은 기온이 높아서 덥기 때문에 양쪽에 문을 만들고 시 원한 바람이 잘 통과할 수 있어서 대청이 있으면 시원해져서 만들었다.

3. 필수 용어를 사용하지 않고 쓴다(집의 생김새, 기온).

- 북쪽은 춥고 남쪽은 따뜻하기 때문이다.
- 북쪽은 추워서 정주간을 이용해 따뜻한 열이 방으로 연결해서 따뜻하게 살고, 남쪽은 더워서 대청을 이용해 앞뒤가 뚫려 있어 바람이 잘 통해 시원하다.
- 남쪽과 북쪽의 기온이 남쪽으로 갈수록 따뜻하고 북쪽으로 갈수록 추워서이다.
- 두 집의 구조가 다른 까닭은 북쪽은 춥고 남쪽은 따뜻하기 때문이다.

* 학생들이 쓴 결과를 그대로 옮겨 적음.

　　학생들이 제시한 몇 가지의 괜찮은 핵심 아이디어를 선정하여 학급 전체와 함께 만들도록 합의했다. 다음의 문장 ①을 칠판에 써 주고 학생 들과 좀 더 다듬어 보았다. 학생들의 답변으로 문장 ②와 같은 문장으로 합의를 하였다. 여기에서 학생들에게 중요한 개념만 사용하면서 최대 한 문장을 짧게 만들어 보자고 하였다. 그 결과 문장 ③과 같이 간략하 면서도 명확한 문장이 완성되었다.

① 북쪽에는 정주간이 있고 남쪽에는 대청이 있는 이유는 남쪽과 북쪽의 기온이
   다르기 때문이다.
② 집의 생김새가 다른 까닭은 남쪽의 기온은 높고 북쪽의 기온은 낮기 때문이다.
③ 집의 생김새가 다른 까닭은 기온이 다르기 때문이다.

기온과 집의 구조를 연결해 보았다면 이제는 강수량과 집의 구조를
연결해 볼 차례이다.

[그림 11-5] 울릉도의 우데기와 터돋움집

"다른 집도 한번 보겠습니다. 이것은 울릉도에서 볼 수 있는 우데기
라는 집입니다. 집 주위에 짚으로 담을 하나 더 쌓아 마당을 실내처럼
사용할 수 있어요. 주변보다 높은 곳에 지은 터돋움집이라는 것도 있습
니다. 이렇게 만든 이유는 무엇일까요? 각자 사진을 자세히 살펴보고
그 이유를 포스트잇에 써서 앞에 붙여 봅시다."라고 저자가 지도하자
학생들은 포스트잇에 다음과 같은 까닭을 써 붙였다.

- 울릉도는 춥고 눈이 많이 오기 때문이다.
- 울릉도는 겨울에 강수량이 많기 때문이다.
- 기후가 다른 곳과 달라서이다.
- 무슨 계절이든 강수량이 비슷하기 때문이다.
- 울릉도에 우데기를 지은 이유는 강수량이 많기 때문이다.

학생들이 써서 붙인 대답을 함께 읽어 보았다. 앞의 활동과 마찬가지로 집의 생김새(우데기)와 강수량을 서로 연결해서 한 문장으로 만들어 보았다. 만든 결과는 다음과 같다.

- 우데기를 만든 까닭은 겨울 강수량이 다르기 때문입니다.
- 집의 생김새가 다른 까닭은 강수량이 다르기 때문입니다.

마지막 수업이다. 수업을 시작하기 전, 저자는 다음과 같은 문장을 써 두었다. 그리고 괄호 안 글자가 무엇인지 질문을 하면서 수업을 시작했다.

- 집의 생김새가 다른 까닭은 (**기온**)이 다르기 때문입니다.
- 우데기를 만든 까닭은 (**겨울 강수량**)이 높기 때문입니다.

두 개의 핵심 아이디어를 이제는 하나로 합쳐 볼 시간이다.

"앞선 두 문장을 하나로 합쳐 볼까요? '집의 생김새가 다른 까닭은 기온이 다르기 때문이고, 우데기를 만든 까닭은 겨울 강수량이 높기 때문이다'라고 단순하게 문장을 연결하지 않기로 해요. 그리고 손 들고 바로 발표하면 다른 친구들이 고민할 시간이 없으니 아는 학생들은 종이에 써서 앞에 붙여 주세요."

과연 학생들은 기온과 강수량이라는 개념을 더하면 기후라는 더 큰 개념이 된다는 사실을 찾을 수 있을까? 학생들이 써서 앞에 붙인 핵심 아이디어는 다음과 같다. 약 30%의 학생들이 기후라는 큰 개념을 찾았다.

- 집의 생김새가 다른 까닭은 기후가 다르기 때문입니다.
- 집의 생김새는 기후에 따라 다릅니다.
- 집이 다른 까닭은 기후/날씨가 다르기 때문이다.
- 지역마다 집의 생김새가 다른 까닭은 기후가 다르기 때문이다.
- 집의 생김새가 다른 까닭은 기후가 다르기 때문입니다.
- 집의 생김새와 모양이 다른 까닭은 기후가 다르기 때문이다.

"문장의 앞뒤를 바꿔 볼까요?"

"기후는 집의 생김새에 영향을 미친다."

"정말 잘 찾아 주었어요. 이 한 문장 안에 우리가 배운 것들이 다 적용되는 것 같나요? 진짜 그런지 살펴볼까요? 다음은 다른 나라의 집입니다. 왜 이런 집을 만들었는지 기후와 연결시켜 생각해 봅시다."

학생들이 찾은 결과는 다음과 같았으며, 다른 나라의 집들도 기후에 많은 영향을 받는다는 사실로 전이할 수 있었다.

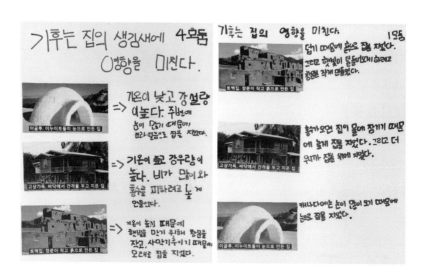

[그림 11-6] 기후는 집의 생김새에 영향을 미친다는 전이 활동 결과

03 단원 중심의 개념 기반 탐구 수업

IB PYP에서는 탐구 단원과 탐구 주제 목록이 배움의 기본 형태라면 일반적인 교실 수업에서는 단원이 배움의 기본 형태이다. 교사들은 단원 중심으로 수업을 하는 것이 매우 익숙하고 너무 당연하다. 모든 교과서의 구성 역시 단원이 기본이다. 그래서 공교육 현장에서 개념 기반 탐구 수업을 하기 위해서는 단원을 중심으로 진행하는 것이 현실적이고 가장 쉽다. IB PYP에서도 탐구 단원에 속하지 않는 영역을 개념 기반 탐구 수업으로 이끌어 가는 것을 스탠드 얼론이라고 한다. 특히 과학은 한 단원을 중심으로 하나의 큰 탐구 주제가 있으며, 목표 달성을 위해 큰 탐구 주제와 관련 있는 여러 실험 차시가 있다. 하지만 막상 단원

이 끝날 때가 되면 단원 전체에 대한 정리가 되기보다는 각 실험 결과에 대한 낱낱의 사실들만 기억에 남는 경우가 많다. 그래서 과학에서 단원이 끝날 때, 단원에서 배웠던 실험과 개념을 활용하여 일반화 과정을 거친다면 매우 의미 있는 개념 기반 탐구가 될 수 있다.

국어 또한 한 단원이 하나의 탐구 기능을 목표로 구성된 경우가 많다. 특히 글쓰기와 관련된 단원은 국어 수업에서도 나름 탐구 활동을 가능하게 만든다. 글을 쓰기 위해서는 글의 종류와 목적에 따라 글의 구조가 달라지는 방법을 정확하게 알고 있어야 하며, 이를 통해 좀 더 괜찮은 글을 쓸 수 있기 때문이다. 과학과 국어 교과에서 단원 중심의 개념 기반 탐구 수업 사례를 소개하고자 한다.

1) 과학(열의 이동)

5학년 1학기 과학 교과의 '열의 이동' 단원에서 학생들은 온도, 전도, 단열, 대류에 대한 개념을 배운다. 실험이 많은 과학 단원은 교과서나 교육과정에만 충실해도 상당한 수준의 탐구가 가능하다. 이번 단원 역시 그러한 단원이다. 고체에서의 열의 이동과 액체 및 기체에서의 열이 이동에 대한 실험을 한다. 이를 통해 학생들은 전도와 대류의 개념을 배운다. 그리고 고체의 종류에 따라 열의 이동 속도가 다르며 이를 활용하여 열의 이동을 차단하는 단열이라는 개념도 배운다. 단열을 위한 간단한 도구 만들기도 한다.

특별한 재구성을 하지 않고 차시별 수업에 충실하면서 단원을 마무리하였다. 다만, 단원을 마무리하면서 학생들과 함께 우리가 배운 개념을 바탕으로 핵심 아이디어를 만들고 그것을 전이해 보는 학습지 활동을 추가했다.

1. 이번 단원에서는 열의 이동, 전도, 대류에 대하여 배웠습니다. 이 개념을 활용하여 단원에서 배운 것을 모두 설명이 가능한 하나의 문장으로 만들어 보시오.

   _____

   _____

2. 우리 주변에서 볼 수 있는 물건 중에서 전도와 단열 현상이 나타나는 물건을 1개 쓰고 어떤 부분에서 그러한 현상이 나타나는지 쓰시오.

   _____

   _____

3. 에어컨과 난방기가 어디에 위치하면 좋은지 쓰고 그 이유를 설명하시오.

   _____

   _____

1번은 핵심 아이디어를 만들어 보는 것이며 2, 3번은 그것을 전이하는 것이다. 오히려 2, 3번은 대부분의 학생이 잘 대답했는데, 1번을 어려워했다. 핵심 아이디어를 만드는 활동이 학생들에게 익숙하지 않았기 때문이었다. 학생들이 쓴 결과는 다음과 같다.

· 특정 개념이 생략되거나 문장이 단순한 대답들 ·

- 열의 이동, 전도, 대류는 열이 이동하는 현상이다.
- 일상생활에서 전도, 대류 같은 열의 이동이 자주 일어난다.
- 열의 이동, 전도, 대류 현상을 배우고 실험했다.
- 열의 이동으로 인해 두 물체의 온도가 같아졌다.
- 열의 이동 때문에 온도가 변한다.

- 물체에 따라 열의 이동, 전도, 대류의 속도와 이동되는 방식이 다르다.
- 전도, 대류의 현상이 일어나면 열의 이동도 같이 일어난다.

　단순하거나 어색한 문장을 쓴 학생이 훨씬 많았다. 문장을 보면 알겠지만 개념에 대한 이해가 덜 된 학생이 많았다. 이를 보면 아마도 다른 과학 단원을 공부했을 때도 개념 정리가 덜 된 학생들이 많았을 것이다. 이런 학생들은 각각의 실험 내용에 대해서는 사실 위주로 기억을 하겠지만 개념은 뒤죽박죽 섞여 있는 상태일 것이다. 그리고 시간이 지날수록 오개념으로 남거나 기억에서 점점 희미해질 것이다. 핵심 아이디어를 스스로 답할 수 있도록 지도해 준다면 훨씬 더 오랫동안 기억에 남는 '영속적 이해'가 될 가능성이 높지 않을까?

· 나름대로 괜찮게 만든 핵심 아이디어 문장들 ·

- 고체에서의 열의 이동은 전도이고 기체나 액체에서의 열의 이동은 대류이다.
- 열의 이동은 고체에서의 이동(전도)과 액체나 기체에서의 이동(대류)이 있다.
- 전도는 고체에서, 대류는 액체나 기체에서 열이 이동하는 현상입니다.
- 전도는 물체에서의 열의 이동이고, 대류는 기체와 액체에서의 열의 이동이다.

2) 국어(주장하는 글쓰기)

　주장하는 글은 다양한 곳에서 활용된다. 학교에서 평가를 위한 논술이나 대학생이 되어 쓰는 논문도 주장하는 글의 형식을 기본으로 한다. SNS에서 글을 쓰거나 직장에서 업무 보고서를 쓰는 등 많은 곳에서 자신의 생각을 논리적으로 표현하면서 살아간다.

초등학교에서 배우는 글쓰기는 크게 세 종류로 나뉜다. 경험을 나타내는 글, 설명하는 글, 주장하는 글이다. 경험을 나타내는 글에는 일기, 동시, 기행문 등이 있으며 형식에 치중하기보다는 느낌이나 감정표현이 중요하다. 설명하는 글은 특별히 정형화된 형식 없이도 쉽게 쓰는 것이 가능하다. 하지만 주장하는 글은 어느 정도의 정형화된 형식이 있으며 그 형식을 따를 때 매우 논리적이고 설득력이 있는 글을 쓸 수 있다. 서론, 본론, 결론 세 부분으로 형식을 나누고 주장에 대한 근거와 그를 뒷받침하는 객관적인 근거자료가 있어야 한다.

5학년 국어 교과에서는 주장하는 글 2~3편을 소개하며 기본적인 글의 형식을 배운다. 서론에는 명확한 주장을 쓰고, 본론에는 2~3개의 근거와 그 근거자료를 제시하며, 결론에서는 주장을 다듬어 글을 마무리한다는 점을 설명한다. 그 뒤, 학생들은 1~2차시를 할애하여 글을 쓰기 전, 개요 작성 활동에 임하며 마지막 차시에 간단하게 글을 쓰는 것으로 단원을 마무리한다.

교과서에서 제시한 방법은 이미 많이 알려진 방법이다. 예전부터 국어 교육과정에서 그 방법을 설명해 왔다. 왜냐하면 주장하는 글의 형식은 시대가 변해도 큰 차이가 없기 때문이다. 여러 가지 방법 중에서 가장 간단하면서, 좀 더 흥미를 가지고 쓸 수 있는 방법인 '오레오 맵(OREO map)'을 활용하여 주장하는 글쓰기를 지도했다. 오레오 맵이란 『150년 하버드 글쓰기 비법』에서 소개하는 글쓰기 방법으로 '주장하기-근거-근거자료-주장 다지기(Opinion-Reason-Example-Opinioin)'의 영어 단어 첫 글자를 딴 것이다. 당연히 교과서에서 설명하는 주장하는 글을 쓰는 형식이나 과정과 흡사하다. 그래서 교사는 '오레오 프로젝트'라고 이름을 지어 학생들에게 안내했으며, 다음과 같은 핵심 아이디어를 구상하면서 단원 수업을 준비했다.

글쓴이는 자신의 생각을 뒷받침하기 위해 근거와 그것을 뒷받침하는 근거자료를
사용한다.

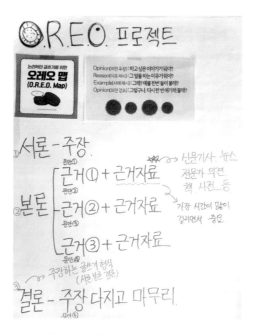

[그림 11-7] OREO 프로젝트 소개

프로젝트 수업의 흐름은 다음과 같다. 교과서를 통해 주장하는 글의
형식을 먼저 배운다. 그런 다음 오레오 맵에 대한 설명을 해 주고, 이를
기반으로 주장하는 글을 쓴다고 설명했다. 글의 주제는 함께 협의하여
몇 가지를 추려 내고 그중에서 자신이 쓰고 싶은 주제의 글을 쓰기로 했
다. 먼저 각자 개요를 쓴 다음, 교사에게 개요를 피드백을 받은 후에 실

제로 글을 썼다. 글을 쓰는 데 활용할 원고지 양식을 제공했는데, 글의 형식을 좀 더 철저히 지키고 분량도 조절하기 위함이었다. 개요를 쓸 때 찬성과 반대 중 자신의 입장을 정하여 주장을 하고, 그 근거 세 가지를 생각했다. 인터넷을 활용하여 신문기사, 뉴스, 전문 사이트 등에서 근거 자료를 찾을 시간도 주었다. 최종 글을 쓰고 난 뒤, 한 번 더 고쳐 쓰는 시간을 가졌기 때문에 실제로 글을 두 번 쓰는 셈이었다. 교과서를 통해 기초를 배우고 프로젝트 설명에 2차시, 개요작성에 약 3차시, 실제로 글을 쓰는 데 3~4차시 정도 시간을 할애했다.

첫 시간이다. 교과서를 펼치면 아주 훌륭하게 쓰인 주장하는 글이 한 편 나온다. 학생들과 함께 책에 표시를 하면서 형식을 학습했다.

"첫 문장을 들여 쓰는 한 묶음의 문장들을 뭐라고 하죠? 문단이라고 배웠습니다. 이 글은 몇 개의 문단이 있는지 각 문단이 시작되는 곳에 번호를 써 보세요."

학생들은 문단을 쉽게 찾는다. 총 5개의 문단이 있었다. 곤충이 머리, 가슴, 배로 나뉘듯, 주장하는 글도 세 부분으로 나뉠 수 있다. 각 부분의 용어가 무엇인지 모르는 학생이 꽤 많았으며 서론, 본론, 결론으로 나뉜 다고 설명해 주고 5개의 문단은 각각 어디에 해당하는지 찾아보라고 했다. 첫 번째 문단은 서론, 두 번째에서 네 번째 문단은 본론, 다섯 번째 문단이 결론이라는 사실을 쉽게 찾았다.

"이제는 주장과 근거를 한번 찾아볼까요? 주장은 서론, 본론, 결론 중 어디에 주로 있을까요? 근거는 총 몇 개일까요? 주장과 근거에 해당하는 문장을 찾아 밑줄을 쳐 볼까요?"

대부분의 학생이 잘 찾았다. 명확한 형식으로 제시된 글이라 꽤 쉬었다. 잘못 찾은 학생 몇 명을 위해 찾은 것을 발표하면서 함께 확인했다.

"이제 우리도 주장하는 글을 써 볼 겁니다. 2주 정도가 지나면 이 글보다 더 잘 쓴 학생들도 있을 것이라고 확신해요."

"예? 어떻게 이보다 더 잘 써요?"

대부분이 말도 안 된다는 표정이었다. 하지만 교사는 확신할 수 있었다. 이 글보다 더 잘 쓰는 학생이 무조건 나올 것이란 사실을. 몇 가지의 주제를 함께 정했다. 학생들이 후보로 내세운 주제는 다음과 같았다.

- 동물원은 필요한가?
- 급식은 무조건 다 먹어야 하나?
- 초등학생은 화장을 해도 되는가?
- 초등학생은 커피를 마셔도 되는가?

이 중에서 하나를 골라 개요를 쓰기 시작했다. 먼저, 찬반의 주장을 정하고 각 주장에 맞는 근거를 한 문장씩 썼다. 그리고 그 근거를 뒷받침하는 근거자료를 태블릿PC를 활용하여 찾고, 중요한 내용은 개요에 옮겨 적었다. 근거자료를 찾기 어려운 학생들은 주제나 찬반을 바꿔도 되는지 물었고 교사는 허락을 했다. 주장하는 글을 쓰기 위한 탐구가 본격적으로 시작된 것이다. 실제로 글을 쓰는 시간보다 그럴듯한 근거자료를 찾는 데 시간이 더 오래 걸렸다. 논문을 쓸 때도, 책을 쓸 때도 다양한 근거자료를 확보하는 것이 가장 중요하듯, 학생들에게도 근거자료를 잘 찾는 것이 글을 잘 쓰는 법의 시작이자 끝이라는 설명을 반복해서 해 주었다. 개요를 얼추 쓴 학생들이 교사에게 검토를 받으러 왔으며 통과된 학생들은 글을 쓰기 시작했다. 수업을 연달아 진행하니 학생들이 두통이 너무 심하다고 하여 이틀에 1~2시간씩 2주 정도에 걸쳐 모든 학생이 글을 완성했다.

주장하는 글쓰기 "OREO프로젝트" (두번째 도전)

(14)번 이름(정예은)

1. 글을 쓰려는 주제가 무엇인가요?

초등학생은 화장을 해도 되나?

2. 자신의 주장은 무엇인가요?

초등학생은 화장을 하면 안된다.

3. 개요를 써 봅시다. (근거자료 쓸 자리가 부족하면 뒷면에 추가로 쓰세요.)

서론(O)		요즘에 들어 예뻐보이고 싶어서 화장을 하는 초등학생들이 있다. 초등학생이 화장을 하면 피부가 나빠질수도 있다. 그러므로 저는 초등학생은 화장을 하면 안된다고 생각합니다.
본론	근거1(R)	피부가 나빠질수도 있다.
	근거자료1(E)	오마이 뉴스에 따르면 초등학생의 피부는 일반성인 보다 약한데 초등학생이 쓰는 화장품은 대부분 20대 이상의 성인 피부를 대상으로 만들어져 초등학생의 피부에는 안전하지 못하다고 말했다.
	근거2(R)	화장이 중독될수도 있다.
	근거자료2(E)	미디어 건청에 따르면 초등학생이 화장에 중독이 되어서 공부에 집중하지 못할수도 있다. 또 화장이 중독되어 화장을 계속하다가 피부가 나빠져 그 피부를 가리기 위해 화장을 계속한다고 밝혔다.
	근거3(R)	시간과 돈이 많이 든다.
	근거자료3(E)	페미니스트 월다에 따르면 초등학생이 화장을 하면 화장품을 사는데 드는 비용이 많이든다고 이야기했다. 하지만 그렇다고 싼 화장품을 쓰면 피부가 나빠진다고 이야기 했다. 또 화장은 공들이 하는 것이기 때문에 시간도 많이 든다고 밝혔다.
결론(O)		이처럼 초등학생이 커피를 마시게 되면 피부에 안좋은 영향을 끼칠수도 있습니다. 솔직히 예뻐쁘고 싶어서 초등학생이 화장을 해도 미래의 나의 건강을 위해 화장을 하면 안된다 고 생각합니다.

[그림 11-8] 학생이 쓴 개요

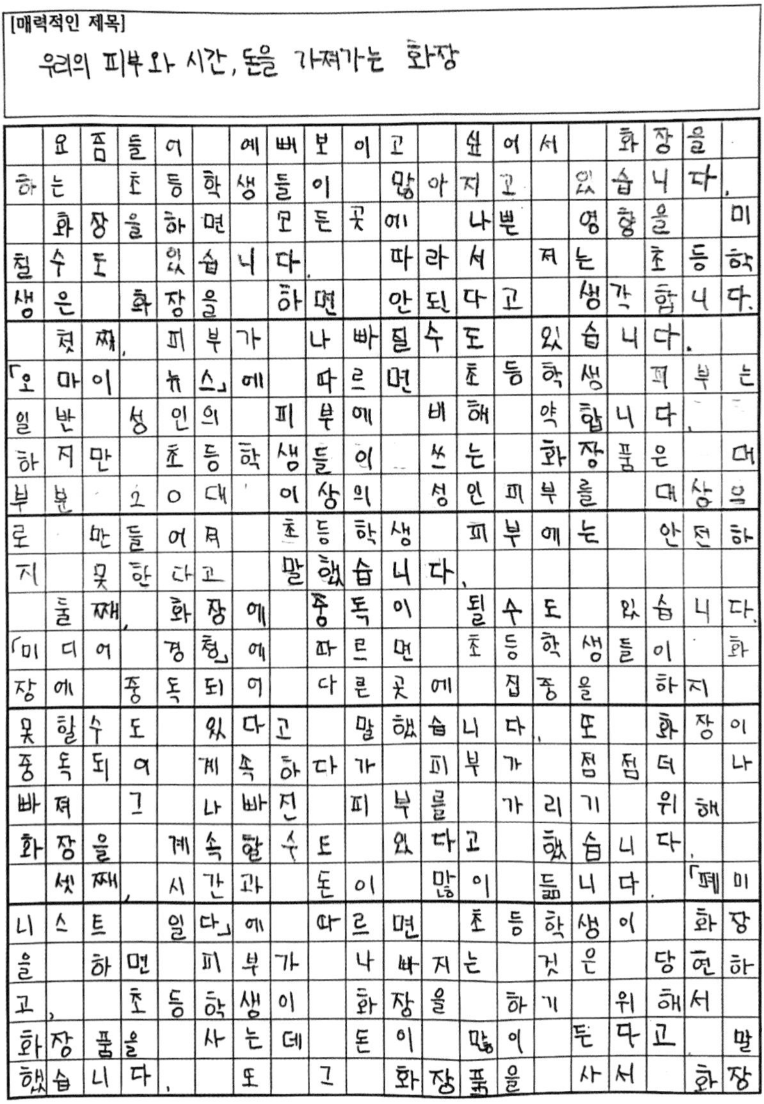

우리의 피부와 시간, 돈을 가져가는 화장

요즘 들어 예뻐 보이고 싶어서 화장을 하는 초등학생들이 많아지고 있습니다. 화장을 하면 모든 곳에 나쁜 영향을 미칠 수도 있습니다. 따라서 저는 초등학생은 화장을 하면 안된다고 생각합니다.

첫째, 피부가 나빠질 수도 있습니다. '오마이뉴스'에 따르면 초등학생 피부는 일반 성인의 피부에 비해 약합니다. 하지만 초등학생들이 쓰는 화장품은 대부분 20대 이상의 성인 피부를 대상으로 만들어져 초등학생 피부에는 안전하지 못한다고 말했습니다.

둘째, 화장에 중독이 될 수도 있습니다. '미디어경청'에 따르면 초등학생들이 화장에 중독되어 다른 곳에 집중을 하지 못할 수도 있다고 말했습니다. 또 화장이 중독되어 계속하다가 피부가 점점 더 나빠져 그 나빠진 피부를 가리기 위해 화장을 계속할 수도 있다고 했습니다.

셋째, 시간과 돈이 많이 듭니다. '페미니스트'일다에 따르면 초등학생이 화장을 하면 피부가 나빠지는 것은 당연하고, 초등학생이 화장을 하기 위해서 화장품을 사는데 돈이 많이 든다고 말했습니다. 또 그 화장품을 사서 화장

[그림 11-9] 학생이 쓴 글

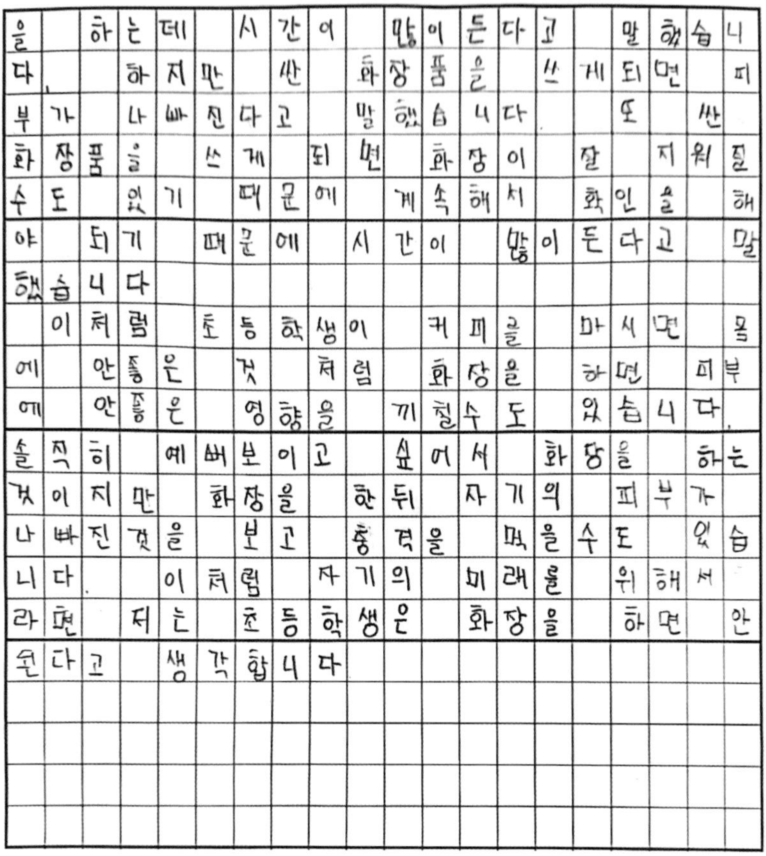
을 하는데 시간이 많이든다고 말했습니
다. 하지만 싼 화장품을 쓰게되면 피
부가 나빠진다고 말했습니다. 또 싼
화장품을 쓰게 되면 화장이 잘 지워질
수도 있기 때문에 계속해서 확인을 해
야 되기 때문에 시간이 많이든다고 말
했습니다
이처럼 초등학생이 커피를 마시면 몸
에 안좋은 것 처럼 화장을 하면 피부
에 안좋은 영향을 끼칠수도 있습니다.
솔직히 예뻐보이고 싶어서 화장을 하는
것이지만 화장을 한뒤 자기의 피부가
나빠진것을 보고 충격을 먹을수도 있습
니다. 이처럼 자기의 미래를 위해서
라면 저는 초등학생은 화장을 하면 안
된다고 생각합니다

[그림 11-9] (계속)

글을 다 쓰고 마지막 시간에 함께 배운 개념들을 떠올려 보았다. 귀가 닳도록 듣고 활용한 개념들인 주장, 근거, 근거자료를 금방 떠올렸다. 교사는 세 가지의 개념을 연결하여 '주장하는 글은 잘 쓰기 위해서는?'이라는 질문에 대한 자신의 생각을 핵심 아이디어 문장으로 만들어 보도록 했다. 머뭇거리면서 쓴 문장들은 다음과 같았으며 아직 어떻게 쓸지 고민하는 학생이 많았다.

- 주장하는 글은 서론, 본론, 결론으로 나뉘어 있으므로 자신이 주장할 수 있는 글이다.
- 주장하는 글을 잘 쓰려면 주장이 뚜렷해야 하고 근거와 근거자료가 믿을 수 있고 좋아야 한다.
- 주장하는 글을 잘 쓰려면 주장, 근거, 근거자료가 적절해야 한다.
- 주장하는 글은 근거와 근거자료로 자신의 생각을 주장하는 것이다.
- 주장하는 글은 근거자료를 찾아 주장하는 글에 근거와 자기 주장을 쓰는 것이다.

* 학생들이 쓴 결과를 그대로 옮겨 적음.

이 중에서 괜찮은 문장(교사는 학생들에게 개념을 잘 활용한 매끈한 문장이라고 자주 말한다) 2개를 학생들에게 소개해 주고, 이를 참고하여 자신만의 문장을 다시 만들어 보라고 했다. 확실히 좀 더 정선되고 명확한 문장을 만들었으며 몇 가지를 소개하면 다음과 같다.

- 글쓴이는 주장은 확실하게, 근거는 타당하게, 자료는 믿을 수 있게 해야 한다.
- 자신의 주장이 잘 보여야 하고 근거, 근거자료는 신뢰가 가야 한다.
- 주장이 명백하고 근거자료는 믿을 수 있으며 근거는 확실해야 한다.
- 주장과 근거가 명확해야 하고 근거자료가 믿을 수 있어야 한다.
- 정확한 주장, 적합한 근거, 믿을 만한 근거자료가 필요하다.

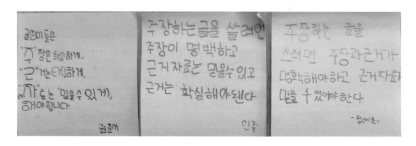

[그림 11-10] 나만의 핵심 아이디어를 만든 결과

    저자가 맨 처음 생각했던 '글쓴이는 자신의 생각을 뒷받침하기 위해 근거와 그것을 뒷받침하는 근거자료를 사용한다'라는 문장보다 훨씬 더 좋은 문장들이었다. 마지막 시간에는 어딘가 어설프게 주장하는 글을 학생들에게 주고 논리적으로 어색한 부분을 찾아서 비평해 보도록 했다. 학생들은 쉽게 찾아냈으며 자신보다 못 쓴 글이라고 자신감 있게 말했다. 마지막으로 교과서에 나오는 주장하는 글을 다시 읽어 보라고 했다. 학생들은 자신이 쓴 글과 별 차이 없다는 점에 놀라면서 글쓰기 수준이 올랐음에 뿌듯해했다.

부록

부록 1

탐구 단원(UOI) 설계를 위한 국가 수준 교육과정 분석과 연계

1. 6학년 '우리 자신을 조직하는 방식' 탐구 단원 설계를 위한 국가 수준 교육과정 분석과 연계

다음의 교과 성취 기준과 단원은 탐구 단원 설계 내용에 따라 변동될 수 있으며, 검정교과서에 따라 단원명이 달라질 수 있다.

관련교과 성취기준	교과 단원명
[6국02–02] 글의 구조를 고려하여 글 전체의 내용을 요약한다.	6학년 1학기 국어 2. 이야기를 간추려요
[6국01–04] 자료를 정리하여 말할 내용을 체계적으로 구성한다.	6학년 1학기 국어 3. 짜임새 있게 구성해요
[6국01–05] 매체 자료를 활용하여 내용을 효과적으로 발표한다.	6학년 1학기 국어 3. 짜임새 있게 구성해요
[6사05–01] 4·19 혁명, 5·18 민주화 운동, 6월 민주 항쟁 등을 통해 민주주의가 발전해 온 과정을 파악한다.	6학년 1학기 사회(천재교육) 우리나라의 정치 발전
[6사05–02] 광복 이후 시민의 정치 참여 활동이 확대되는 과정을 중심으로 오늘날 우리 사회의 발전상을 살펴본다.	6학년 1학기 사회(천재교육) 우리나라의 정치 발전
[6사05–03] 일상생활에서 경험하는 민주주의 실천 사례를 탐구하여 민주주의의 의미와 중요성을 파악하고, 생활 속에서 민주주의를 실천하는 태도를 기른다.	6학년 1학기 사회(천재교육) 우리나라의 정치 발전

관련교과 성취기준	교과 단원명
[6사05-04] 민주적 의사 결정 원리(다수결, 대화와 타협, 소수 의견 존중 등)의 의미와 필요성을 이해하고, 이를 실제 생활 속에서 실천하는 자세를 지닌다.	6학년 1학기 사회(천재교육) 우리나라의 정치 발전
[6사05-05] 민주 정치의 기본 원리(국민 주권, 권력 분립 등)을 이해하고, 그것이 적용된 다양한 사례를 탐구한다.	6학년 1학기 사회(천재교육) 우리나라의 정치 발전
[6미02-02] 다양한 발상 방법으로 아이디어를 발전시킬 수 있다.	6학년 미술(금성출판사) 2. 마음을 움직이는 광고
[6미01-05] 미술 활동에 타 교과의 내용, 방법 등을 활용할 수 있다.	6학년 미술(금성출판사) 2. 마음을 움직이는 광고

2. 6학년 '세계가 돌아가는 방식' 탐구 단원 설계를 위한 국가 수준 교육과정 분석과 연계(2015 개정교육과정)

다음의 교과 성취 기준과 단원은 탐구 단원 설계 내용에 따라 변동될 수 있으며, 검정교과서에 따라 단원명이 달라질 수 있다.

관련교과 성취기준	교과 단원명
[6국05-06] 작품에서 얻은 깨달음을 바탕으로 하여 바람직한 삶의 가치를 내면화하는 태도를 지닌다.	6학년 1학기 국어 8. 인물의 삶을 찾아서
[6국02-03] 글을 읽고 글쓴이가 말하고자 하는 주장이나 주제를 파악한다.	6학년 1학기 국어 8. 인물의 삶을 찾아서
[6국02-04] 글을 읽고 내용의 타당성과 표현의 적절성을 판단한다.	6학년 1학기 국어 4. 주장과 근거를 판단해요
[6국03-04] 적절한 근거와 알맞은 표현을 사용하여 주장하는 글을 쓴다.	6학년 1학기 국어 4. 주장과 근거를 판단해요
[6국01-06] 드러나지 않거나 생략된 내용을 추론하며 듣는다.	6학년 1학기 국어 4. 주장과 근거를 판단해요
[6과12-02] 식물의 전체적인 구조 관찰과 실험을 통해 뿌리, 줄기, 잎, 꽃의 구조와 기능을 설명할 수 있다.	6학년 1학기 과학 (아이스크림 미디어) 3. 식물의 구조와 기능

[6과10-03] 공기를 이루는 여러 가지 기체를 조사하여 발표할 수 있다.	6학년 1학기 과학 (아이스크림 미디어) 2. 여러 가지 기체
[6과11-03] 볼록렌즈를 이용하여 물체의 모습을 관찰하고 볼록렌즈의 쓰임새를 조사할 수 있다.	6학년 1학기 과학 (아이스크림 미디어) 4. 빛과 렌즈
[6실04-07] 소프트웨어가 적용된 사례를 찾아보고 우리 생활에 미치는 영향을 이해한다.	6학년 1학기 실과(교학사) 4. 생활 속 소프트웨어
[6실05-03] 생활 속에 적용된 발명과 문제 해결의 사례를 통해 발명의 의미와 중요성을 이해한다.	6학년 1학기 실과(교학사) 5. 발명과 로봇
[6실05-04] 다양한 재료를 활용하여 창의적인 제품을 구성하고 제작한다.	6학년 1학기 실과(교학사) 5. 발명과 로봇
[6실05-05] 사이버 중독 예방, 개인 정보 보호 및 지식 재산 보호의 의미를 알고 생활 속에서 실천한다.	6학년 1학기 실과(교학사) 5. 발명과 로봇
[6미03-04] 다양한 감상 방법(비교 또는 단독 감상, 내용 또는 형식 감상 등)을 알고 활용할 수 있다.	6학년 미술(금성출판사) 13. 미술 작품 속 시대

3. 6학년 '우리 자신을 표현하는 방법' 탐구 단원 설계를 위한 국가 수준 교육과정 분석과 연계(2015 개정교육과정)

다음의 교과 성취 기준과 단원은 탐구 단원 설계 내용에 따라 변동될 수 있으며, 검정교과서에 따라 단원명이 달라질 수 있다.

관련교과 성취기준	교과 단원명
[6국05-03] 비유적 표현의 특성과 효과를 살려 생각과 느낌을 다양하게 표현한다.	6학년 1학기 국어 1. 비유적 표현
[6국05-01] 문학은 가치 있는 내용을 언어로 표현하여 아름다움을 느끼게 하는 활동임을 이해하고 문학 활동을 한다.	6학년 1학기 국어 2. 비유적 표현

[6국05-04] 일상생활의 경험을 이야기나 극의 형식으로 표현한다.	6학년 1, 2학기 국어 연극단원
[6국04-04] 관용 표현을 이해하고 적절하게 활용한다.	6학년 1학기 국어 5. 속담을 활용해요
[6국05-06] 작품에서 얻은 깨달음을 바탕으로 하여 바람직한 삶의 가치를 내면화하는 태도를 지닌다.	6학년 2학기 국어 1. 작품 속 인물과 나
[6국04-04] 관용 표현을 이해하고 적절하게 활용한다.	6학년 2학기 국어 2. 관용 표현을 활용해요
[6국03-05] 체험한 일에 대한 감상이 드러나게 글을 쓴다.	6학년 2학기 국어 8. 작품으로 경험하기
[6사08-03] 지구촌의 평화와 발전을 위협하는 다양한 갈등 사례를 조사하고 그 해결 방안을 탐색한다.	6학년 2학기 사회(천재교육) 2. 통일 한국의 미래와 지구촌의 평화
[6사08-04] 지구촌의 평화와 발전을 위해 노력하는 다양한 행위 주체(개인, 국가, 국제기구, 비정부 기구 등)의 활동 사례를 조사한다.	6학년 2학기 사회(천재교육) 2. 통일 한국의 미래와 지구촌의 평화
[6사08-05] 지구촌의 주요 환경문제를 조사하여 해결 방안을 탐색하고, 환경문제 해결에 협력하는 세계시민의 자세를 기른다.	6학년 2학기 사회(천재교육) 2. 통일 한국의 미래와 지구촌의 평화
[6사08-06] 지속가능한 미래를 건설하기 위한 과제(친환경적 생산과 소비 방식 확산, 빈곤과 기아 퇴치, 문화적 편견과 차별 해소 등)를 조사하고, 세계시민으로서 이에 적극 참여하는 방안을 모색한다.	6학년 2학기 사회(천재교육) 2. 통일 한국의 미래와 지구촌의 평화
[6수03-07] 여러 가지 둥근 물체의 원주와 지름을 측정하는 활동을 통하여 원주율을 이해한다.	6학년 2학기 수학(천재 교과서) 5. 원의 넓이
[6수03-08] 원주와 원의 넓이를 구하는 방법을 이해하고 이를 구할 수 있다.	6학년 2학기 수학(천재 교과서) 5. 원의 넓이
[6음01-01] 악곡의 특징을 이해하며 노래 부르거나 악기로 연주한다.	6학년 음악(천재 교과서) 1. 음악에 귀 기울여요
[6음01-06] 바른 자세와 호흡으로 노래 부르거나 바른 자세와 주법으로 악기를 연주한다.	6학년 음악(천재 교과서) 2. 음악의 아름다움을 느껴요
[6미03-04] 다양한 감상 방법(비교 또는 단독 감상, 내용 또는 형식 감상 등)을 알고 활용할 수 있다.	6학년 미술(금성출판사) 13. 미술 작품 속 시대
[6미01-01] 자신의 특징을 다양한 방법으로 탐색할 수 있다.	6학년 미술(금성출판사) 1. 내 마음의 모습

[6미02-03] 다양한 자료를 활용하여 아이디어와 관련된 표현 내용을 구체화할 수 있다.	6학년 미술(금성출판사) 1. 내 마음의 모습
[6미01-04] 이미지를 활용하여 자신의 느낌과 생각을 전달할 수 있다.	6학년 미술(금성출판사) 3. 지구를 구해 줘!
[6미02-06] 작품 제작의 전체 과정에서 느낀 점, 알게 된 점을 서로 이야기할 수 있다.	6학년 미술(금성출판사) 3. 지구를 구해 줘!
[6미01-05] 미술 활동에 타 교과와 내용, 방법 등을 활용할 수 있다.	6학년 미술(금성출판사) 5. 빛의 마법사
[6미01-03] 이미지가 나타내는 의미를 찾을 수 있다.	6학년 미술(금성출판사) 8. 이미지에 정보를 담아요
[6미01-04] 이미지를 활용하여 자신의 느낌과 생각을 전달할 수 있다.	6학년 미술(금성출판사) 8. 이미지에 정보를 담아요
[6미02-05] 다양한 표현 방법의 특징과 과정을 탐색하여 활용할 수 있다.	6학년 미술(금성출판사) 10. 실감 나게 그려 볼까?
[6미02-06] 작품 제작의 전체 과정에서 느낀 점, 알게 된 점 등을 서로 이야기할 수 있다.	6학년 미술(금성출판사) 10. 실감 나게 그려 볼까?
[6체04-05] 주제 표현을 구성하는 표현 요소(신체인식, 공간인식, 노력, 관계 등)와 창작 과정(발상, 계획, 구성, 수행 등)의 특징을 탐색한다.	6학년 체육(YBM) 4. 표현
[6체04-06] 정해진 주제나 소재의 특징적인 면을 살려 신체활동을 표현하는 데 적합한 기본 동작을 다양한 상화에 적용한다.	6학년 체육(YBM) 4. 표현
[6체04-07] 주제 표현 활동을 하는 데 필요한 다양한 표현 방법을 바탕으로 개인 또는 모둠별로 작품을 창의적으로 구성하여 발표하고 이를 감상한다.	6학년 체육(YBM) 4. 표현
[6체04-08] 주제와 관련된 다양한 표현 방식을 이해하고 자신의 느낌과 생각에 따라 창의적인 방법으로 표현한다.	6학년 체육(YBM) 4. 표현

4. 5학년 '우리는 누구인가' 탐구 단원 설계를 위한 국가 수준 교육과정 분석과 연계(2015 개정교육과정)

다음의 교과 성취 기준과 단원은 탐구 단원 설계 내용에 따라 변동될 수 있으며, 검정교과서에 따라 단원명이 달라질 수 있다.

관련교과 성취기준	교과 단원명
[6국01-01] 구어 의사소통의 특성을 바탕으로 하여 듣기, 말하기 활동을 한다.	5학년 1학기 국어 1. 대화와 공감
[6국01-07] 상대가 처한 상황을 이해하고 공감하며 듣는 태도를 지닌다.	5학년 1학기 국어 1. 대화와 공감
[6도01-03] 정직의 의미와 정직하게 살아가는 것의 중요성을 탐구하고, 정직과 관련된 갈등 상황에서 정직하게 판단하고 실천하는 방법을 익힌다.	5학년 도덕 1. 바르고 떳떳하게
[6도01-01] 감정과 욕구를 조절하지 못해 나타날 수 있는 결과를 도덕적으로 상상해 보고, 올바르게 자신의 감정을 조절하고 표현할 수 있는 방법을 습관화한다.	5학년 도덕 2. 내 안의 소중한 친구
[6도04-01] 긍정적 태도의 의미와 중요성을 알고, 어려움을 극복하기 위한 긍정적 삶의 태도를 습관화한다.	5학년 도덕 3. 긍정적인 생활
[6실01-01] 아동기의 신체적, 인지적, 정서적, 사회적 발달의 특징 및 발달의 개인차를 알아 자신을 이해하고, 건강하게 발달하기 위해 필요한 조건을 설명한다.	5학년 실과(교학사) 1. 아동기 발달과 성
[6실01-02] 아동기에 나타나는 남녀의 성적 발달 변화를 긍정적으로 이해하고 성적 발달과 관련한 자기 관리 방법을 탐색하여 실천한다.	5학년 실과(교학사) 2. 아동기 발달과 성
[6체01-01] 성장에 따른 신체적 변화를 수용하고 건강한 성장과 발달을 저해하는 생활 양식(흡연, 음주, 약물 오남용 등)의 위험성을 인식한다.	5학년 체육(YBM) 1. 건강
[6체01-02] 건강을 유지하기 위한 체력 운동을 선택하고 자신의 수준에 맞게 운동 계획을 세워 실천한다.	5학년 체육(YBM) 1. 건강
[6체01-03] 신체활동 참여를 통해 부족했던 체력의 향상을 체험함으로써 타인과 다른 자신의 신체적 기량과 특성을 긍정적으로 수용한다.	5학년 체육(YBM) 1. 건강

관련교과 성취기준	교과 단원명
[6미01-02] 대상이나 현상에서 시각적 특징을 발견할 수 있다.	5학년 미술(금성출판사) 2. 색다른 느낌
[6미02-04] 조형 원리(비례, 율동, 강조, 반복, 통일, 균형, 대비, 대칭, 점증·점이, 조화, 변화, 동세 등)의 특징을 탐색하고, 표현 의도에 적합하게 활용할 수 있다.	5학년 미술(금성출판사) 2. 색다른 느낌
[6미01-03] 이미지가 나타내는 의미를 찾을 수 있다.	5학년 미술(금성출판사) 3. 이미지로 소통하는 세상
[6미01-04] 이미지를 활용하여 자신의 느낌과 생각을 전달할 수 있다.	5학년 미술(금성출판사) 3. 이미지로 소통하는 세상

5. 5학년 '우리가 속한 공간과 시간' 탐구 단원 설계를 위한 국가 수준 교육과정 분석과 연계(2015 개정교육과정)

다음의 교과 성취 기준과 단원은 탐구 단원 설계 내용에 따라 변동될 수 있으며, 검정교과서에 따라 단원명이 달라질 수 있다.

관련교과 성취기준	교과 단원명
[6국01-02] 의견을 제시하고 함께 조정하며 토의한다.	5학년 1학기 국어 〈독서단원〉 책을 읽고 생각을 넓혀요
[6국02-06] 자신의 읽기 습관을 점검하며 스스로 글을 찾아 읽는 태도를 지닌다.	5학년 1학기 국어 〈독서단원〉 책을 읽고 생각을 넓혀요
[6국05-05] 작품에 대한 이해와 감상을 바탕으로 하여 다른 사람과 적극적으로 소통한다.	5학년 1학기 국어 〈독서단원〉 책을 읽고 생각을 넓혀요
[6국05-02] 작품 속 세계와 현실 세계를 비교하며 작품을 감상한다.	5학년 1학기 국어 2. 작품을 감상해요
[6국05-01] 문학은 가치 있는 내용을 언어로 표현하여 아름다움을 느끼게 하는 활동임을 이해하고 문학 활동을 한다.	5학년 1학기 국어 2. 작품을 감상해요
[6국03-01] 쓰기는 절차에 따라 의미를 구성하고 표현하는 과정임을 이해하고 글을 쓴다.	5학년 1학기 국어 4. 글쓰기의 과정

[6국04-05] 국어의 문장 성분을 이해하고 호응 관계가 올바른 문장을 구성한다.	5학년 1학기 국어 4. 글쓰기의 과정
[6사01-02] 우리 국토를 구분하는 기준들을 살펴보고, 시도 단위 행정 구역 및 주요 도시들의 위치 특성을 파악한다.	5학년 1학기 사회(천재교육) 1. 국토와 우리 생활
[6사01-03] 우리나라의 기후 환경 및 지형 환경에서 나타나는 특성을 탐구한다.	5학년 1학기 사회(천재교육) 1. 국토와 우리 생활
[6사01-05] 우리나라의 인구 분포 및 구조에서 나타난 변화와 도시 발달 과정에서 나타난 특징을 탐구한다.	5학년 1학기 사회(천재교육) 1. 국토와 우리 생활
[6사01-06] 우리나라의 산업 구조의 변화와 교통 발달 과정에서 나타난 특징을 탐구한다.	5학년 1학기 사회(천재교육) 1. 국토와 우리 생활
[6미02-02] 다양한 발상 방법으로 아이디어를 발전시킬 수 있다.	5학년 미술(금성출판사) 5. 미래를 여는 아이디어 발상
[6미02-03] 다양한 자료를 활용하여 아이디어와 관련된 표현 내용을 구체화할 수 있다.	5학년 미술(금성출판사) 5. 미래를 여는 아이디어 발상
[6미02-05] 다양한 표현 방법의 특징과 과정을 탐색하여 활용할 수 있다.	5학년 미술(금성출판사) 12. 단단한 건축이야기
[6미02-06] 작품 제작의 전체 과정에서 느낀 점, 알게 된 점 등을 서로 이야기할 수 있다.	5학년 미술(금성출판사) 12. 단단한 건축이야기

6. 5학년 '우리 모두의 지구' 탐구 단원 설계를 위한 국가 수준 교육과정 분석과 연계(2015 개정교육과정)

다음의 교과 성취 기준과 단원은 탐구 단원 설계 내용에 따라 변동될 수 있으며, 검정교과서에 따라 단원명이 달라질 수 있다.

관련교과 성취기준	교과 단원명
[6국01-02] 의견을 제시하고 함께 조정하며 토의한다.	5학년 1학기 국어 6. 토의하여 해결해요

[6국03-06] 독자를 존중하고 배려하며 글을 쓰는 태도를 지닌다.	5학년 1학기 국어 6. 토의하여 해결해요
[6국02-03] 글을 읽고 글쓴이가 말하고자 하는 주장이나 주제를 파악한다.	5학년 1학기 국어 5. 글쓴이의 주장
[6국01-03] 절차와 규칙을 지키고 근거를 제시하며 토론한다.	5학년 1학기 국어 5. 글쓴이의 주장
[6사02-01] 인권의 중요성을 인식하고 인권 신장을 위해 노력했던 옛사람들의 활동을 탐구한다.	5학년 1학기 사회(천재교육) 2. 인권 존중과 정의로운 사회
[6사02-02] 생활 속에서 인권 보장이 필요한 사례를 탐구하여 인권의 중요성을 인식하고, 인권 보호를 실천하는 태도를 기른다.	5학년 1학기 사회(천재교육) 2. 인권 존중과 정의로운 사회
[6사02-03] 인권 보장 측면에서 헌법의 의미와 역할을 탐구하고, 그 중요성을 설명한다.	5학년 1학기 사회(천재교육) 2. 인권 존중과 정의로운 사회
[6사02-04] 헌법에서 규정하는 기본권과 의무가 일상생활에 적용된 사례를 조사하고, 권리와 의무의 조화를 추구하는 자세를 기른다.	5학년 1학기 사회(천재교육) 2. 인권 존중과 정의로운 사회
[6사02-05] 우리 생활 속에서 법이 적용되는 다양한 사례를 제시하고, 법의 의미와 성격을 설명한다.	5학년 1학기 사회(천재교육) 2. 인권 존중과 정의로운 사회
[6사02-06] 법의 역할을 권리 보호와 질서 유지의 측면에서 설명하고, 법을 준수하는 태도를 기른다.	5학년 1학기 사회(천재교육) 2. 인권 존중과 정의로운 사회
[6도03-01] 인권의 의미와 인권을 존중하는 삶의 중요성을 이해하고, 인권 존중의 방법을 익힌다.	5학년 도덕 6. 인권을 존중하며 함께 사는 우리
[6미02-05] 다양한 표현 방법의 특징과 과정을 탐색하여 활용할 수 있다.	5학년 미술(금성출판사) 6. 같은 주제, 다양한 소재
[6미02-06] 작품 제작의 전체 과정에서 느낀 점, 알게 된 점 등을 서로 이야기할 수 있다.	5학년 미술(금성출판사) 6. 같은 주제, 다양한 소재

부록 2

IB 용어 번역

영어	한국어
action	실천
agency	자기 주도성
central idea	중심 아이디어
unit of inquiry	탐구 단원
lines of inquiry	탐구 주제 목록
inquiry	탐구
concepts	개념
related concepts	관련 개념
learning goal	학습 목표
programme of inquiry	탐구 프로그램
provocation	동기유발
reflection	성찰
skills	기능
international-mindedness	국제적 소양
exhibition	발표회
Approaches To Learning(ATL)	학습 접근 방법
thinking skills	사고 기능
research skills	조사 기능
communication skills	의사소통 기능
social skills	대인 관계 기능
self-management skills	자기관리 기능
transdisciplinary themes	초학문적 주제

descriptions	설명
who we are	우리는 누구인가
where we are in place and time	우리가 속한 공간과 시간
how we express ourselves	우리 자신을 표현하는 방법
how the world works	세계가 돌아가는 방식
how we organize ourselves	우리 자신을 조직하는 방식
sharing the planet	우리 모두의 지구
IB learner profile	IB 학습자상
inquirers	탐구하는 사람
knowledgeable	지식이 풍부한 사람
thinkers	사고하는 사람
communicators	소통하는 사람
principled	원칙을 지키는 사람
open-minded	열린 마음을 지닌 사람
caring	배려하는 사람
risk-takers	도전하는 사람
balanced	균형 잡힌 사람
reflective	성찰하는 사람
key concepts(specified concepts)	주요 개념(명시된 개념)
form	형태
function	기능
causation	인과 관계
change	변화
connection	연결성
perspective	관점
responsibility	책임
related concepts(additional concepts)	관련 개념(추가 개념)

참고문헌

교육부(2021). 2022 개정 교육과정 개발 방향과 기준.

교육부(2022). 2022 개정 초등학교 교육과정.

경기도교육청(2023). 글로벌 융합인재 육성을 위한 2024학년도 IB 프로그램 운영 계획.

노영희, 홍현진(2009). 건강보건관련 국제기구 지식정보원. 한국학술정보(주).

류효준(2024). 개념적 이해를 위한 국어과 탐구 단원 설계 방안 연구. 대구교육대학교대학원 석사학위논문.

송숙희(2020). 150년 하버드 글쓰기 비법. 유노북스.

온정덕, 변영임, 안나, 유수정(2018). 교실 속으로 간 이해중심 교육과정: 이론과 실천이 만나다. 살림터.

재키 윤(2023). 초등 부모라면 놓쳐서는 안 될 IB 국제 바칼로레아 초등교육. 미다스북스.

福田誠治(2019). 국제바칼로레아의 모든 것: 왜 세계는 IB에 주목하는가. (교육을바꾸는사람들 역). 21세기교육연구소. (원서는 2015년에 출판).

Erickson, H. L., Lanning, L. A, & French, R. (2019). 생각하는 교실을 위한 개념 기반 교육과정 및 수업. (온정덕, 윤지영 공역). 학지사. (원서는 2017년에 출판).

IBO. (2020). 초등교육프로그램 IB 교육이란 무엇인가. 국제 바칼로레아 기구 (International Baccalaureate Organization).

IBO. (2023). 초등교육프로그램 학습 공동체. 국제 바칼로레아 기구(International Baccalaureate Organization).

IBO. (2023). 초등교육프로그램 학습과 교수. 국제 바칼로레아 기구(International Baccalaureate Organization).

IBO. (2023). 초등교육프로그램 학습자. 국제 바칼로레아 기구(International Baccalaureate Organization).

Marschall, C., & French, R. (2021). 생각하는 교육과정과 수업을 위한 개념 기반 탐구 학습의 실천: 전이 가능한 이해의 촉진 전략. (신광미, 강현석 공역). 학지사. (원서는 2018년에 출판).

Stern, J., Lauriault, N., & Ferraro, K. (2022). 개념기반 교육과정과 수업: 개념적 이해와 전이를 위한 전략과 도구. (임유나, 한진호, 안서현, 이광우 공역). 박영스토리. (원서는 2017년에 출판).

KOSIS 국가통계포털. https://kosis.kr
IBO 공식 웹사이트. https://www.ibo.org
네이버 블로그 곰선생의 수업 이야기. https://blog.naver.com/gunred
유튜브 채널 문어쌤의 교실 수업 이야기. https://www.youtube.com/@octopusclassroom

저자소개

정한식(Jung Hansik)

대구교육대학교 초등교육과 윤리교육심화를 전공했습니다. IB 월드 스쿨에서 5년째 근무 중이며, 대구영선초등학교가 IB 월드 스쿨 인증을 받는 과정에서 주 업무자로 참여했습니다. IBEN Workshop Leader로서 공교육 속 IB PYP 수업을 연구 및 실천하고, 그 결과를 네이버 블로그 '**곰선생의 수업 이야기**'를 통해 공유하고 있습니다. 또한 '개념 기반 탐구 with IB 수업'이라는 강의를 통해 전국의 많은 IB 학교 선생님과 소통하고 있으며, '수업과 평가의 혁신! IB로 그리는 미래교육(비바샘 원격연수원)'이라는 원격연수를 제작했습니다. 저서로는『한국 근현대사 12장면 팩트체크: 민주시민을 위한 미디어 리터러시 수업』(공저, 2021, 푸른칠판),『한국사 놀이 수업 백과: 역사 수업이 두려운 선생님들을 위한 긴급 처방 119가지』(공저, 2020, 테크빌교육)를 출판했습니다.

네이버 블로그 '곰선생의 수업 이야기'

류효준(Ryu Hyojun)

대구교육대학교 초등교육과에서 음악교육심화전공으로 학사학위를, 대구교육대학교대학원에서 초등국어교육으로 석사학위를 취득했습니다. 대구영선초등학교에서 4년간 근무하면서 IB 프로그램을 도입 및 실행했고, IB 월드 스쿨로 변화하는 과정을 함께했습니다. 현재는 또 다른 IB 월드 스쿨인 경북대학교사범대학부설초등학교에 근무하고 있습니다. 대구교육대학교 교육대학원에서 국제교육(IB)전공을 통해 IBEC(International Baccalaureate Educator Certificate) 과정을 진행 중이며, 학위논문인 「개념적 이해를 위한 국어과 탐구 단원 설계 방안 연구」(2022) 외에 개념 기반 교육과정과 탐구 학습에 관한 학술 논문을 두 편 발표했습니다.

YouTube 채널 '문어쌤'

이관구(Lee Kwangu)

대구교육대학교 초등교육과를 졸업하고 대구교육대학교대학원에서 사회교육으로 석사학위를 취득했습니다. 대구영선초등학교에서 근무하면서 IB 월드 스쿨로 성장하는 과정에 참여했습니다. 이후 일반학교에서 개념 기반 탐구 수업을 적용 및 실행해 왔습니다. 탐구 수업, 프로젝트 수업, 역사 수업에 관심이 많으며, 네이버 블로그 '관쌤의 역사수업연구소'를 운영하며 전국의 많은 선생님과 소통 중입니다. 『초등한국사! 진짜 역사수업을 말한다』(개정판, 2024, 테크빌교육), 『자료와 활동 중심의 사회과다운 수업하기』(2판, 공저, 2023, 교육과학사), 『선생님과 함께하는 대구읍성 답사』(공저, 2014, 한티재)를 출판했으며, 석사학위 논문으로 「가족사 프로젝트를 통한 초등학생의 역사 인식 형성」(2015)을 발표했습니다.

네이버 블로그 '관쌤의 역사수업연구소'

개념 기반 탐구로
IB 초등 수업하기
Enhancing IB PYP Through Concept Based Inquiry

2024년 11월 15일 1판 1쇄 발행
2025년 3월 25일 1판 2쇄 발행

지은이 • 정한식 · 류효준 · 이관구
펴낸이 • 김진환
펴낸곳 • ㈜ **학지사**
　　　　04031 서울특별시 마포구 양화로 15길 20 마인드월드빌딩
대표전화 • 02-330-5114　　팩스 • 02-324-2345
등록번호 • 제313-2006-000265호

홈페이지 • http://www.hakjisa.co.kr
인스타그램 • https://www.instagram.com/hakjisabook

ISBN 978-89-997-3251-5　93370

정가 18,000원

출판미디어기업 **학지사**
간호보건의학출판 **학지사메디컬** www.hakjisamd.co.kr
심리검사연구소 **인싸이트** www.inpsyt.co.kr
학술논문서비스 **뉴논문** www.newnonmun.com
교육연수원 **카운피아** www.counpia.com
대학교재전자책플랫폼 **캠퍼스북** www.campusbook.co.kr